U0142733

思想的・睿智的・獨見的

經典名著文庫

學術評議

丘為君　吳惠林　宋鎮照　林玉体　邱燮友
洪漢鼎　孫效智　秦夢群　高明士　高宣揚
張光宇　張炳陽　陳秀蓉　陳思賢　陳清秀
陳鼓應　曾永義　黃光國　黃光雄　黃昆輝
黃政傑　楊維哲　葉海煙　葉國良　廖達琪
劉滄龍　黎建球　盧美貴　薛化元　謝宗林
簡成熙　顏厥安（以姓氏筆畫排序）

策劃　楊榮川

五南圖書出版公司 印行

經典名著文庫

學術評議者簡介（依姓氏筆畫排序）

- 丘為君　美國俄亥俄州立大學歷史研究所博士
- 吳惠林　美國芝加哥大學經濟系訪問研究、臺灣大學經濟系博士
- 宋鎮照　美國佛羅里達大學社會學博士
- 林玉体　美國愛荷華大學哲學博士
- 邱燮友　國立臺灣師範大學國文研究所文學碩士
- 洪漢鼎　德國杜塞爾多夫大學榮譽博士
- 孫效智　德國慕尼黑哲學院哲學博士
- 秦夢群　美國麥迪遜威斯康辛大學博士
- 高明士　日本東京大學歷史學博士
- 高宣揚　巴黎第一大學哲學系博士
- 張光宇　美國加州大學柏克萊校區語言學博士
- 張炳陽　國立臺灣大學哲學研究所博士
- 陳秀蓉　國立臺灣大學理學院心理學研究所臨床心理學組博士
- 陳思賢　美國約翰霍普金斯大學政治學博士
- 陳清秀　美國喬治城大學訪問研究、臺灣大學法學博士
- 陳鼓應　國立臺灣大學哲學研究所
- 曾永義　國家文學博士、中央研究院院士
- 黃光國　美國夏威夷大學社會心理學博士
- 黃光雄　國家教育學博士
- 黃昆輝　美國北科羅拉多州立大學博士
- 黃政傑　美國麥迪遜威斯康辛大學博士
- 楊維哲　美國普林斯頓大學數學博士
- 葉海煙　私立輔仁大學哲學研究所博士
- 葉國良　國立臺灣大學中文所博士
- 廖達琪　美國密西根大學政治學博士
- 劉滄龍　德國柏林洪堡大學哲學博士
- 黎建球　私立輔仁大學哲學研究所博士
- 盧美貴　國立臺灣師範大學教育學博士
- 薛化元　國立臺灣大學歷史學系博士
- 謝宗林　美國聖路易華盛頓大學經濟研究所博士候選人
- 簡成熙　國立高雄師範大學教育研究所博士
- 顏厥安　德國慕尼黑大學法學博士

經典名著文庫066

資本論綱要

卡爾・馬克思 著
（Karl Marx）

高畠素之 日文編譯　施存統 中譯　蔡中民 審定

經典永恆・名著常在

五十週年的獻禮・「經典名著文庫」出版緣起

　　五南，五十年了。半個世紀，人生旅程的一大半，我們走過來了。不敢說有多大成就，至少沒有凋零。

　　五南忝爲學術出版的一員，在大專教材、學術專著、知識讀本已出版逾七千種之後，面對著當今圖書界媚俗的追逐、淺碟化的內容以及碎片化的資訊圖景當中，我們思索著：邁向百年的未來歷程裡，我們能爲知識界、文化學術界作些什麼？在速食文化的生態下，有什麼值得讓人雋永品味的？

　　歷代經典・當今名著，經過時間的洗禮，千錘百鍊，流傳至今，光芒耀人；不僅使我們能領悟前人的智慧，同時也增深我們思考的深度與視野。十九世紀唯意志論開創者叔本華，在其「論閱讀和書籍」文中指出：「對任何時代所謂的暢銷書要持謹慎的態度。」他覺得讀書應該精挑細選，把時間用來閱讀那些「古今中外的偉大人物的著作」，閱讀那些「站在人類之巔的著作及享受不朽聲譽的人們的作品」。閱讀就要「讀原著」，是他的體悟。他甚至認爲，閱讀經典原著，勝過於親炙教誨。他說：

> 「一個人的著作是這個人的思想菁華。所以，儘管
> 一個人具有偉大的思想能力，但閱讀這個人的著作
> 總會比與這個人的交往獲得更多的內容。就最重要

的方面而言，閱讀這些著作的確可以取代，甚至遠遠超過與這個人的近身交往。」

為什麼？原因正在於這些著作正是他思想的完整呈現，是他所有的思考、研究和學習的結果；而與這個人的交往卻是片斷的、支離的、隨機的。何況，想與之交談，如今時空，只能徒呼負負，空留神往而已。

三十歲就當芝加哥大學校長、四十六歲榮任名譽校長的赫欽斯（Robert M. Hutchins, 1899-1977），是力倡人文教育的大師。「教育要教真理」，是其名言，強調「經典就是人文教育最佳的方式」。他認為：

「西方學術思想傳遞下來的永恆學識，即那些不因時代變遷而有所減損其價值的古代經典及現代名著，乃是真正的文化菁華所在。」

這些經典在一定程度上代表西方文明發展的軌跡，故而他為大學擬訂了從柏拉圖的「理想國」，以至愛因斯坦的「相對論」，構成著名的「大學百本經典名著課程」。成為大學通識教育課程的典範。

歷代經典‧當今名著，超越了時空，價值永恆。五南跟業界一樣，過去已偶有引進，但都未系統化的完整舖陳。我們決心投入巨資，有計畫的系統梳選，成立「經典名著文庫」，希望收入古今中外思想性的、充滿睿智與獨見的經典、名著，包括：

- 歷經千百年的時間洗禮，依然耀明的著作。遠溯二千三百年前，亞里斯多德的《尼克瑪克倫理學》、柏拉圖的《理想國》，還有奧古斯丁的《懺悔錄》。
- 聲震寰宇、澤流遐裔的著作。西方哲學不用說，東方哲學中，我國的孔孟、老莊哲學、古印度毗耶娑（Vyāsa）的《薄伽梵歌》、日本鈴木大拙的《禪與心理分析》，都不缺漏。
- 成就一家之言，獨領風騷之名著。諸如伽森狄（Pierre Gassendi）與笛卡兒論戰的《對笛卡兒『沉思』的詰難》、達爾文（Darwin）的《物種起源》、米塞斯（Mises）的《人的行為》，以至當今印度獲得諾貝爾經濟學獎阿馬蒂亞・森（Amartya Sen）的《貧困與饑荒》，及法國當代的哲學家及漢學家余蓮（François Jullien）的《功效論》。

　　梳選的書目已超過七百種，初期計劃首為三百種。先從思想性的經典開始，漸次及於專業性的論著。「江山代有才人出，各領風騷數百年」，這是一項理想性的、永續性的巨大出版工程。不在意讀者的眾寡，只考慮它的學術價值，力求完整展現先哲思想的軌跡。雖然不符合商業經營模式的考量，但只要能為知識界開啟一片智慧之窗，營造一座百花綻放的世界文明公園，任君遨遊、取菁吸蜜、嘉惠學子，於願足矣！

　　最後，要感謝學界的支持與熱心參與。擔任「學術評議」的專家，義務的提供建言；各書「導讀」的撰寫者，不計代價地導引讀者進入堂奧；而著譯者日以繼夜，伏案疾書，更

是辛苦，感謝你們。也期待熱心文化傳承的智者參與耕耘，共同經營這座「世界文明公園」。如能得到廣大讀者的共鳴與滋潤，那麼經典永恆，名著常在。就不是夢想了！

總策劃　楊榮川

二〇一七年八月一日

導 讀

　　《資本論》是馬克思的思想鉅著，資訊龐雜且內容艱深，對具專業素養的學者而言尚且不易理解，遑論一般讀者。是故，本書作爲理解《資本論》的極佳入門書籍，其價值不證自明。順此脈絡前行，此導論不僅意在提供理解本書的一個參考方向，更嘗試引領讀者在閱畢本書後，進一步探索《資本論》全書的深意。因此，本文從簡介《資本論》入手，逐步討論馬克思主義學者所撰寫的幾個簡明版本的中文譯本，最後聚焦到本書，突顯其價值與差異，希望能提供有意學習《資本論》者一個前進的路徑。

　　《資本論》計有三卷，第一卷出版於1867年，第二卷與第三卷則是在馬克思過世後，由恩格斯編輯，分別於1885年級1894年出版。第一卷名爲「資本的生產過程」，旨在討論剩餘價值的生產，從商品、貨幣、資本等概念介紹入手，接著說明剩餘價值（又可細分爲絕對剩餘價值與相對剩餘價值）、工資及資本積累；第二卷名爲「資本的流通過程」，主要探索剩餘價值的實現，闡述商品、貨幣、資本三者之間的轉換及流通，形成一種循環體系，不斷再生；第三卷名爲「資本主義生產的總過程」，聚焦於釐清剩餘價值的分配，說明剩餘價值如何轉換爲利潤，並進而變成地租；全書停在最後一章「階級」，惟僅數頁就中斷。總地來說，《資本論》就是完整分析剩餘價值的一切，從生產、實現到分配，以及單個資本的循環

與社會總資本的運作。就篇幅來看，第一卷與第三卷約略相當，第二卷僅有前二者大致六成的分量。

　　《資本論》全書廣博複雜，篇幅巨大，直接閱讀的門檻極高，恐怕僅能片面吸收，難以綜觀全面。是故，透過馬克思主義學者所撰寫的簡明版本先行了解《資本論》的框架、脈絡及關鍵概念，反而能由易入難，收循序漸進之效。其中，無庸置疑地首推卡爾‧考茨基（Karl Kautsky）於1887年出版的《馬克思經濟學說》（*The Economic Doctrines of Karl Marx*）。[①]該書主要對於《資本論》第一卷中的關鍵概念「商品」、「貨幣」、「資本」、「剩餘價值」、「工資」、「利潤」等，依序清楚扼要地介紹，並稱「資本原始蓄積」為「資本主義生產方式的曙光」（The Dawn of the Capitalist Mode of Production）。書中也提到資本主義的結果（The Upshot of the Capitalist Mode of Production）將是生產關係中的矛盾會引起資本家與工人間之階級衝突，進而激發工人的階級覺悟並從事政治活動。為解決具體出現在資本主義生產形式中「勞動的社會性」與「占有生產資料和產品的傳統形式」的矛盾，必

---

① 該書修訂版於1903年出版。Karl Kautsky, 1903, *The Economic Doctrines of Karl Marx*, Marxists Internet Archive, https://www.marxists.org/archive/kautsky/1903/economic/。中文版本可參考區維譯，《馬克思的經濟學說》，北京：三聯書店，1958，https://www.marxists.org/chinese/pdf/europe/kaociji/20200730a.pdf。本書作者高畠素之也曾將此書翻譯成日文並易名為「資本論解說」，於日本大正8年（1919年）出版。

須使生產方式與占有方式協調一致，方法有二：其一是以生產方式適應占有方式，即消滅勞動的社會性，回歸到簡單商品生產形式，以小手工業和小農經濟代替大生產；其二是使占有方式適應生產方式，就是實行生產資料和產品的公有制。前者試圖反轉歷史發展進程顯然不可行，而後者則正是馬克思政治經濟學的最大貢獻之一，在批判前人學說的基礎上所提出之嶄新觀點，闡述了資本的性質及其流通與發展的規律，並且將資本運動與歷史相連結，證明歷史前進的單向性與必然性。商品生產的無政府狀態將被有計畫的社會生產所取代，唯有如此，人們才能成為自然力量的主人，進而成為社會發展的主人；此時才開始完全自覺地創造自己的歷史，從必然的國度上升到自由的國度（the ascent of man from the kingdom of necessity to the kingdom of freedom）。②馬克思明白指出歷史如此發展背後的力量，其實很諷刺地就是資本主義，亦即資產階級推動的工業進步，最先產出的竟是自身之掘墓人（its own grave-digger），亦即無產階級；準此，資產階級的滅亡和無產階級的勝利是同樣地無可避免，證成了馬克思論述之必然性。③

---

② Karl Kautsky, 1903, "Chapter VII: The Upshot of the Capitalist Mode of Production," *The Economic Doctrines of Karl Marx*, Marxists Internet Archive, https://www.marxists.org/archive/kautsky/1903/economic/ch20.htm.

③ Karl Marx and Frederic Engels, 1848, *Manifesto of the Communist Party*, Marxists Internet Archive, https://www.marxists.org/archive/marx/works/1848/communist-manifesto/index.htm.

　　卡爾・考茨基在《馬克思經濟學說》一書中不僅大量引用原著並提出個人的論述，詳細闡述了資本主義發展的歷史條件，毫無疑問地是理解《資本論》及馬克思經濟理論很好的入門書。惟，美中不足的是，該書缺乏對於《資本論》第二卷的說明且僅約略觸及第三卷。有鑑於此，日本學者石川準十郎在翻譯《馬克思經濟學說》一書時，增補了第二卷及第三卷的內容，並重新將原書劃分爲三篇的安排調整爲五篇：第一、二、三篇等於第一卷，第四篇等於第二卷，第五篇等於第三卷；最終於日本大正14年（1925年）出版了《マルクス経済学入門》（馬克思經濟學入門），譯者洪濤將中文版易名爲《資本論概要》。④該書增補的部分聚焦於第二卷及第三卷的前兩篇，說明單個資本的流通及週期性循環（週轉）、剩餘價值實現、平均利潤、生產價格等概念，至於社會總資本的再生產與流通、利潤的分化形態及轉化形態等，並未有過多的著墨，相當可惜。延續對於第三卷中關於利潤的討論，該書駁斥了當時反對馬克思價值論的學說，細緻地釐清價值的本質及其與價格之間的差異，認爲持不同意見的學者們是將價值、生產價值、使用價值、市場價格及生產價格等概念混爲一談，並未嚴謹地闡明價值形成之過程（亦即商品和商品交換的過程）而自由地加以定義，他們的論述已陷入「非科學的迷論」。⑤全書最後論及資本主義的崩壞，主要原因有二：利潤率降低及銷售通路

④　考茨基原著，石川準十郎譯述，洪濤重譯，《資本論概要》，上海：言行社，1940年。

⑤　如前註，頁263-265。

缺乏。「利潤率降低」的邏輯是剩餘價值建立在資本搾取勞動力的程度之上，當資本主義逐漸發展時，資本家傾向於將更多的資本投入生產資料（不變資本）而非勞動力（可變資本），是故前者相較於後者必然增加，最終結果就是在剩餘價值率不變的情況下，一般利潤率逐漸降低。簡單說來，亦即當工廠的機械化程度上升，使用的勞動力變少，利潤一定會下降。「銷售通路缺乏」則是認為商品販售會受到社會消費力的制約，社會消費力又被矛盾的分配所侷限，矛盾的分配則是根源於資本家擴大剩餘價值及蓄積更多資本的作為。因此，「剩餘價值的資本化」（即「擴張再生產」）本質上與增加消費相衝突。當社會上多數人因收入有限而買不起東西且資本家們只想投入更多資本而不願意消費時，產品自然賣不出去，造成生產過剩，更遑論這種情形下還要提高產量。前述兩種情況都會使資本增值愈加困難甚至不可能，呼應了馬克思所說「資本主義生產的真正限制是資本自身」（The *real barrier* of capitalist production is *capital itself*）[斜體處為原文之標記]⑥以及「資本主義私有制的喪鐘響了」（The knell of capitalist private property sounds）。⑦簡言之，資本主義崩壞的原因是其生產

---

⑥ Karl Marx, 1894, "Chapter Fifteen: Exposition of the Internal Contradictions of the Law," *Capital Volume Three*, Marxists Internet Archive, https://www.marxists.org/archive/marx/works/1894-c3/ch15.htm.

⑦ Karl Marx, 1867, "Chapter Thirty-Two: Historical Tendency of Capitalist Accumulation," *Capital Volume One*, Marxists Internet Archive, https://

方式基於勞動者與生產資料分離，致使生產力與購買力不可能
同時增加，也就是生產方式與占有方式不同，因此生產方式與
占有方式一致的社會主義將理所當然地接續出現。⑧在歷史發
展的軌跡中，資本的起源不是單純地將奴隸與農奴轉化爲雇傭
工人，因爲以自我勞動爲基礎的私有制早已存在，而且這樣的
小生產（petty industry）是社會生產的發展與勞動者本人的自
由個性之必要基礎，當勞動者擁有勞動工具時，私有制的力量
才會充分展現。之後的發展，就取決於這些「私人」究竟是勞
動者或非勞動者，亦即工人或資本家，形成個人勞動爲基礎的
私有制或是資本主義私有制。更細緻地理解馬克思歷史觀，可
看到政治經濟制度的變化有其內在動力，由奴隸制與農奴制到
個人勞動私有制、到資本主義私有制，最終前進到社會所有
制。⑨

　　在前述著作的脈絡下，日本學者高畠素之於日本昭和四
年（1929年）出版此書，原名《マルクス経済学》，中文譯
者施复亮將其易名爲《資本論大綱》，⑩相較於考茨基的《馬

---

www.marxists.org/archive/marx/works/1867-c1/ch32.htm.

⑧ 考茨基原著，石川準十郎譯述，洪濤重譯，《資本論概要》，言行社
　 出版，1940年，頁273。

⑨ Karl Marx, 1867, ",Chapter Thirty-Two: Historical Tendency of Capitalist
　 Accumulation," *Capital Volume One*, Marxists Internet Archive, https://
　 www.marxists.org/archive/marx/works/1867-c1/ch32.htm.

⑩ 施复亮原名施存統（1899-1970），爲著名的文學家及翻譯家，曾出
　 版經濟學專著及翻譯許多馬列主義著作，亦爲中國共產黨早期的領導

克思經濟學說》與石川準十郎譯述的《資本論概要》，本書更精確地依循著《資本論》的體系，大量引用原文，[11]但所用語言平易近人，易讀好懂，對於想要了解《資本論》的人來說，詳讀此書不但能夠快速地一覽馬克思政治經濟學的全貌，亦可為後續鑽研《資本論》奠定紮實的基礎。本書〈序說〉第一節簡明扼要地呈現了馬克思政治經濟學的體系，基本上就是《資本論》的理論脈絡，從剩餘價值的生產到實現乃至於分配。此外，本節特地闡明為何本書將「資本主義的崩壞」獨立討論，即便在《資本論》中關於討論利潤率下降及銷售通路缺乏的篇幅不長，然就歷史進展來看，這兩點是促成資本主義向社會主義轉換的重要關鍵，亦可說是馬克思政治經濟學的結論。即便馬克思並未詳細地描述實現社會主義之後的狀態，卻對於資本主義從生成到瓦解，提供了一個完整的圖像，期間各階段之發展環環相扣，縝密的邏輯推演讓人讀來為之信服，亦即此書「科學性」的展現。

　　本書另一個特點是作者在〈序說〉第二節刻意加入對於馬克思研究方法的說明，此點與其他簡要版本的《資本論》相當不同。在《資本論》第二版〈跋〉中，馬克思提到人們對其研究方法的理解很少（That the method employed in "Das

---

　　者，曾任共青團前身的中國社會主義青年團第一任中央書記，後發起中國民主建國會，簡稱「民建」，為今日中國大陸民主黨派之一。

[11] 高畠氏對馬克思主義研究的造詣很深，曾將《資本論》完整地翻譯成日文，從本書所引段落可看出其對原文掌握極其精確嫻熟。

Kapital" has been little understood）。[12]他承認自己所採用的是黑格爾的辯證法及其敘述的「一般運動形態」：正（肯定）、反（否定）、合（否定的否定）；惟，不同的是黑格爾強調觀念是主體而現實是客體，所以「觀念創造現實」，但相反地馬克思則認爲現實是主體而觀念是客體，因此「現實創造觀念」。本書爲協助讀者理解馬克思以現實主義爲基礎的辯證法，延伸討論了恩格斯的《反杜林論》（*Anti-Dühring, 1877*），[13]對於辯證法的內容與應用提出詳細解釋。對於研究方法具有基本認識後，吾人能更容易地理解馬克思主義政治經濟學，從批判與革命的角度思考資本主義運動的矛盾與暫時性，這也是爲何「資本主義生產的一個禍害就是資本自身」（the one evil in capitalist production is capital itself）之理由。[14]

與《資本論》三卷的內容詳細比較，本書第一部缺少了第一卷第六篇〈工資〉及第八篇〈原始積累〉的說明，[15]第二

---

[12] Karl Marx, 1867, "Afterword to the Second German Edition (1873)," *Capital Volume One*, Marxists Internet Archive, https://www.marxists. org/archive/marx/works/1867-c1/p3.htm.

[13] Frederick Engels, 1877, *Anti-Dühring: Herr Eugen Dühring's Revolution in Science*, Marxists Internet Archive, https://www.marxists.org/archive/ marx/works/1877/anti-duhring/index.htm.

[14] Karl Marx, 1867, ",Chapter Twenty-Two: National Differences of Wages," *Capital Volume One*, Marxists Internet Archive, https://www. marxists.org/archive/marx/works/1867-c1/ch22.htm.

[15] 本書第四部關於資本主義的崩壞是基於《資本論》第一卷第八篇〈原

部並未觸及第二卷第二篇中的〈剩餘價值的流通〉及第三篇〈社會總資本的再生產和流通〉，第三部結束在對於絕對地租的討論並略為說明建築地與礦山的地租，並未包含第三卷第六篇中〈資本主義地租的起源〉與第七篇〈各種收入及其源泉〉。如前所述，本書第四部特別討論為何資本主義的發展最後注定終結，與考茨基《馬克思經濟學說》第七章〈資本主義生產方式的末日〉及石川準十郎《資本論概要》的第五篇第二章〈資本制經濟組織之必然的崩壞〉相呼應，也可視作對《資本論》第一卷第八篇〈原始積累〉第三十二章〈資本主義積累的歷史趨勢〉的延伸討論。該段落立論原則基本與《資本論概要》相仿，[16]都是著重討論《資本論》第三卷第三篇〈利潤率趨向下降的規律〉以及無產階級購買力降低的情形下所引起銷售通路缺乏與生產過剩，亦即釐清資本主義崩壞的肇因及社會主義實現的必然性。推論關鍵是資本主義社會中商品所具有使用價值及交換價值的二重性以及生產方式與占有方式之間的差異，這兩個內生變數會促使剩餘價值的生產與實現隨著資本主義經濟發展而愈加困難，以致於資本主義生產失去原動力，並衍生出階級鬥爭，最終結果就是社會主義起而代之，因社會主義生產方式是為滿足社會需要而生產且沒有獲取利潤的問題。雖然《資本論》中直接提及銷售通路缺乏的篇幅不多，反倒更

始積累〉第三十三章〈資本主義積累的歷史趨勢〉的討論。

[16] 石川準十郎的《資本論概要》出版日期較本書早，且本書譯者序言提到石川氏曾與高畠氏的其他弟子們共同協力完成本書寫作，因此這個章節可能是石川氏所提出對資本主義崩壞更進一步且細緻地論述。

多見於恩格斯的著作中，例如本書中所引《英吉利的十小時法案》，正是以英國爲例討論銷售通路減縮的困境；⑰但是馬克思仔細地說明資本主義生產過程中將會出現擴大生產與價值增值間的衝突以及人口過剩與資本過剩的困境，此乃生產過剩與銷售缺乏的根源。

從對於商品的觀察及分析入手，最終導出資本主義將因內生缺陷而崩壞，馬克思的嚴謹論證充分證明其科學性，也帶領我們逐步揭開資本主義的神祕面紗並釐清其本質。時至今日，雖然歷史並未如馬克思所預期般地前進，資本主義仍安然於世，以後見之明來看，原來資本家並非個個貪得無饜，工人們也不是除了發動階級鬥爭外無計可施，反倒是在資本主義的彈性與韌性下，社會主義之實現看來遙遙無期。然而，這樣的發展並未減損《資本論》一書的價值及馬克思政治經濟學的偉大，書中的邏輯推論與思考脈絡仍時時提醒我們資本主義發展光鮮亮麗外表下潛藏的危機，唯有時時警惕才能讓資本主義體制良好運作，而本書正是親近馬克思這位思想巨擘所提出深遠洞見最好的起點。

政大政治系教授 蔡中民

---

⑰ 全文可見，Frederick Engels, 1850, "The English Ten Hours' Bill," in the *Neue Rheinische Zeitung. Politisch-Ökonomische Revue* No. 4, Marxists Internet Archive, https://marxists.catbull.com/archive/marx/works/1850/03/10hours.htm.

譯者序言

　　《資本論》在社會科學上的地位之重要，已經廣爲人知。《資本論》分量的龐大與內容的艱深，也已經爲一部分人所知。《資本論》分量既然龐大，內容又復艱深，於是應之而起的，便有各色各樣的解說書或濃縮本。本書──高畠素之的《資本論大綱》，亦是這一類書中的一本。

　　近來國內關於解說或濃縮《資本論》的著作，也已經出版不少（自然僅相對於中國過去而言，若與先進的外國比較起來，還是差得很遠），其中好的也有幾本，例如考茨基（Karl Kautsky, 1854-1938）的《資本論解說》（有戴季陶、陳溥賢、汪馥泉三種譯本），博治德的《通俗資本論》（有李季的譯本），河上肇（1879-1946）的《經濟學大綱》（有陳豹隱的譯本）。這些書各有各的優點，各有其存在的意義。它們對於研究《資本論》的人，都可以給予相當的幫助和便利。

　　高畠氏的這本《資本論大綱》，在某一個意義上，可以說是兼具以上那三本書的優點：第一，這本書敘述的平易，可以比之於考茨基的《資本論解說》；第二，這本書大量引用《資本論》的原文（幾乎超過全書的一半；第三部起雖然有好多地方沒有引號標明，但其實有一半以上是《資本論》的原文），可以比之於博治德的《通俗資本論》（自然有程度之差）；第三，這本書涉及《資本論》全三卷而又不改變《資本論》原來體系，可以比之於河上肇的《經濟學大綱》。現在我把它翻譯

出來，相信它對於研究《資本論》的人可以有相當的貢獻。

　　研究《資本論》不是一件容易的事，須有相當的學力、環境和時間。相當的經濟學根柢是不用說了，而且還要有相當的環境和時間。對於環境不良、時間不足的人，暫時是不能不以知道《資本論》的大體爲滿足的。這本書，可以說是使我們知道《資本論》大體內容最適宜的一本。在《資本論》的全譯一時還未出現於中國前，本書固有其存在的意義；到了將來《資本論》全譯出現於中國以後，本書將更能盡其作用。

　　本書的著者高畠素之氏，其政治立場，固非爲多數人所贊同；但他對於《資本論》的造詣之深，是日本一般馬克思主義者和非馬克思主義者所公認的。他除了費六年的工夫將全部《資本論》譯成流暢易讀的日文以外（之後還改譯了兩次），還著譯了許多關於馬克思主義的書籍，其中譯成中文的亦已有幾種。他有一次曾經自豪地說：日本大小馬克思主義者所有關於馬克思主義的書籍，其銷路還不及他的一半。這句話雖然有點近於誇大，但實際情形，至少在一二年前差不多是如此的。總之，他在日本，對於馬克思經濟學普及上的功績是很大的。

　　這本書原名《馬克思經濟學》，爲日本評論社出版的《現代經濟學全集》中的一卷（第四卷）。我之所以把它改名爲《資本論大綱》，因爲其內容差不多以介紹《資本論》爲限，而且全書結構又是模仿《資本論》的。這本書是高畠氏最後的著作，而且有一部分是完成於他的門徒之手。高畠氏僅僅將本書寫成一半，便一病不起，於1928年12月23日與世長辭了。其後的一部分，是由他的門徒石川準十郎（石川氏有一本《資本論概要》，已由洪濤君譯成中文出版）、神永文三、小

栗慶太郎、橋野昇等奉他的遺命、遵照他的計畫協力續成的，但是我們從頭讀到尾，實在很難認出它是由兩個人或幾個人作成的樣子。這可以說是高畠氏最大的成功。

本書的翻譯，起筆於今年1月初，擱筆於今年10月底，其間經過了10個月。除了中間約4個月替春秋書店翻譯幾本書（與人合譯）以外，差不多今年過去的全部時間都用在這本書上面，足足花費了6個月的工夫。在未動筆以前，預計至多3個月可以譯成，誰知到了工作完成時，竟增加了一倍的時間。原因是由於引用《資本論》原文太多，及我自己對於《資本論》的研究太不充分。譯文是盡我的能力求其明白流暢的，忠實亦時時顧到，希望不致有嚴重的錯誤。凡關於《資本論》內的文句，幾乎全部都參考過日本大鐙閣版《資本論》譯本（這譯本亦是高畠氏翻譯的，不過是舊版，與改造社新版《資本論》譯本稍有不同，頗有可供參考之處）及溫特曼（Ernest Untermann）的英譯本，頭一部分曾參考了河上肇、富川實兩人已譯出的部分（他們兩人的譯本已經出版的只有《資本論》第一卷前三篇）。至於改造社版《資本論》譯本（這是高畠氏改定的譯本），自然亦是時時參考的，不過因為本書所引的《資本論》譯文，全是根據改造社版的，所以除了改正錯字以外，比較地少用它。如果還有譯錯的地方，希望讀者加以指教，使我有改正的機會。

讀這本書時，最好是從〈序說〉讀起，因為一則可以先得一個《資本論》的輪廓，二則可以先懂得一點研究方法。如果讀者覺得〈序說〉第二節不容易讀時，也可以在讀完第一節以後，馬上接下去讀第一部第一篇，把討論研究方法的那一節放

在最後讀。

　　本書因爲我的稿子沒有譯完，以致在印刷所裡耽擱3、4個月，遲誤了出版日期，這是我當對大江書鋪①及關心的讀者道歉的。

────────────

① 本書據1930年上海大江書鋪版本校改潤飾。作者高畠素之（Takabatake Motoyuki, 1886-1928），日本群馬縣人，爲日本社會思想家、哲學家，倡導國家社會主義。1915年起開始引介馬克思主義，翻譯考茨基《資本論解說》。1919-1925年首次完整譯出《資本論》日譯本。

譯者施存統（1899-1970），任教上海大學時改名施復亮，中國浙江省人，爲中國共產黨最早黨員之一。曾任教於中山大學、黃埔軍校等校。中共建政後曾任勞動部第一副部長。30餘本著作。並著有《中國現代經濟史》、《現代唯物論》等書。

序 說

註：本書中未指明出處的引號內引用文字，均出自馬克思（Karl Marx,
　　1818-1883）《資本論》原著，以存原意。

第一節　馬克思經濟學說的構成體系

　　眾所周知，馬克思學說涉及哲學、社會學、經濟學三方面。[1]而本書目的，是在於研究他的經濟學說。但馬克思的經濟學說，內容極其繁複，涉及很多附隨的事項；依本書的性質，勢必不能把它一一加以詳盡地陳述和研究——雖然那些都是多少具有特色的東西。還有一層，研究一個學說，若只管牽枝帶葉地去說明，便往往會因過於煩瑣，而容易掩蔽那學說的本質和體系，且容易使讀者陷入一種不良的結果，即所謂見樹不見林。這樣的研究，無論是研究什麼學說，都很難說是得當的研究；在研究馬克思的經濟學說時，尤其如此。這是因為馬克思的經濟學說，與其他一般經濟學說不同：它不只說明現實的各個經濟現象，而且還要依那理論的展開去證實一定的社會推移——資本主義社會向社會主義社會的推移——的必然性，其最終目標是要替那隱藏在說明背後的他的社會主義理論奠定基礎。所以我們的研究，也應當根據這樣的觀點，按照它的體系，把基本的諸理論作一系統的研究，並在它與整個馬克思主義的關係上去闡明那理論的歸向。

　　因此，預先在概念上懂得一點（即使很不充分）馬克思的經濟學說是什麼，它的理論構造或學說的構成體系是怎樣，我想在理解上是較為有利的。

　　馬克思的經濟學說，簡單地說，就是以剩餘價值去說明

---

[1] 馬克思學說的哲學部分，主要為唯物辯證法；社會學部分，主要為唯物史觀與階段鬥爭學說。

資本主義經濟的成立、結構和發展。與馬克思理念相通的恩格斯（Friedrich Engels, 1820-1895），在他的名著《反杜林論》——詳細點說是《論杜林之科學變革》（*Herrn Eugen Dührings Umwälzun der Wissenschaft*）——的〈序說〉裡面，說了如下的話；我以爲這幾句話最能適切地說明馬克思經濟學說的眞面目。我們且看恩格斯說道：「以往的社會主義，也曾批評過現存資本主義生產方法及其結果，但是不能說明它，因而不能克服它，只把它當作壞的東西而加以攻擊罷了。然而問題卻在於：一方面去說明資本主義生產方法的歷史關聯及其對於一定的歷史時期的必然性，進而去說明其滅亡的必然性，另一方面去發現當時尙被隱蔽的（因爲以往的批評，多指摘那不好的結果，很少指摘那事實自身）資本主義生產方法的內部性質。這件事情，由剩餘價值的發現而完成了。」「這兩個偉大的發現——即唯物史觀及依剩餘價值而暴露資本主義生產的祕密——，我們實應歸功於馬克思。由此，社會主義才成爲科學。」確實，依剩餘價值而說明資本主義生產乃至資本主義經濟，這便是馬克思經濟學說的本質和根本內容。

那麼馬克思在大體上是如何依據這剩餘價值去研究並說明資本主義經濟的呢？換句話說，馬克思是如何去建構他的理論體系呢？如人們所知道：馬克思以剩餘價值說明資本主義經濟，主要是在那今日被當做馬克思主義「聖經」的大著《資本論》②全三卷當中展開的；現在，大體上且依照這《資本論》

---

② 《資本論》（Das Kapital）是馬克思費時20餘年的著作；它的出版也

裡面所展開的論點，表述其構成體系的綱要如下。

馬克思研究資本主義經濟，先從商品的觀察、分析入手。「資本主義生產方法支配的社會財富，表現爲龐大的商品堆積；個別的商品，則表現爲它的元素形式。所以我們的研究，從商品的分析開始。」這是《資本論》開頭的有名文句。馬克思對商品分析考察之後，發現商品的價值是由生產該商品所費的社會必要勞動量所決定的。這樣。首先便立定一個根本原則：商品的價值，由社會的必要勞動量決定。同時，他又論定：在商品生產社會裡，原則上應當以同一價值與同一價值交換。這就是他的勞動價值說；他以剩餘價值說明資本主義經濟，實在是從這裡展開的（本書第一部第一篇第一章〈商品〉，便是說明這些問題。關於馬克思的價值、社會的必要勞動量等等概念，到本論再逐一說明，這裡暫且不加說明地使用一下）。

其次，他對於一般通用的價值表現物 —— 貨幣，作了商品交換過程的考察，闡明貨幣之所以能夠做商品一般的價值表現

歷經20餘年。第一卷於1867年由馬克思自己出版；第二卷於1885年（離第一卷出版18年），第三卷於1894年（距第一卷出版27年），均由恩格斯出版。

還有一部《剩餘價值理論》（*Theorien über Mehrwert*），由考茨基出版，於1904年發行第一卷，於1905年發行第二卷。於1910年發行第三卷。這部《剩餘價值理論》，收錄馬克思關於過去剩餘價值諸學說而作的批評的歷史研究。這部書，照馬克思本意，是作爲《資本論》的續卷。

物，做商品的交換工具，不僅因為它是一種便利的東西，而且因為它自身當中體現著人類勞動；一定的貨幣之所以能夠與一定的商品交換，是因為它們裡面都包含著同一價值——等量的社會必要勞動（本書第一部第一篇第二章〈貨幣〉，即說明這裡所提出的問題）。

　　馬克思這樣闡明了商品與貨幣之後，便進而考察資本主義社會裡所流行的兩個商品流通形態——即「商品—貨幣—商品」流通形態，與「貨幣—商品—貨幣」流通形態，尤其注重考察資本主義社會裡占著支配地位的後一個商品流通形態。他把後一個商品流通形態，與前一個商品流通形態關聯著來考察；由此發現後一個形態的流通，與前一個形態的流通不同，即後一個形態的流通，不以使用價值為目的，而以交換價值為目的；開始的貨幣與結尾的貨幣，自然都是貨幣，但其分量卻有不同，即其間產生了剩餘價值。這樣一來，他就看出資本不外是生產這剩餘價值的價值；要獲得這剩餘價值，便是資本主義生產的終極目的和原因，也是資本主義生產所據以進行的原動力。於是他的考察，便專心朝向探求這剩餘價值的來源。他在這裡，應用先前在價值論（商品論）及貨幣論中所論述立定的諸原理，做邏輯的考察，由此推定、發現剩餘價值並非從交換過程發生，而是從生產過程的勞動發生（本書第一部第一篇第三章〈資本〉，即說明這裡所提出的論述）。

　　這就是被稱為馬克思「剩餘價值的發現」之內容；不妨說，馬克思的經濟學說，從此才進入正式舞臺。他從此闡明剩餘價值的歷程——它的生產、實現和分配，因而解釋了資本主義經濟的整體結構。同時，又在這個解釋的基礎之上，論證資

本主義生產的發展，資本主義生產必然崩壞的理由。「剩餘價值的發現」以及那相件而生的資本主義生產之成立和本質的揭露，實爲走向這種展開的前驅，這是他解釋資本主義經濟的鎖鑰。

那麼這剩餘價值，是如何從生產過程的勞動裡，具體地生產出來的呢？馬克思既然推定發現了剩餘價值只能從生產過程的勞動裡發生，自然他的研究，不能不朝向這一點。因此，馬克思便接下去闡明這剩餘價值的生產以及那應當連帶考察的各種因素。

他首先應用已經立定的原理，用具體的數字，論證無償勞動——即勞動力的搾取，是剩餘價值的終極來源；資本家雖然忠實依照該價值購買勞動者的勞動力，但在生產過程裡，卻能夠憑購買此勞動力所超越的價值，以生產剩餘價值；由此「暴露資本主義生產的終極祕密」。其次，他還進一步考察剩餘價值生產的形態——即絕對的剩餘價值之生產及相對的剩餘價值之生產；論述作用於這些生產而且決定這些生產的各種因素，尤其致力論述那些與「相對剩餘價值的生產」相關的因素（協作、分工、機器）；這種相對剩餘價值的生產，在資本主義生產中，必然地會占著重要的地位。同時，他還研究剩餘價值的再生產問題（這是與剩餘價值的生產相關聯，當然要放入考慮當中），因而去研究剩餘價值的蓄積或資本的蓄積問題（本書第一部第一篇以下，即第二篇〈剩餘價值的生產〉，第三篇〈協作、分工、機器〉，第四篇〈資本的蓄積〉，都是說明這裡所提出的問題）。

以上是題爲「資本的生產過程」的《資本論》第一卷裡面

所論述的主要內容；本書的第一部〈剩餘價值的生產〉，就是專門處理以上論述。

　　馬克思發現了剩餘價值的發生，闡明了剩餘價值在生產過程裡如何被生產出來後，他接下去的研究，自然就是闡明資本是如何而且在怎樣的過程之下，把那剩餘價值實現為貨幣，以及哪些因素影響「剩餘價值的實現」這些問題。暫時離開資本的生產世界，進到資本的流通世界。在馬克思看來，也是順理成章。因為據他所說，資本主義生產的目的，在於使資本能夠獲得剩餘價值，就是不僅以商品的形式把剩餘價值生產出來，還要以貨幣的形式把剩餘價值實現出來，分配出去。

　　他在這裡，首先深入具體地論述下列各點：資本採取貨幣資本、生產資本、商品資本這三個轉化形態而循環，在這循環當中，實現那生產過程內所孕育的剩餘價值，如在那循環的途中已徑闡明了的。其次，他進而考察資本的循環——不把它當作僅限於一次的過程，而是反覆的過程來觀察這種資本的循環，即資本的週轉，闡明影響資本週轉的各種因素，同時又闡明資本週轉對「剩餘價值的實現」之影響。這樣，資本主義流通的整體結構，便在本質上闡明了。

　　以上是題為「資本的流通過程」的《資本論》第二卷裡面所論述的主要內容；本書第二部〈剩餘價值的實現〉，是專門研究這些問題的。

　　闡明了剩餘價值如何在生產過程裡被生產出來，又闡明了剩餘價值如何在流通過程裡被實現之後，馬克思的研究，便移到下一個問題：那在流通過程裡實現的剩餘價值，如何分配於現實的資本關係者之間？

　　他在這裡，論述剩餘價值採取商業利潤、利息、企業利潤、地租等形態分配於資本關係者之間；關於這些分配形態，分別給予詳細的說明。但在進行這種說明以前，首先論述剩餘價值在現實世界裡採取利潤的形態，而這利潤在資本主義社會裡必然會因需求供給的關係而平均化（平均利潤法則）。他主張：商品在現實世界裡，不一定依照它的價值進行交換，有時在它的價值以上，有時又在它的價值以下進行交換；因而剩餘價值，也是有時在其價值以上，有時在其價值以下實現出來，甚至有時完全不能實現出來。照馬克思的意見：直到此處為止的研究，都是在抽象世界裡的研究；抽象世界裡所立定的諸法則，在現實世界裡，並不是照樣以純粹的面貌出現，而是受其他因素影響；剩餘價值分配為商業利潤、利息、企業利潤、地租等，也是在這種制約之下實行的。

　　以上是題為「資本主義生產的總過程」的《資本論》第三卷裡面所論述的主要內容：本書第三部〈剩餘價值的分配〉，是專門研究這些問題的。

　　以上所說，從剩餘價值的生產，到剩餘價值的實現及分配的研究說明，從分量上說，占《資本論》裡面馬克思說明的大部分；但是馬克思對於資本主義經濟的說明，如前面所說，並非就此結束。以上，可以說明資本主義經濟的靜態研究，從整個體系上來看，可說是資本主義經濟說明的第一段之展開；而在馬克思的經濟學說裡，此外還有可以叫作「動態研究」的第二段之展開。直到此處為止的說明，如果把它關聯著第二段的展開來考察，那麼縱然在分量上占著《資本論》中說明的大部分，也不過是替第二段的展開作了預備說明罷了。馬克思更

進一步論證具有如上所述結構的資本主義經濟必然要崩壞的命運。

資本主義經濟是如何崩壞，以及為何崩壞呢？

他在已闡明的理論基礎上，展開兩個法則，指明那兩個法則是資本主義經濟崩壞的原因。第一，剩餘價值的生產，必然會隨著資本主義生產方法的發展而更加困難，更加趨於不可能。這就是利潤率低落法則。第二，剩餘價值的實現，也必然會隨著資本主義生產的發展和擴大而更加困難，更加趨於不可能。這就是銷售通路缺乏法則。據馬克思說，這兩個傾向，隨著資本主義經濟的發展而更加深刻，更加擴大。可是據他在研究開頭所闡明，剩餘價值的生產和實現，才是資本主義生產的終極目的和原因，是資本主義生產所據以進行的原動力。所以剩餘價值的生產和實現必然更加困難、趨於不可能這件事情，簡直就是資本主義生產會失去其原動力的意思；資本主義生產，在這裡必然地會因其內在原因而走到窮途末路。這種資本主義生產的窮途末路，與由此衍生之階級鬥爭的尖銳化連結在一起，結果便會促成資本主義生產的崩壞。

這種利潤率低落及銷售通路缺乏的理論，原不過在《資本論》第三卷及第二卷中占著極小的部分（關於銷售通路缺乏的理論，在馬克思和恩格斯，尤其在恩格斯的其他著作中，還比在《資本論》裡說得多些）；但從性質及整個體系上看來，可以說是馬克思經濟學說的結論，直接證明他們的「科學社會主義」之所以是「科學的」。這是本書特別把這個問題作為第四部〈資本主義生產的崩壞〉處理的理由。

以上是依剩餘價值分析資本主義經濟的馬克思經濟學說的

構成體系的輪廓。這個輪廓，將隨著本文說明的進行而漸趨明顯。

第二節　馬克思的研究方法

　　那麼馬克思是依據怎樣的研究方法以達到這種體系的研究結果呢？我想，在沒有進到本文以前，概括的觀察一下馬克思達到這種研究結果所採用的研究方法──所謂「唯物辯證法」，對於探究、理解他的研究結果，是有必要的。

　　馬克思在《資本論》第一卷第二版〈跋〉裡，先說「《資本論》裡面所應用的方法，幾乎沒有人理解。這只要看許多關於它互相矛盾的見解並行著，便可以明白」；於是舉出幾個互相矛盾的批評來做例子；然後揭載彼得堡的《歐洲通報》關於《資本論》方法的批評（約占《資本論》原書2頁）。在這最後一個批評裡，雖認為「馬克思的敘述方法，不幸是德意志式辯證法的」，但認為他的「研究方法，的確是現實主義的」，於是進而論述馬克思的研究方法之所以為現實主義的理由。馬克思在揭載這個批評之後，接下去這樣說道：

　　　　「這個作者，把他所稱為馬克思真正的研究方法的東西，這樣劃切地，而且這樣好意地（就我自己關於這個研究方法的應用來說）描寫出來；他在這裡所描寫出來的東西，不是辯證法的研究方法是什麼？

　　　　不消說，表現方法，在形式上必須和研究方法相區別。在研究方法中，必須充分掌握材料，分析那種種發展形態，探究那些形態的內部連繫。這個工作做

完之後，才能適當地敘述那現實的發展運動。到了完
成這種敘述，而材料的現實生命再反映於觀念上的時
候，它便會顯現好像是先驗的結構了。

　　我的辯證方法，不僅在根本上與黑格爾（Hegel,
1770-1831）的方法不同，而且和它截然相反，在黑格
爾看來，思維過程——他在觀念的名稱之下，把這個
過程轉變成獨立的主體——是現實世界的創造主，而
現實世界不過是思維過程的外部現象。但從我的立場
看來，觀念世界不外是在人類的頭腦中置換了的翻譯
了的物質世界。

　　關於黑格爾式辯證法的神祕面，距今幾乎30年
前，即在黑格爾辯證法還在流行的時代，我已經批評
過了。但是，恰恰當我撰寫《資本論》第一卷的時
候，那些今日在德意志知識界之間逞著威勢的、乖僻
的、驕傲的、平庸的模仿者，卻以對待黑格爾如『死
狗』為滿足。與那大膽的摩西‧孟德爾頌（Moses
Mendelssohn, 1729-1786）在萊辛（Lessing, 1729-
1781）時代對待斯賓諾莎（Spinoza, 1632-1677）一
樣。所以我公然承認，我是那大思想家黑格爾的門
徒，而且在處理價值論的那一章的各處，特意賣弄黑
格爾所特有的口吻。雖說辯證法在黑格爾的手裡神祕
化了，但這件事實，絕沒有妨害他作為一個最早用全
面而且有意識的方式表現辯證法一般運動形態的學
者。辯證法在他手裡是倒立著的。我們若要在那神祕
的外殼之中發現合理的核心，必須把這倒立的辯證法
再顛倒過來。

　　辯證法以那神祕化了的形態，成了德意志的流
行。因為它彷彿把現存事態醇化了。但是在那合理的
形式上，辯證法卻引起資產階級及其空論的代言者的
苦悶和恐怖。因為它在現存事態的肯定理解之中，同
時又包含著現存事態的否定理解，即其必然沒落的理

解。因為它對於歷史上生成的一切形態，都是從運動
之流中，因而也是從暫時性的方面去理解。因為它不
崇拜什麼，在那本質上，是批判的，是革命的。」
（《資本論》第一卷第二版〈跋〉）

以上所引的一段話，是馬克思關於《資本論》裡面所
應用的方法，最重要的而且直接關於《資本論》而寫下的文
字，在這範圍內，幾乎是唯一總括的說明；他的辯證法的方
法（dialektische Methode），可以說已經總括於以上說明之
中。但僅僅有這點說明，絕不能明白它在邏輯方法論的意義
上，究竟是怎樣的東西，應當如何應用。我們還須靠馬克思和
恩格斯的其他說明（雖如此說，但在實際上，因為後來擔當這
方面論述的，主要是恩格斯，所以不能不幾乎專靠恩格斯的說
明），務必充分地去了解它。因此，我們首先非把黑格爾及馬
克思的辯證法本身是什麼弄明白不可。

據黑格爾說，不論自然或人事，世界全是絕對（das
Absolute）的「觀念」或「邏各斯」（Logos，據恩格斯的論
述，那是「在某個地方，從悠久的古昔，由世界獨立而在世界
以前，便存在的東西」）的發展與表現。就是馬克思所謂，
「思維過程（觀念）是現實世界的創造主，而現實世界不過是
思維過程的外部現象」。而這發展，在一切場合，都採取如下
的三個階段（但在邏輯上是超時間的）進行。第一，還在它自
身狀態上的階段；在這個階段，它自身之中雖已包含著發展的
素質，即矛盾的要素，但它尚未發展，還保持著原本的狀態。
這個階段，稱為「即自的的狀態」（an sich），普通以「正」

（These）來表示，也有以「肯定」（Bejahung）來表示。第二，它發展的素質，即矛盾的要素，發展起來，對第一階段成為對立狀態的階段。這個階段，稱為「對自的狀態」（für sich），普通以「反」（Antithese）或「否定」（Negation）來表示。第三個階段，它更加發展，對立被綜合起來，成為既不是第一又不是第二，但又將第一和第二都作為要素包含保存於當中，較高較新的東西這件事，在黑格爾哲學裡，叫作「揚棄」（aufheben）。這個階段，稱為「即自且對自的狀態」（an und für sich），普通以「合」（Synthese）或「否定的否定」（Negation der Negation）表示。據黑格爾說。世界萬有（不論思維或實在）都是取此三個階段而發展的，一旦達到了綜合——即「合」，就又成為「正」而向「反」展開，「反」又向「合」展開，而達到更高的綜合。這樣「正」、「反」、「合」的過程，反覆進行不已，一直達到最高的綜合為止。他把這個世界發展的原理——即思維及現實從低級到高級的進展方法，總括地稱為「辯證法」；這種發展的進行形態，稱為辯證法的「一般的運動形態」（參看黑格爾著《邏輯學》Wissenschaft der Logik）。③

　　現在，我們和黑格爾的辯證法相聯繫，把上述馬克思自己的辯證法觀點加以考察總括，結果便可歸納為下述二項：

　　一、黑格爾的辯證法，以觀念（即思維過程）為「現實

---

③ 據黑格爾說，世界是處於這種運動之中的，所以人類認識的最高任務，在於以思維的辯證法去追察世界的辯證法的發展。也就是說，辯證法不僅是萬物發展的原理和樣式，而且是把握、認識萬物的方法。

世界的創造主」，是錯誤的。相反地，現實世界，才是觀念世界的創造主。也就是說：現實世界（也可以說現實或實在）是主體，觀念世界（也可以說觀念或思維）不過是從屬於現實世界。

二、可是這件事情，「絕沒有妨害他作爲一個最早用全面且有意識之方式表現辯證法的一般運動形態的學者」。也就是說：黑格爾是正確地把握著辯證法的一般運動形態；世界的一切事物，不論自然或人事，都正如黑格爾所說，是依「正」（肯定）、「反」（否定）、「合」（否定的否定）這三個階段而展開，採取這三個階段而發展的（但是馬克思所認識的與黑格爾所認識的不同，這種發展是有時間性的）。

馬克思的辯證法，是把黑格爾辯證法修正了的辯證法；用恩格斯的話來說，就是「向來以頭站立的辯證法，如今用腳站立了」（恩格斯著《費爾巴哈（Feuerbach, 1804-1872）論》的辯證法）。這種辯證法一般的抽象特色，我想由以上的說明，大體總可以曉得了。可是它在現實上具體上，究竟是怎樣的東西呢？

不是觀念創造決定現實，反而是現實創造決定觀念；換句話說，現實是辯證法運動的主體，觀念不過是它的客體；關於這一件事，我想不必另外舉例說明了。「人類在其生活的社會之生產裡，走入一定的、必然的、離他們的意志而獨立的關係中；這種關係，就是適應他們的物質生產力某種發達階段的生產關係。這些生產關係的總和，形成社會的經濟構造；它是法律及政治的上層建築所據以成立和一定的各種社會意識形態與它適應的現實基礎。物質生活的生產方法，制約一般的社會、

政治及精神的生活過程。不是人類的意識決定他們的存在，反
是人類社會的存在決定他們的意識」。所以這「現實基礎」一
有變化，那上層建築「法律、政治、宗教、藝術及哲學上的，
簡單說即意識上的各種形態」便跟著起變化。他的唯物史觀中
的這種主張，可以說就是把上述見解總括起來的東西（參看馬
克思著《經濟學批判》（1859）序文）。問題是在於辯證法
一般的運動形態是怎樣的這一點。辯證法在現實上具體上，究
竟是怎樣的東西？

　　馬克思在《資本論》第一卷的〈所謂原始的蓄積〉那一
章的末尾，敘述了資本主義以前的所有（以生產者自己的勞動
爲基礎的私有）爲資本主義的所有（建立於搾取之上的私有）
所代替，而今資本主義的所有又達到不能不被新形態的所有
（共有）所代替的命運這樣的事情之後，以如下的話，來表示
這個過程的辯證法之展開。他說：「從資本主義生產方法裡發
生的資本主義占有方法，以至資本主義的私有，是對於那以生
產者自己的勞動爲基礎的『個人的私有』的第一個否定。但是
資本主義生產（以至資本主義私有），又以一個自然過程的必
然性，造出了它自己的否定。這就是否定的否定。」（《資本
論》第一卷）④

──────────

④ 同樣的例子，在他的初期著作《哲學的貧困》（*Das Elend der
　　Philosophie*, 1847）裡面，也可以看見。這本書是批評蒲魯東
　　（Proudhon, 1809-1865）的。蒲魯東說：「獨占是競爭的必然結果。
　　競爭因它自身不斷的否定而產生獨占。」馬克思以如下的話，來批評
　　蒲魯東的這種「彷彿黑格爾式」的學說。「蒲魯東先生，至少有一

其次，恩格斯在他的名著《反杜林論》（Anti-Dühring, 1878）中，關於這個問題，直接舉例說明如下（因爲這一本書，是馬克思和恩格思的著作中，比較詳細說明他們的辯證法乃至辯證法方法的書）。

「那麼使杜林的生活感到這樣的不愉快，好像基督教中罪惡對於聖靈一樣，對於他演著不可饒恕的犯罪劇目，這個可怕的否定的否定（筆者附言，以至於否定），究竟是怎樣的東西呢？── 它是極簡單的，到處每天進行的過程（Prozedur），……是任何小孩子都能理解的東西。試取一粒麥子爲例。無數的麥子，被磨碎、被煮熟、被釀造，以至於被消費。假定有一粒麥子，遇到順利的條件，即落在適當的地上。這時，那粒麥子，因受熱度和濕氣的影響，而產生一種特有的變化，即發芽。於是那粒麥子，消滅其麥子

度能夠好好應用正題和反題的公式，這是我們與他所同感喜悅的。近代的獨占，由競爭本身所產生，這是誰都知道的。……（但在這個場合）蒲魯東不過說到由競爭所產生的近代的獨占而已。可是我們大家都知道，競爭是由封建的獨占裡發生。這樣，原來競爭是獨占的反題，而獨占卻非競爭的反題。因此，近代的獨占，不是一個單純的反題，相反地，卻是眞正的綜合（合）。正題（正）── 先行於競爭的封建獨占。反題（反）── 競爭。綜合（合）── 近代的獨占。這個獨占。在它以競爭制度爲前提的範圍內。是封建的獨占的否定；又在它成爲獨占的範圍內，是競爭的否定。所以近代的獨占 ── 資產者的獨占，是綜合的獨占，是否定的否定，是對立物的統一。」（《哲學的貧困》第二章第三節）

的性質，即被否定了；代之而起的是由那粒麥子裡發
生的植物——即那粒麥子的否定。那麼這個植物順利
的經歷，是怎樣的呢？這個植物，漸漸生長、開花、
結實，最後又產出許多麥子；而這些麥子一熟，那莖
便枯死，它自身便被否定。這種否定的否定的結果，
使我們重複得到最初的麥子；但此時所得的，不是一
粒麥子，而是十倍、二十倍、三十倍的多數。穀物之
類，變化極慢；所以今日的麥子，與百年前的麥子，
幾乎相同。但是我們倘若拿容易造形的裝飾植物，例
如拿天竺牡丹（dahlia）或蘭花來做例子，依照園藝家
的技術來處理這個種子及由種子而生的植物，那麼我
們便可以看見，這種否定的否定的結果，不僅使我們
得到更多的種子，而且使我們得到能開更美麗的花、
品質改善了的種子；而這種過程的每一反覆，即每一
新的否定的否定，都更提高了那完成的程度。

　　與麥子一樣，這個過程，也在大部分昆蟲身上進
行，例如蝴蝶。蝴蝶依卵的否定，從卵裡產生，進行
轉化，直到性的成熟期爲止，乃行交尾，再被否定。
就是一經完成生殖過程，雌蝶產了無數的卵，便即死
亡。」

這樣，恩格斯還進而論述，這個原理，不僅如上面所說
那樣，行於動植物界，亦行於地質界和數學中。這樣論述了之
後，他還以如下的話，說明歷史界亦是這樣。

　　「再舉別的例證來說：古代哲學，是原生的自然
的唯物論。唯物論自身，不能說明思維對於物質的關
係。然而想明瞭這個關係的必然，產生能由肉體分離
的靈魂說，進而產生靈魂不滅的主張，遂至於產生一
神教。這樣，古代唯物論，便爲觀念論所否定了。然

而哲學再行發展，觀念論也就不能支持，於是又爲近
代唯物論所否定。這個近代唯物論——否定的否定。
不是古代唯物論的單純重建，而是在它殘生的根柢
上，添加了哲學及科學二千年的發展，及這二千年的
歷史自身，所發展出的全部思想內容的東西。它已經
不是哲學，而是一個單純的世界觀；它不僅是在一個
特殊科學的科學（Wissenschafts wissenschaft）裡可以
確證可以實現，而是在現實的諸科學裡可以確證可以
實現。就是哲學在這裡被『揚棄』了。換句話說，就
是『被克服的同時又被保存著』；從形式上說是被克
服，從現實的內容上說是被保存。」⑤

　　由以上的說明，我想大體可以明白馬克思的唯物辯證法的
內容。這個唯物辯證法，畢竟是行於現實世界及觀念世界兩方
面，因爲行於現實世界，所以也行於觀念世界，發展的原理，
是實在及思維使自己從低級向高級發展的一般方法。
　　於是我們漸漸達到所期待的問題點了。那麼其次所謂辯證
法的研究方法（dialektische forshungsmethode）是怎樣的東
西呢？
　　據馬克思和恩格斯所說，這個原理乃至方法，「雖然在
自然界中——向來便是在人類歷史的大部分中——，都是無意
識地以外部必然性的形態，貫徹於表面的偶然事態的無限連
鎖之中，但是人類可以意識地應用它」（參看恩格斯的《費爾

---

⑤ 辯證法裡，還有一個與這種運動相隨伴的特性，就是事物的量的變化
　達到一定點時會成爲質的變化這樣的一個特性；這裡只想考察那基本
　的體制，關於這個問題，爲避免說明複雜起見，就不論及。

巴哈論》）。就是辯證法可以做思維的一個意識的思維方法
（想法）。所謂辯證法的研究方法，不外是當進行研究時，把
辯證法這思維方法或想法作爲把握的方法來應用罷了。恩格斯
在他所著的《反杜林論》裡面這樣說道：「馬克思經濟學上的
研究結果正確與否，在這裡尙不成爲問題；這裡成爲問題的，
只是馬克思所應用的辯證法的方法。可是有一件事實，總是確
實的。那就是《資本論》的大多數讀者，如今才托杜林的福，
而眞正知道他自己實際所讀的內容。實際上，杜林自己也是其
中之一。」於是進而反駁杜林的種種誤解乃至曲解，然後如此
說道：「倘若杜林以爲辯證法只是證明的工具 —— 像人們把形
式邏輯學或初等數學作那樣狹義的解釋一樣 —— ，那就可見
得，他對於辯證法的性質，完全沒有認識。就拿形式邏輯學來
說，第一也是作爲發現新結果的方法，即是作爲從既知進行到
未知的方法。辯證法也是一樣，不過在更高的意義上，因爲辯
證法打破形式邏輯的狹隘視界，所以包含著更廣大的世界觀的
萌芽。在數學裡，亦有同樣的關係。初等數學，處理不變量的
數學，至少大部分是活動於形式邏輯學的範圍內。可變量的數
學 —— 其最重要的部分是微積分學 —— ，在本質上不外是辯證
法應用於數學關係裡的東西。單純的證明，比之於這個方法多
種多樣地應用於新的研究領域，在這裡完全是第二義的。」也
就是說，辯證法與形式邏輯學有同樣的意義（雖然有「更高
的」作用，這一點是不同的），當研究時可以應用作爲把握的
方法；而這樣把辯證法應用作爲把握的方法的研究方法，就稱

爲辯證法的研究方法。⑥

這樣看來，所謂辯證法的研究方法，就是把辯證法這想法或思維方法作爲方法來應用，像普通的科學研究中應用形式邏輯學一樣。那麼這個場合，辯證法在邏輯方法論的意義上應當怎樣應用呢？這是我們接下去應當探究的緊要問題。可是馬

---

⑥ 據辯證法論者所說，這個研究方法，能夠達到那用形式邏輯學的方法，即歸納、演繹方法終究不能達到的結果，如高等數學能夠達到初等數學所不能達到的結果一樣。因爲形式邏輯學以「甲是甲」（同一律），「甲不是非甲」（矛盾律）、「甲是乙或是非乙」（排中律）這三大原理爲它的根本原理，關於同一事物，既經肯定，同時不得否定，既經否定，同時不得肯定。就是「事物是存在或不存在」，「一事物不能同時是它自己又是別的東西」。然而「世界事物，是在不斷辯證法的運動之中」，「在所有每個瞬間，是它自己，又不是它自己」。所以我們採用形式邏輯學的思維方法，終究不能把握事物的眞實。要把握事物的眞實，只有憑藉辯證法的思維方法──即把一切事物，一面肯定，同時否定，一面否定，同時又在更高的綜合中肯定，這樣的思維方法，才是可能的。這種思維方法。不取形式邏輯學的「然、然，否、否」的思維形式，而取「然、否，否、然」的思維形式。只有這種辯證法的思維方法，才能「在那關聯、那運動、那生滅上去把握」事物，才能認識事物的眞實（參看恩格斯的《反杜林論》〈序說〉一）。馬克思和恩格斯自己，關於形式邏輯學，並沒有這樣明瞭的說明；但是狄慈根（Dietzgen, 1828-1888）和普列哈諾夫，卻有進一步的這樣論述。〔參看狄慈根的《哲學的成果》（*Das Akquisit der Philosophie*）及普列哈諾夫的《馬克思主義的根本問題》（*Die Grundprobleme des Marxismus*）〕

克思和恩格斯，只有下述的話，可以看作是對這個問題的一種
解答。恩格斯說：「但在這裡，也許有人這樣反對地說：『這
裡所行的否定，絕不是眞正的否定；當我磨碎麥子時，是眞正
否定麥子；踏死昆蟲時，是眞正否定昆蟲；抹殺正數a時，是
眞正否定正數a。』或許又有人說：『當我說這棵薔薇不是薔
薇時，就是否定這棵薔薇是薔薇那一命題；倘若我再否定這個
否定，說這棵薔薇亦是薔薇。那究竟會產生怎樣的結果呢？』
這些反對論，實在是形而上學者對於辯證法的主要質疑，完全
與他們的偏狹固陋的思維方法相應。辯證法裡的所謂否定，絕
不是單單所謂否的意思，或所謂某種事物不存在或任意破壞它
的意思。斯賓諾莎已經說過：『一切限定都是否定。（Omnis
determinatio est negatio.）』也就是說，所有每個限制或限
定，同時便是一個否定。而這裡的所謂否定的方法，更是第一
依過程的一般性質，第二依過程的特殊性質，而決定的。我不
僅否定而已，還須把那否定再行揚棄。所以我行第一個否定，
須得第二個否定可能或者成爲可能。那實際要怎麼做呢？就要
依照各個場合的特殊性質。當我磨碎麥子，踏死昆蟲時，我誠
然是完成了第一個行爲，但這就使第二個行爲成爲不可能了。
所以各種事物，都有各自特有的否定方法，以產生發展。這件
事情，在任何種類的表象或概念中，都是一樣。」（恩格斯的
《反杜林論》）

　　這是馬克思和恩格斯關於辯證法的方法，乃至辯證法的
研究方法的說明的要義。總而言之，他們的說明，僅止於下述
這一點：辯證法在它與形式邏輯學並立的或對立的意義上（馬
克思主義並未把形式邏輯學當作完全無用的東西而排斥。據馬

克思主義看來，形式邏輯學，只是「在它自己的平凡範圍內，是一位極可尊敬的朋友，但一旦走進廣大的研究世界裡去」，便「遲早要碰到一定的界限」，而「陷於不可解決的矛盾之中」），與形式邏輯學一樣，可以應用作爲把握的方法；至於應當如何應用，則依那對象如何而定。這誠然是不錯的。可是問題卻不能說就此便闡明了。我們還須在那可能的範圍以內，從別的方面來研究這個問題。⑦

那麼所謂把辯證法作爲把握的方法來應用，究竟是怎樣一回事呢？換句話說，這個場合，辯證法對於研究的觀察構成乃至認識構成，在邏輯方法論的意義上，產生怎樣的作用呢？

前面已經說過，辯證法不僅是一個思維方法乃至思維法則，也是世界所有實在發展的方法乃至法則（原理）。它不單是思考的原理或法則，它自身已具備一個世界觀的性質（馬克思和恩格斯自己，也稱它爲世界觀）。那麼所謂把辯證法作爲

⑦ 據馬克思寫給狄慈根的私信及其他文件看來，誠如康德（Kant, 1724-1804）派的馬克思主義者伏雷達（Karl Vorländer）在他所著的《康德與馬克思》（*Kant und Marx*）裡面所說，馬克思早有意寫一本關於「辯證法」的書。他在寫給狄慈根的一封書信裡面，說了如下的話：「我如果放下了經濟學的重擔，打算寫一些關於『辯證法』的東西。辯證法的正當法則，已經被包含於黑格爾的思想之中。不過那是在神祕的形態裡的，我們必須剝去這個形態。」倘若這件事情由馬克思完成，那麼問題便更明白了。可是很遺憾的，如大家所知，馬克思終究未得實現這件事情而長逝了（參看伏雷達的《康德與馬克思》第65頁）。

方法來應用這一件事，就是把如上所說的辯證法這一般法則，以邏輯的認識論的意義來應用，由此而在這上面，組成觀察，構成認識的嗎？倘若如此，則那研究從結果方面當作一個論證來看時，便不免是一個循環論證，是一個非科學的論證。因為這樣說來，馬克思所要論證的東西，結局是辯證法的法則；因而變成了為要論證辯證法的法則而使用了辯證法這一般法則，變成了以那與受論證的東西性質相同的東西作為論證的前提。然而，這正是柏林大學的一位講師杜林（Eugen Dühring）所非難的東西（雖然他沒有採取嚴密的論證形式），亦是馬克思和恩格斯所極力否定的東西。

　　杜林對於這一點，如次地非難道：「這個（英國所謂的原始資本蓄積發生史）歷史的抄記，是馬克思的著作（指《資本論》）裡面比較好的部分。如果這一部分，專門依靠學問的支持，而不依靠辯證法的支持，那一定還要好些。黑格爾的否定的否定，在這裡因為沒有較好且較明瞭的手段，所以不能不盡著產婆的職務。因此，未來是從過去的胎內產生的。十六世紀以來以暗示的方法來完成個人的所有的揚棄，是第一個否定。接著，便發生第二個否定，即具有「否定的否定」的特色，也就是以「個人的所有」之復活——不過那是以土地及勞動工具的共有為基礎的一個更高級形態——為特徵的第二個否定。如果這個新的「個人的所有」被馬克思同時又叫作「社會的所有」，那麼在這裡便表現了黑格爾較高度的統一，在這裡矛盾被揚棄了。也就是按照言語的遊戲，矛盾是被克服的同時又被保存著。……因此，所謂收奪者的收奪，便是那物質的外部關係中歷史現實的自動產物。……思慮深邃的人，恐怕不會相信

黑格爾的欺詐——「否定的否定」便是他的欺詐之一——，確信土地及資本的共有的必然性吧。……」（恩格斯的《反杜林論》）「馬克思的方法，總之在於替他的信徒營造辯證法的神祕。」（同為《反杜林論》中所引的杜林的話）。這顯然是非難馬克思所作為問題的「資本主義所有的崩壞說」的，以為這個學說是方法地意識地在辯證法原理或法則之上作成的；結果就是非難它在前述的意義上是非科學的論證。[8]

那麼恩格斯對於這種非難，是怎樣答辯呢？他在引用馬克思的《資本論》裡面與這個問題有關的地方的說明以後，如次說道：

> 「於是我要問問讀者：何處有辯證法的糾紛的錯雜或奇怪的觀念？……何處有辯證法的神祕乃至依據黑格爾的『邏各斯』說的錯雜（據杜林說，若沒有它，馬克思便不能完成他自己的發展）？馬克思不過把如下的事實，在歷史上簡單地指示出來，在這裡簡單總括地敘述出來罷了。這事實就是：與以前小規模經營由它自身的發展而必然地作出破壞它自身的條件，即小所有者收奪的條件一樣，如今資本主義生產，也已經作出不能不使它自己滅亡的物質條件了。這個過程，是歷史的過程。即使它同時是辯證法的，那也不是馬克思的責任，而對於杜林卻可以成為致命的東西。

---

[8] 在這個場合，我們不能說杜林混同馬克思的辯證法與黑格爾的辯證法。因為在這裡，他明確地說「因此，所謂收奪者的收奪，便是……歷史現實的自動產物」。

　　馬克思做完了他歷史的、經濟的論證之後，才
接著這樣說道：『資本主義生產方法及所有方法，乃
至資本主義的私有，是那個人以自己勞動為基礎的私
有的第一個否定。資本主義生產的否定，以自然過程
的必然性，由它自己造出來。這就是否定的否定』云
云。

　　所以馬克思把那個事實當作否定的否定來表示
時。並不是想由此論證那個事實是一個歷史的必然
東西。恰恰相反，他在歷史上論證了那個事實有一
部分實際上已經發生，有一部分從此必然地要發生之
後，再把它叫作依照一定的辯證法法則來進行的一個
事實。他不過如此而已。所以，倘若杜林主張否定的
否定在這裡不能不盡著產婆的職務（因此，未來是從
過去的胎內產生的），或者主張馬克思是要求人們在
否定的否定的信賴之上相信土地及資本的共有的必然
性，那又是杜林完全的虛構。」（《反杜林論》）

　　恩格斯還在該書第二版的序文裡，說了如下的話：「最
後，我所作為問題的，不是嵌入辯證法的法則於自然之中，
而是在自然之中發現辯證法的法則，從自然之中解釋這個法
則。」

　　這樣看來，所謂辯證法的研究方法，就是把辯證法作為
方法來應用的事情；然而那絕不是把辯證法這一個世界發展的
一般法則當作一個認識構成的原理來應用，在那獨特的發展
形式上組成觀察的意思。因為倘若辯證法的研究方法是那樣的
東西，那麼它所做的就是以「嵌入辯證法的法則於自然（或社
會）之中」，把那研究結果當作一個論證來看時，結果就變成
「把那個事實當作否定的否定來表示時，是想由此論證那個事

實是一個歷史必然的東西」，變成「要求人們在否定的否定的信賴之上相信土地及資本的共有必然性了。」

那麼所謂把辯證法作爲把握的方法來應用，結果是怎樣呢？馬克思和恩格斯，說到把辯證法作爲把握的方法來應用時，他們所想到的是什麼？不會想到的又是什麼？如前面所說，關於這一點，他們並沒有另外留給我們直接深入的說明。再則，後世的馬克思主義者，關於這一點，據我所知，也沒有很明瞭的說明。可是現在從種種方面綜合起來考察，我想大概是如下的意思或者必須是如下的意思。把辯證法作爲把握的方法來應用，其意思就是採用辯證法來做研究的規範原理（指導原理），依照它所指示或統制，進行觀察或考察。換句話說。就是辯證法地進行思維。

例如現在把一個「甲是甲」的事物或事實，依那內部的研究理由，採爲對象，進行觀察或考察。這個場合，辯證法告訴我們：一切事物或事實，都存在於發展關係之中；它的發展，是採取正 ── 反 ── 合這三個階段而進行。同時，如果採用辯證法來做研究的規範，便要求對於一切事物或事實，都應當在這種關係或關聯上來研究。所以思維依照這種辯證法的教導或統制時，首先必須了解那對象的內部性質，必須在那發展關係上去認識它。也就是他在這裡，把那對象的內部性質，在其發展關係上研究明白，假如它具有第一階段（正）的性質時，便作爲它，即是甲就作爲甲而認識它。換句話說，就作爲甲而暫時加以肯定。但他不能停止在這裡。他已經由了解那內部性質，在這裡發現矛盾的要素即發展的因素了。其次，他必須以這個發展因素爲導線，達到那反的認識。這樣，他便走著這發

展路線而達到那成爲「甲的否定」的「非甲」的認識。同時。它自身又把先前的肯定在這裡否定了。其次，他又應當怎樣做呢？辯證法還命令他應當求得這兩者的綜合。於是他還要了解這「非甲」的內部性質，藉以發現那向著綜合發展的內在理由。這樣，他現在又憑發現這個內在理由而達到那成爲「否定的否定」（合）的乙的認識。同時，它自身又把先前的否定在這裡否定了。這個過程，具有什麼意義？那不外是以思維的辯證法去把握實在（外界）的辯證法發展罷了（這個過程，即使在最初偶然以可爲「非甲」或乙的性質的東西爲對象時也還是可行。因爲只要依照那內在理由所指示去追溯考究便行了）。

　　爲什麼這樣的方法具有與形式邏輯學的方法並立或對立的性質？爲什麼它比形式邏輯學的方法要高明得多？又爲什麼它與那「要求人們在『否定的否定』的信賴之上相信土地及資本的共有」或「先驗地構成的」方法，在一切場合都應當本質地區別出來呢？關於這一類的問題，在這裡是不成爲問題的。那是馬克思批判者的問題。我們是馬克思經濟學說的一般研究者，所以我想，關於馬克思研究方法的考察，大體便可以這樣告終了。據恩格斯說，「人類在知道辯證法是什麼以前，早已辯證法地思維了；這恰與在散文這一名詞沒有發生以前，早已寫散文了一樣。」辯證法「不過是到了黑格爾的手裡才明確地公式化罷了」。「可是如果以辯證法的思維法則之意識向著事實的辯證法性質，那麼我們便更容易達到」那正確的認識（引號內的文句，均引自恩格斯的《反杜林論》）。同樣，我們的這個概觀，也可以幫助我們比較容易而且比較批判地去理解馬克思的經濟學說。

目 次

第三部　剩餘價值的分配

第一篇　剩餘價值的利潤化與利潤率的平均化

第一章　剩餘價值的利潤化

第二章　利潤的平均利潤化

第二篇　剩餘價值的分配

第一章　商業利潤及利息

第二章　剩餘利潤的地租化

第四部　資本主義生產的崩壞

第一章　利潤率低落的傾向

第二章　實現剩餘價值難度的增大

第一部

剩餘價值的生產

第一篇

商品—貨幣—資本

第一章　商　品

第一節　商品生產的性質

一、資本主義社會與商品

　　凡是外界的東西，只要能夠滿足人類肉體或精神上的某種欲望（不管直接或是間接），都可以形成財富（Reichtum, Wealth）。換句話說，一切有用物都是財富。因而在這個世界中，有兩種財富：一種是不含一點人類勞動、單由自然界裡獲得的財富，例如空氣、日光、河水、未開發地、天然的牧場、野生的林木等；另一種是由人類的勞動而生的財富，即勞動生產物，例如穀米、豆麥、油鹽、醬醋、鐵材、布匹等。經濟學拿來作爲研究對象的財富，自然是後一種財富，即勞動生產物。至於像空氣、日光、河水、野生的林木等純粹自然的產物，屬於物理、化學或自然史的問題，不是經濟學的對象。

　　不消說，就是勞動生產物，也不是單憑人類的勞動便能生產出來的。如威廉・配第（William Petty, 1623-1687）所說，「勞動是財富之父，而土地是財富之母」。「人類的生產活動受限於自然條件」，人類憑他的勞動，只能變更自然物的構成、形態或位置，因而造出新的效用。所謂勞動的生產物，只是在這個意義上而且在這個範圍內說的。

　　勞動生產物，相對於天然的財富，是一種人爲的社會的財富。這種財富，亦可以分爲兩種：一種是爲供給那生產者或

所有者自己使用的生產物；另一種是拿去和別的生產者所生產或別的所有者所擁有的生產物交換的生產物，這就是商品（Ware, Commodity）。

　　譬如說，一個農家女子，把生麻紡成麻線，織成麻布，以供自家使用。在這個場合，她的麻線和麻布，雖然是勞動生產物，是有用物，即雖然是一種財富，但不是商品。「生產商品，不但要生產使用價值（有用物），而且要生產出別人的使用價值，即社會的使用價值。其實，單說為別人生產使用價值，還是不夠。……要使生產物成為商品，必須該生產物透過交換而移轉到使用者手裡，而這生產物對這使用者具有特別的價值」。反之，假設有一個人，紡造麻線超過他自己所需要的分量，或者紡造一些自己所不需要的麻線，拿這些麻線去交換鄰近農家所生產的穀物；或者假設有一個製造業者，每天紡造幾百斤棉紗，拿到市場上去販賣；在這種場合，麻線或棉紗，就是商品。固然，在這種場合，麻線或棉紗，也一樣是供人們使用的勞動生產物；但是它是一種特殊的勞動生產物——帶有一種特殊的「社會任務」的勞動生產物，就是可以交換的勞動生產物。

　　這樣看來，勞動生產物有兩種：即非商品的勞動生產物與作為商品的勞動生產物。一個勞動生產物，究竟是商品，還是「非商品」？要明白這件事情，絕非僅僅審查那東西本身所能做到。不管麻線或棉紗是農家女子為準備自己的嫁妝而紡成的，或是紡紗女工在工廠裡替資本家紡造出來的，而麻線之為麻線，棉紗之為棉紗，其實物形態並沒有什麼變化。勞動生產物是否為商品，完全要依它的社會任務，或依它的社會功能來

決定。

我們觀察今日的資本主義社會，看見這個社會財富（嚴格說，是可以作為經濟學對象的「人為的社會財富」，即勞動生產物）的大部分，都是作為商品而生產出來。當然，即使在今日，也不是一切財富，一切勞動生產物都是作為商品而生產出來。在這個社會裡，也還生產著非商品的勞動生產物。不過那種非商品的勞動生產物，只占著極小的部分；大部分的勞動生產物，在今日都是作為商品而生產出來；人類的大部分欲望，都靠著商品來滿足。

譬如說，在普通的家庭裡，今日也還和以前一樣，自行烹調食物，自行縫製衣服，以滿足自己家庭的需求。因而那餐桌上所擺的食品和身上所穿的衣服，在這種情況下，都是「非商品的」勞動生產物；在這個範圍內，今日的家庭，也還依舊消費著非商品的財富。可是一旦我們的眼光，轉向前文所說的過程去觀察時，便可以知道這些食品和衣服（農家姑且不論，至少在其他一般家庭裡），其材料都是由交換而得到，即以商品的形式而得到。不錯，在農家裡，什麼米、麥、醬、醋、鹹菜等等食物，都是由自己造出來的。但是其他食物，像鹽、醬油、魚類等等，雖是農家，也不能不靠交換來得到。尤其是勞動工具和被服材料，幾乎全部要仰給於交換。農家尚且如此，其他家庭，當然更加如此。白領、藍領勞動者或純粹商人家庭，他們日常一切的用品，當然要靠交換來得到；即使製造業者，除了他自己所製造的東西以外，一切生活必需品，也要仰給於人；例如鞋店除了鞋子以外，點心鋪除了點心以外，都要仰給於人。這樣看來，在資本主義社會裡，我們所消費或使用

的財富，大部分都是作爲商品而存在，以商品的形式來供給。

這種傾向，在資本主義社會裡，必然會一天一天地擴大。例如農家製造自用的手織棉布，以前很盛行；但是到了現在，這種習慣，差不多已完全消失了。因爲大工廠生產發達的結果，棉織物能夠以很低廉的價錢來供給，因而像以前那樣在自己家裡用舊式工具織造，相形之下，便覺得很不划算了。再則，農家近來還有一個顯著的事例，就是穿著橡皮鞋和橡皮襪。資本主義生產方法發達的結果，能夠以極低廉的價格來供給這些生產物，如今不但風靡於都市和礦山的勞動者之間，而且漸漸風靡於農家了。因爲農家與其照以前那樣分一部分勞動力去製造草鞋，不如拿這些時間來做別的工作，而使用橡皮鞋或橡皮襪，較爲有利。這樣看來，農家的一部分欲望，以前是靠自家的勞動生產物來滿足的，現在也漸漸靠那作爲商品的勞動生產物來滿足了。同時，農家的一部分時間，以前是用於生產自家用的使用物（即非商品）的，現在也用於別的方面，例如用於生產蔬菜、豬隻之類供給都會使用的商品了。所以現在不妨說：一切財富，一切勞動生產物，都有商品化的傾向。

因此，研究這種商品，闡明它的眞正意義這一件事，在理解資本主義經濟乃至資本主義社會上，不能不說是一個必要而不可缺少的條件和開端。所以馬克思研究資本主義經濟，先從這商品的觀察和分析開始。他說：「資本主義生產方法支配的各種社會的財富，表現爲龐大的商品集積；個別的商品，則表現爲它的元素形式。所以我們的研究，從商品的分析開始。」

二、商品生產的由來

可是我們要闡明商品的眞正意義，首先便得要清楚了解商品生產的由來，了解商品生產的性質。因爲事物的眞正意義，若不去考察它的由來和性質，絕不能眞正理解。

商品是如何發生，依什麼理由而發生的呢？商品生產是怎樣進行，依什麼理由而進行的呢？

資本主義生產方法，是特定時代的社會產物；同樣，商品或商品生產，也是特定的發達階段的社會產物。固然，商品生產，比資本主義生產，發生得早些；但是它絕不是與人類的歷史一同開始的。在太古原始社會生活中，不論是狩獵種族，或是牧畜種族，或是農業種族，生產都以各種族的自給自足爲目的，在這個限制之下來共同實行，而生產物則共同分配。那時過的是團體自給自足的共產生活。所以在那時，沒有什麼交換存在，因而沒有什麼商品存在。這件事情，今日已由各方面所做的考證證明了。

不消說，在這種原始共同體中，也實行分工。假如這個原始共同體是農業種族，那麼適宜於耕種的人，便以從事耕種爲主；長於木器製作的人，便以從事木器製作爲主；長於鐵器製作的人，便以從事鐵器製作爲主；至於那被認爲宜於執行團體共同事務的人，則擔任共同事務的執行。不過這種分工，是以一個社會（一個團體）爲主體的自給自足經濟內部所實行的勞動編制上的分工，不是以個人爲主體的獨立職業的分工；這種社會的所屬成員，都是直接爲整個社會而且在整個社會統制之下從事勞動，他們的生產物則在社會的統制之下實行著共同分

配。

　　這裡有一個可以推知這種原始共同生活的資料，即現今印度所實行的村落共產制。印度共產村落的首長，有一個人的，也有幾個人的（多半是5個人）。首長之外，還有許多職員。另有財政主任，指導並監督全團體與其所屬成員的財政關係，及自己團體與其他共產團體或自己團體與國家的財政關係；又有一種職員，從事犯罪及各種侵害事件的調查，並且負擔保護旅客，把他們安全送到鄰近共產團體去的任務。還有一種職員，掌管保護田野，測量土地，並注意鄰近團體越境侵田的事實。此外，還有司灌漑的職員，預防水流停滯，使其開閉適度，送達充分的水量給各個水田。又有司禮拜的婆羅門僧，有教兒童讀書的學校教師，有替播種、收穫、打稻及其他重要勞動占卜日子吉凶的占卜師。此外還有鐵匠、木匠、車匠、陶工、清潔工、牧牛人、醫生等，有時甚至有歌舞藝人。這些人都替自己的團體，在團體的統制之下從事勞動；因此他們都能參與田地裡或山野裡所產出的東西的分配。

　　這是一個比較進步的共產村落的例子；比這更素樸的共產生活的例子，今日還可以在未開化地方的各處看見。這些事實，都可以作為我們推測古代人類生活的資料。

　　那麼商品，從而商品生產，是如何從這種原始共產生活裡產生出來的呢？

　　現在假定這裡有一個如上所說的農業共產團體，因那勞動方法或勞動工具的發達，能夠以少於從前的勞動，經營必要程度的農業。在這樣的時候，那結果，當然要產生「多餘的勞動力」。於是這種多餘的勞動力，自然要用於別的方面，例如

用於發掘那團體勢力範圍內所存在的燧石層，以那發掘出來的燧石去製造生活器具、勞動工具和武器（倘若技術已經發達到那個地步）。這樣，這個團體所造出的這些東西，自然會比自己團體所需要的分量多得多。現在又假定有一個遊牧種族——即牧畜共產團體，逐水草而來，與這個農業共產團體發生和平的接觸。假定在這個牧畜共產團體裡，它的勞動生產力也已經發達，它所擁有的家畜，超過了維持自己團體生活所需要的數量。這時候，一方面有著多餘的生活器具、勞動工具和武器，另一方面有著多餘的家畜。於是這兩個團體之間，便自然會實行那多餘的生產物的交換。就是這裡才發生了商品。①

這樣看來，生產物的交換，最初不過是偶然實行的，因而商品不過是偶然的產物。生產物在實行交換時，固然是商品，但它本來並不是為交換而生產的，乃是為供給自己團體的使用而生產的。可是到了團體越益膨脹，團體間的接觸越益頻繁，交換的經驗越益豐富時，便漸漸發生一種最初預期交換、以交換為目的的生產了。就是到了這時，才實行那嚴格意義的商品生產；這時商品已不是偶然的產物，而變成預期的常規現象了。

然而上面所說的交換，只不過是團體間所實行的交換。在原始社會生活中，交換只行於團體與團體之間，不行於個人之間；交換的主體，不在於個人而在於團體。然而這種團體間

---

① 這裡所說的，絕不是單純的想像。商品的發生，大體是採取上述的形態而來的，這是無可爭議的事實。實際的情形，自然要比這個更複雜些，但那與問題的本質無關。

的交換，一到了普遍化時，便在團體（共產團體）內部發生反
應作用，引起特殊的社會變化了。就是團體與團體之間頻繁進
行交換的結果，使團體內部的各個人之間發展了「所有」的觀
念，各個人互相承認他人的生產資料及生產物的私有，各自進
行生產，互相交換其生產物。因為這樣一來，便很能擴張那變
化發展了的生產力。這樣一來，向來共產團體的內部 —— 即各
個人之間，也發生商品，從事商品生產了。社會的生產關係，
一旦到了依照這種商品生產的關係而重組起來時，那社會所生
產的生產物，便更加不能不多多採取商品形態而分配於社會成
員之間了。

三、商品生產的性質

　　商品是照上面所說的那樣發生，商品生產是照上面所說的
那樣進行的。

　　所以生產物的交換 —— 即生產物的商品化，是社會的生產
力發達到了原始共產團體的狹隘需要以上的自然結果。因為勞
動工具或勞動方法，以至生產方法，進步到一定的地步，生產
力發達到一定的程度，自給自足的原始共產制，反而成了它前
進的障礙。也就是生產力進展到要求擴張那社會的勞動，要求
一種新的生產關係，乃至社會關係，以便於自己的充分發揮。
但在當時，各共產團體的結合，是基於血緣的結合；在血緣不
同的團體之間，存有嚴重的區別，各團體互相處於孤立隔絕的
狀態。所以要擴張那社會的勞動 —— 即要利用發達了的生產
力，終究不能由擴張那包括互相接觸的各團體的一種新共產的
有秩序勞動來完成，只能由交換各團體的過剩勞動 —— 即過剩

生產物來完成。可是這件事情，又反應於各團體內部，漸漸引起生產組織的解體，終於變成了以商品生產而獨立的個人的職業。這樣一來，社會便能充分利用發達了的生產力了。

所以商品生產也是一種社會的生產；除去社會的關聯，便不能設想商品生產的存在。商品生產，本來是因為社會的生產，因生產力的發達，而擴大到向來的共產生產圈外而發生的東西，不外是一個社會歷史的產物。換句話說，生產物的商品化——即商品這一個現象，本來不外是因社會的生產力變化而生的社會生產關係（即生產的社會關係——據馬克思說，生產關係也是一種社會關係；他在《雇傭勞動與資本》（Lohnarbeit und Kapital, 1849）裡面說道：「人類為著生產物品，互相走入一定的關係和情況之中。只有在這種社會的關係裡面，人類才能與自然保持穩定的關係。」）變化的一個現象；因此生產力乃至生產關係一有變化，商品當然也要跟著變化。

四、商品的拜物教性質

可是這種商品生產，一旦變成那私有生產資料及生產物的個人的獨立職業，便漸慚眩惑人們的目光，以致它本來的社會性質，往往不能被人們認識清楚了。

現在我們且舉一個例子：假定這裡有一個農夫和一個陶工，處於商品生產的初期。假定他們以前是同一共產團體的成員，後來成了個別的商品生產者。他們在以前的共同團體中，都替自己的團體工作。這一個替自己的團體提供農產品，那一個替自己的團體提供水瓶。一方面，農夫參與水瓶的分配；另

一方面，陶工也參與農產品的分配。但是新成立的商品生產社會裡，情形是怎樣呢？在這個場合，他們不僅替自己工作，也替別人工作。他們互相交換其生產物。由於這種交換，農夫和陶工，都與以前一樣，取得水瓶和農產品。因而在這個範圍內，他們之間好像和以前沒有什麼變化。但在實際上，他們之間已發生顯著的變化了。

在以前的共產主義社會裡，使各種勞動互相關聯，使各個生產者互相為別人工作，使他們直接參與別人生產物的，是社會自己──即那共同體自己。可是在以後的商品生產社會裡，各生產者，驟然看起來好像是專替自己工作的樣子。他們怎樣參與別人的生產物呢？這件事情，好像不是由他們從事勞動的社會的性質來決定，完全由那生產物自身特質來決定的樣子。陶工和農夫，好像已經不是互為同志而勞動；製陶勞動和農耕勞動，也彷彿已經不是社會所必要的勞動了。人們只覺得水瓶和農產品的內部，彷彿潛伏著一種神祕的性質，使這兩個東西能夠用一定的比率來交換。這樣，在商品生產之下，原本由勞動社會的性質來決定的人類相互間的關係，呈現出好像是與人類相分離的物件相互間的關係──即生產物相互間的關係。生產物的交換──即商品的交換，好像是商品自身自發自動的交換。

在生產直接保持著社會連絡的原始共同體中，生產完全處在社會的指揮命令之下，生產者相互間的關係，自然明明白白地顯現於表面之上。可是一到了勞動變成互相獨立的個人勞動，同時生產又變成無秩序不統一的生產時，那「不外是人類自身的一定社會關係」的交換關係，便好像完全是生產物相互

間的關係了。

這樣，商品的實物形態，如今便獲得一種特別的性質了。這種性質，如果不從生產者相互間的關係裡去說明它，便好像完全是神祕不可解。拜物教者，對於他所崇拜的東西，想出一種在自然性質上毫無根據的神祕性；同樣，商品在多數資本主義經濟學者的眼裡，也反映成具有種種神祕性質的自然物或「它自身具有生命的獨立存在物」。

馬克思把這種商品的眩目性質，叫做「勞動生產物一成爲商品而生產出來時，便跟著附隨於勞動生產物上面、因而與商品生產不能分離的拜物教性質」。我們且看他說道：

> 「在商品形態之下，採取物與物的關係那樣幻影的形態，而反映於人類眼裡的東西，不外是人類自身一定的社會關係。因此，爲了發現那類似的現象，不能不求助於宗教世界的幻境。在宗教世界裡，人類頭腦的生產物，顯現成它自身具有生命的獨立存在物，互相發生關係，而且與人類發生關係。在商品世界裡，人類雙手所造出的生產物，其情形也與此一樣。我把這叫做勞動生產物一成爲商品而被生產出來時，便跟著附隨於勞動生產物上面、因而與商品生產不能分離的拜物教性質。」（《資本論》第一卷，人民出版社，頁90。）

商品的這種拜物教性質，是由馬克思首先認識出來的。使商品的性質不容易認識，甚至不能認識的，實在是這個拜物教性質。我們如果不認識這一個性質，沒有充分認識商品生產社會的性質，便不能明白商品的真正意義，不能達到商品價值的

完全認識。這是我們在沒有進一步研究商品的實體 —— 商品的
價值以前，先求探尋商品生產的由來，闡明商品生產性質的緣
故。

第二節　商品的價值

一、使用價值

　　如果明白認識了商品生產的社會性質，充分看清了附隨於
商品上面的拜物教性質，那麼我們研究商品的困難，便大大地
減輕了。現在，我們的研究，且移到商品本身的分析考察。

　　前面已經說過，所謂商品，便是一種可以交換的生產
物。「為著生產商品，他不但要生產使用價值，而且要生產出
別人的使用價值，即社會的使用價值。其實，單說為別人生產
他用價值，還是不夠。中世紀的農民，為封建領主生產當作年
貢的穀物，為神職人員生產當作什一稅的穀物。這種當作年貢
和當作什一稅的穀物，都是為別人而生產的，但不能因此而成
為商品。要使生產物成為商品，必須使該生產物透過交換而移
轉到使用者手裡，而這生產物對這使用者具有特別的價值。」

　　可是要能夠交換，第一，商品必須是能夠滿足人類欲望的
東西。至於那欲望，不管它是現實的欲望，或者僅僅是假想的
欲望，都不要緊。「不論這種欲望的性質如何，即不論它是從
腸胃裡來的，或是從幻想裡來的，對於這個問題，都不造成影
響」。其次，「那個物品怎樣滿足人類的欲望，是直接地成為
生活資料，即成為享樂的對象來滿足呢？還是間接地成為生產

資料來滿足呢？在這裡，也不成為問題」。總之，無論如何，絕不會有人以對自己無用的生產物為目的去交換。所以商品，第一必須具備「有用性」。

這「物品的有用性，使該物品成為具有使用價值（Gebrauchswert, Use value）的東西」。所謂使用價值，不外是指那物品有用性。

可是物品有用性這一種性質，並不是浮在空中的東西。它基於那物品物理的自然性質，一離開那物品的形體，便不能存在。「所以像鐵、小麥、鑽石等等商品體自身，便具有使用價值」。

物品（如果那物品是商品時，則是商品體）的這個性質，與該物品的社會經歷，沒有什麼關係。不管它是自然存在的鐵也好，或是原始家族為著自家使用以極幼稚的方法從鐵砂裡生產出來的鐵也好，或是在最新式的煉鋼廠裡以大規模的方法作為商品而生產出來的鐵也好，它那物理性質，總沒有什麼變異。不論哪一種鐵，都具有鐵之為鐵的各種有用性，都有同樣的使用價值。

所以商品，雖然第一必須是有用物，必須有使用價值，但是使用價值，並不是商品所特有的。有許多東西，雖不是商品，但能有使用價值。如前面所說，這個世界有兩種財富：一種是不含一點人類勞動、單由自然界裡獲得的東西（例如空氣、日光、河水、天然的牧場、野生的林木等），另一種是由人類的勞動所生的東西，即勞動生產物。前一種財富，都是「非商品」卻具有使用價值。即使在勞動生產物當中，那些為自家使用而生產出來、供自家使用的東西，也都是「非商品」

卻具有使用價值。還有，共產社會中的勞動生產物，都不是商品，但都具有使用價值。

反過來說，沒有使用價值的商品，卻一個也不能有。使用價值，是物品成爲商品的首要條件。

二、交換價值

了解了使用價值，則我們關於商品價值的研究，可算確實踏過了那困難的第一步。其次，我們必須知道商品所特有的交換價值及價值的概念。[②]

我們看見物品或使用價值成爲商品的時候，即使用價值互相交換的時候，那種交換常以一定的數量比例來實行。換句話說，一定量的一個商品，常與一定量的別個商品相交換。這種一個商品對於另一個商品交換的比例，便叫作前者的交換價值（Tauschwert, Exchange value）。「交換價值，首先表現爲分量關係──即一種使用價值對於別種使用價值而交換的比例。」

這種比例，這種關係，自然是因時因地而不同的。不過就特定的時間和特定的地方來考察時，那比例的大小，卻常常是一定的。現在假定這裡有10丈棉布，可以與1套西裝交換，同時又可以與5斗白米交換。這個場合，如果西裝與白米實行交

---

② 使用價值、交換價值及價值的概念，是馬克思經濟學說中最基礎的概念。不先充分理解這些概念，便不能理解馬克思經濟學說。然而理解這些概念，向來被看作馬克思經濟學說研究中最大的難關；《資本論》多數讀者，在這裡都很難獲得充分的理解。

換，那一定是以1套對5斗的比例來實行。

這樣，1套西裝，可以與5斗白米交換，也可以與10丈棉布交換，還可以與別的一定量的物品交換。所以1套西裝的交換價值，當它與白米交換的時候，是表現為白米5斗；與棉布交換的時候，則表現為棉布10丈；與別的物品交換的時候，又表現為別的物品的一定分量。因此，商品的交換價值，可以隨著那交換對象的不同而有多重的表現。也就是一個商品，可以有許多不同樣態的交換價值。「一定的商品，例如1『夸爾』小麥，可以與X量鞋油、Y量生絲、Z量金子交換，簡括地說，可以與具有各色各樣比例的其他各種商品交換。所以小麥不只有一個交換價值，而是有許多交換價值。」我們必須從這一點，把問題再推進一層去考察，以追究交換價值的真正意義。

如上所說，一個商品，可以有各色各樣的交換價值；而這些交換價值，都是某一個商品的交換價值；所以它們的大小，非彼此相等不可。譬如說，拿前面的例子來說吧，5斗白米，10丈棉布，以及一定量的其他物品，都是1套西裝的交換價值；所以這些東西，必須是互相可以交換的，換句話說，即是彼此大小相等的交換價值。於是當然要得出如下的結論：「第一，一個特定商品有效的諸交換價值，表示一個等同的東西。第二，交換價值，一般只能做可以與自身相區別的某種商品的表現方式，即『現象形態』。」

再拿兩個商品，例如小麥和鐵，做例子來考察一下。「這兩個商品的交換比例，不管它是怎樣，總是常常可以用一定分量的小麥等於若干分量的鐵的等式，例如1『夸爾』小麥

等於2『磅』的鐵，表示出來。這個等式，具有什麼意思呢？
這是表示有一個同樣大小的共通物，存在於兩個相異的物品之
中，即存在於1『夸爾』小麥與2『磅』的鐵之中。所以這兩
者，等於一個第三者 —— 那自身既不是小麥，亦不是鐵。因
此，這兩者的各個，只要它具有交換價值，都一定可以歸到這
樣的第三者（即既不是小麥又不是鐵的某個第三者）。」

　　總而言之，一個商品的交換價值，現出各色各樣的形
態。不過這些形態，無論是哪一個，都不外是存在於商品當中
的某種東西的表現。交換價值，總之不過是存在於商品當中的
某種東西的「表現方式」——「現象形態」。這種關係，就物
品的重量來考察一下，便很可以明白。譬如說，這裡有一個物
體，重量照日本的說法，有一貫重。照公制說起來，是3.75公
斤。再照英制說起來，則是8.2673磅。但是不管它的表現方式
怎樣，在這些表現的基礎上，總是具備某種一定的內容 —— 即
那物體的重量。同樣，在商品的各交換價值的基礎上，也有一
種可以同它自身相區別的一定的東西存在。換句話說，在各商
品的內部，有「一個共通物」存在 —— 這個共通物，使各商品
能夠實行量的比較，使它們能夠站在均等的地位。

　　於是問題便歸到這個共通物是什麼這一點了。這一點，應
當是我們商品研究的中心點。

三、價值

　　那麼這個共通物是什麼呢？「這個共通物，不能是商品
的幾何學的、物理學的、化學的、或其他自然的性質。商品的
有形性質，只有在它使商品成為有用的東西，因而使商品具

有使用價值的時候，我們才加以考慮。」在具有共通的「自然性質」的東西之間，不會實行交換。誰也不會老實去交換同樣的蘋果。商品，正因爲那自然性質不同，才實行交換。所以商品的自然性質，雖成爲交換條件，但絕不是形成並決定交換比例的。形成並決定商品交換比例的，一定要是可以實行量的比較、可以放在等位上的東西——即具有同一性質的東西。無論是誰，都不能比較、計量異種的自然性質。

例如，白糖是甜的，鹽是鹹的。甜是白糖的自然性質，鹹是鹽的自然性質。但是是無論什麼人，都不能比較、計量那甜與鹹。甜與鹹、重與長、熱與光，像這一類異種的自然性質之間，無法比較，那是連小學生也知道的事。所以這兩者實行交換時，它們的交換比例，絕不能依那甜或鹹來決定。就是它們交換比例的決定，與它們的自然性質，因而與它們的使用價值（自然性質決定那使用價值）沒有關係。換句話說，各種商品，就交換價值來看時，「連使用價值的一個原子也沒有包含著」。

現在假定從商品體裡面除去那使用價值，即那自然性質來考察。譬如從白糖裡面取掉那甜的性質來考察。這樣一來，白糖便已經不是甜的東西，也不是鹹的東西，只成爲一個勞動生產物了。就是這勞動生產物，也已經不是那實際的東西了。既然把勞動生產物看作沒有使用價值的東西，就不能不把那使勞動生產物變成使用價值的有形諸成分及諸形態也看作是沒有的東西。這樣，勞動生產物，已經不是桌子，也不是房子，既不是什麼紗線，也不是其他任何有用的東西了。勞動生產物的一切有形性質，都消失了。它已經不是耕作勞動、建築勞動，

紡紗勞動、或其他任何一定的有形生產勞動的生產物，只不過是人類的腦髓和筋肉的活動支出，在這樣意義上一般人類勞動的結果罷了。在這裡，「各種勞動，已經不是互相不同的東西，都可以還原到一樣的人類勞動，即在抽象意義上的人類勞動」。換句話說，不管它是耕作勞動者所支出的也好，或是建築勞動者或紡紗勞動者所支出的也好，它總不過是「不考慮那支出形式如何的人類勞動力支出的單純凝結而已」。

這樣看來，從商品體裡面除去那使用價值來考察時，剩下來的，便只有這種凝結——即在抽象意義上人類勞動的一定量的凝結。這就是內在於各商品體中、使那量的比較成為可能、決定那交換比例的、這裡作為問題的共通物，即是交換價值的本體。依馬克思的意見，這便是商品的價值（Wert）。

最終，商品因為包含著一般的人類勞動——「在抽象意義上的人類勞動」，所以具有價值；就是「價值形成實體」，不外是勞動。那成為商品的使用價值，因為都有這種價值，所以能夠在一定的量的比例上實行交換。

四、價值的大小

那麼商品價值的大小，是如何計量的呢？據馬克思說，這是由商品當中所包含的「價值形成實體」的分量即勞動的分量來計量的。而勞動的分量，又以勞動的時間為標誌來計量。

所以生產上需要長時間勞動的生產物，比起那以短時間的勞動能夠生產出來的生產物，價值要高些。例如作出1套西裝的勞動時間為作出1丈棉布勞動時間的10倍，則1套西裝比之

於1丈棉布，便有10倍的價值。於是棉布對於1套西裝的交換比例，便是10丈。

這樣說來，一個商品的價值，既然是由生產該商品所支出的勞動時間來決定，那麼豈不是人越懶，工作越不熟練，製成該商品需要越多時間，因而他所生產的商品價值便越大嗎？有一句俗話，叫作「只要工夫深，鐵杵磨成繡花針」。這樣磨成的繡花針成為商品而出現時，其價值豈不是要高於鑽石？關於這一點，馬克思如此回答道：

> 「然而形成價值實體的勞動，是一樣的人類勞動，換句話說，是同一的人類勞動力的支出。在商品世界的價值全體中所表現的社會總勞動力，本由無數個別的勞動力而成立；但在這裡，卻被視為完全一樣的人類勞動力。這些個別的勞動力，無論是哪一個，只要它具有『社會的平均勞動力』的性質，而且成為這種社會的平均勞動力而發生作用，因而在一商品的生產上，又只需要平均的或社會的必要勞動時間，那便都是同一的人類勞動力。這所謂社會的必要勞動時間，就是以現存社會的正常生產條件，與勞動的熟練及強度的社會平均程度，生產一種使用價值所必要的勞動時間。
>
> 例如英國採用蒸氣織機的結果，織一定分量的紗線為布匹，恐怕只要以前勞動的一半便夠了。英國的手織工，對於這同一的工作，事實上依舊需要和以前同樣的勞動時間；但是他的1小時勞動的生產物，如今只能表現半小時的社會勞動，因而便低落到那以前價值的一半了。」

　　也就是這裡所說的勞動，是指社會的必要勞動；同一的商品裡面所包含的勞動，是以在同一條件下支出的勞動爲前提來考察的。以「鐵杵磨成繡花針」的方法，並不是社會一般生產針時所採用的方法。即使爲造成一枚針而費了5年的日子，但那絕不是從生產社會一般的針的平均技術狀態看來必要的勞動時間；所以這樣的勞動，不能決定那作爲商品的針的價值。再則，任何種類的勞動，都有可以在社會上被認定爲「一人份」的熟練程度。什麼熱心或勤勉的程度，也一樣有著可以被看做「一人份」的標準。以社會的平均技術，由「一人份」的熟練和熱心來做的勞動，便稱作社會的必要勞動；商品價值的大小，就是由這種社會的、平均的必要勞動的分量即勞動時間的多少來決定的。

　　這裡有一件應當注意的事情，就是在所謂決定商品價值的勞動之中，不僅包含著商品生產上直接支出的勞動，同樣亦包含著間接支出的勞動。原始人以赤手空拳，向自然界獲得食物。在那種場合，他們所獲得的食物，他們的生產物，只包含直接支出的勞動。但是如果他們爲射殺野牛而使用了弓箭，那麼弓箭也與資本家的機器一樣，每使用一次，便有一次的損耗；因此他們的生產物 —— 野牛之中，也不能不包含若干爲製造弓箭而使用的勞動，即間接的勞動（與那弓箭平均損耗的分量相當）。假使再把這頭野牛的皮剝出來，造成牛皮，那麼這張牛皮當中，又添加了新的勞動，這張牛皮的價值（如果拿來交換的話），便是由三種勞動複合而成的了。資本主義社會裡所實行的商品生產，就是像這張牛皮的生產中所表現的，有各種因素縱橫堆積著的複雜無比的生產。一方面使用龐大的生產

工具，同時另一方面又消費兼有二重三重勞動的原料。所以即使在一條棉線當中，也包含著無數勞動，例如栽培棉花的農夫的勞動，把棉花運到工廠裡的勞動，建築工廠的勞動，為生產紡紗機器和機器油而支出的勞動，紡紗職工的勞動，以及其他種種勞動。這些勞動，每一種都是參與那條棉線的價值形成的。

決定商品價值大小的勞動量或勞動時間，實在就是照以上所說那樣的意義、在以上所說那樣關係上的勞動量或勞動時間。商品價值的大小，完全繫於商品當中所包含的具有這種意義、這種關係的勞動量──即社會的必要勞動量如何而定。「這樣，決定一個使用價值大小的，不外是社會的必要勞動量，或是為生產那使用價值而費的社會必要勞動時間。各個商品，在這個場合，都被看做其所屬種類的平均樣本。所以包含同樣大小的勞動量或在同一的勞動時間內所能生產的諸商品，都有同樣大小的價值。一商品的價值對於其他各商品的價值而有的比例，等於前者生產上所必要的勞動時間對於後者生產上所必要的勞動時間而有的比例。『作為價值來看時，一切商品，都不過是凝結了的勞動時間的一定分量』。」

五、價值的變動

這樣看來，商品的價值，是由生產該商品所費的社會必要勞動量來決定的。因而商品價值的大小，只要生產該商品所費的社會必要勞動量或勞動時間沒有變化，便不會有變化。譬如製造某種帽子，以前需要2小時的社會必要勞動，現在也還需要2小時，那麼它的價值表現，因而它的價格，儘管有怎樣不

同,而它的價值,總沒有什麼變化。

　　然而這社會的必要勞動時間,是隨著勞動生產力的變化而變化的。「而勞動的生產力,又由種種因素所決定,其中由勞動者的熟練平均程度,科學及其技術應用的發展階段,生產過程的社會組織,生產資料的範圍及其作用能力,以及各種自然條件等所決定著。」簡單說,勞動的生產力,是由各種社會因素(勞動方法及勞動工具)及自然因素來決定的。

　　譬如在前面所舉的帽子的例子中,假定製造那帽子所用的機器改良了。在這個時候,生產效率必然會增進,生產力必然會增大。現在假定這種生產力變化增大的結果,以前製造一頂帽子需要2小時社會必要勞動,現在能夠用1小時社會必要勞動來製造了。在這種時候,那帽子,以前雖包含2小時社會必要勞動,現在卻只包含1小時社會必要勞動;因而它的價值,便必然地要低落到以前的二分之一了。

　　這種關係,在那基於自然因素或社會因素而生的生產力變化的場合,也是一樣。「例如同一分量的勞動,在豐年被8籮小麥表示出來,在凶年僅僅被4籮小麥表示出來。」所以凶年1籮小麥的價值,上漲到豐年1籮小麥價值的兩倍。又如鑽石,是極稀有的東西,我們要尋得它,便要費很多的勞動時間,所以它的價值是極高的;可是現在如果在什麼地方發現了無盡藏的鑽石礦,那麼它的價值便會低落到與金子或銀子無大差別了。又倘若發現了能夠以很少的勞動把炭素化為鑽石的方法,那時鑽石的價值,也許會低落到磚頭的價值以下。

　　這樣看來,商品的價值,是隨著生產該商品所費社會必要勞動時間的變動而變動的;這種勞動時間,又是隨著那勞動生

產力的變動而變動的。現在把它概括起來說，則如下：「勞動
的生產力越大，一物品生產上所必要的勞動時間便越小，結晶
於那物品當中的勞動量便越小，因而那物品的價值也便越小。
反之，勞動的生產力越小，一物品生產上所必要的勞動時間便
越大，因而那物品的價值也便越大。這樣，一商品的價值大
小，對於體現於那商品當中的勞動，與其分量成正比例，與其
生產力成反比例而變動。」③

六、使用價值與價值

懂得使用價值、懂得交換價值、懂得價值，又明白決定價
值大小的因素、明白引起價值變動的關係，於是我們商品研究
的基本要項，大體總算已經理解了。可是我們在這裡，最後還
要總括地了解商品的使用價值與價值的關係，兩者的相異性，
而且還要認識那給商品這樣兩個不同性質的勞動的二重性。

如前面所說明，商品首先必須是具有使用價值的東西。使
用價值是「交換價值（因而價值）實際的負擔者」；使用價值

---

③ 這裡應當注意的，就是價值的變動，不一定伴著價格的變動。價值與
價格，原來是兩個東西。價格如後面所說明，是價值依貨幣的表現。
據馬克思說，價值與價格，不但往往可以背離，而且在資本主義社會
裡，還因為某一定的理由（因平均利潤化的作用），反以背離為原
則。可是現在即使暫時把這種事情放在考慮之外，假定價值與價格在
原則上是一致的，而商品的價值變動，也不一定伴隨那價格的變動，
即商品價值依貨幣的表現變動。這事的詳細說明，等到研究貨幣時再
做；這裡只是預先把這件事提一提，希望讀者注意。

是價值的前提之必須條件。「無論什麼東西，倘若它不是一個使用對象，便不能有價值。倘若那東西是無用的，則那東西裡面所包含的勞動也是無用的；這種勞動，不能算作勞動，因而沒有形成什麼價值。」

這樣看來，「非使用價值」的價值，是不能有的。反之，「非價值」的使用價值，卻是可以有的。「一個物品，可以不具價值而具使用價值。這就是那物品對於人類的效用非因勞動而生的場合。例如空氣、未開發地、天然的牧場、野生的林木等是。還有，一個物品，可以是有用的，而且是人類勞動的生產物，但不是商品。例如用自己勞動的生產物來滿足自己欲望的人，誠然造出使用價值，但不是造出商品」。使用價值，是基於那物品的自然性質，是「常常形成財富的實際內容」的東西。是一切財富裡面所共通的存在。它是不問它所寄託的東西是勞動的生產物與否，或是商品與否的。

這表示什麼意思呢？這表示它們兩者的存在性本來就不同的意思。商品具使用價值又具價值，即是使用價值與價值不可分的「一個雙重物」；而兩者在其內部，又保持著那互相不同的存在。它們的相異性，在生產力變動時，尤其明顯地表現出來。在前一小節已經說明過，一商品的價值，隨著生產該商品的勞動生產力的變化而變化。可是在這種場合，使用價值是怎樣呢？在使用價值上，什麼變化也沒有。例如採取製造帽子的例子來說，假定製造某種帽子的生產力，現在比以前增加了一倍，結果以前製造一頂帽子平均需要2小時社會必要勞動的東西，如今能夠用1小時來製造。這時，一頂帽子的價值，便低落到以前的二分之一了。可是它的價值雖然低落，而它的自然

性質，它的有用性，卻依舊沒有什麼變化。因此它依舊保持著同一的使用價值。

再從別的方面，即不是就一個個的商品，而是就一定的勞動量所生產的生產物總量來觀察一下。生產力一有變化，雖以同樣的勞動量去生產，而它所生產的生產物總量，也會發生變化，因而那使用價值的總量，也會發生變化。例如在上述的製造帽子的例子中，假定生產力增加了一倍，以前用一定的勞動人數每天只能製造500頂帽子，現在用同樣的人數每天能夠製造1,000頂，這樣一來，一天所生產的使用價值總量，便增多一倍了。可是那被支出的勞動量，並沒有變化，所以那價值總量，也沒有變化。以前的500頂帽子與現在的1,000頂帽子，其價值是相同的。就是使用價值的分量雖然增大了變化了，而價值的分量卻依舊沒有變化。

再舉一個例子，譬如說，日本的農民，在平年能夠產米6,000萬石，偶然遇到了凶年，雖然投了比平年多一倍的勞動量，也還只能生產出3,000萬石。在這種時候，那3,000萬石的米，便具有平年6,000萬石的米的兩倍價值；那作為使用價值來看的總量，即使用價值總量，雖減少了一半，但那價值總量，倒反增加了一倍。

總而言之，使用價值與價值，完全不同，有時會出現相反的傾向。所以我們有充分識別它們的必要。④

――――――――――

④ 據考茨基說：「贊成馬克思學說和反對馬克思學說的人，都常常陷入一種錯誤，就是混同價值與財富。往往有人把『勞動是一切財富的來源』這一句話，硬當作是從馬克思口裡說出來的。」（考茨基的《馬

七、勞動的二重性

　　商品就是如上所說的東西，即使用價值及價值的「一個雙重物」。商品的價值，是完全由勞動所形成的；但它的使用價值，卻完全基於那東西的自然性質，並不因它生產上所費的勞動多少而生影響。然而商品的使用價值，在一方面，也是勞動的產物。因為給商品發動它自然性質的機會或成為一個使用價值而作用的機會的，也是勞動。例如我們日常所使用的白糖和鹽。白糖是甜的，鹽是鹹的。白糖的甜和鹽的鹹，都出自自然的素材。但是使自然的素材成為我們面前所看到的這種白糖或鹽而發揮其效用——給與這種機會的，卻是勞動。在這意義上說，使用價值也是勞動的產物。那麼勞動是怎樣造出使用價值，又怎樣造出價值的呢？

　　原來勞動，一方面是採取一定的形態以達到一定的目的的人類行為，另一方面又同樣是人類勞動力的支出。前者是因生產的目的物不同而不同，後者是形成人類一切生產活動的共通

克思經濟學說》）這種誤解，以及基於這種誤解對馬克思「無的放矢」的攻擊，向來在我們日本也常可見到。這種事情，完全由於混同使用價值與價值而生。據馬克思說，勞動是價值的唯一來源，但絕不是財富的唯一來源。如本章第一節第一小節裡所引用：「勞動，不是它所生產的使用價值即素材的財富之唯一來源。如威廉・配第所說，勞動是財富之父，而土地是財富之母」。不僅如此，據馬克思說，還可以有不含一點勞動的財富，即不是任何勞動所產生的財富（使用價值），這是我們在前面屢次說過的。

要素。譬如這裡有鍛冶勞動和農耕勞動。兩者生產的目的物是不同的。因之作業的方式、對象、以及工具，也必然地不同。然而這些勞動，在另一方面，又同樣是人類勞動力的支出。在這個意義上，它們之間，並沒有什麼差異。

前一種採取一定形態以達到一定目的的人類行為，原來是有各式各樣的，而形成使用價值。因為商品非得是有用性彼此不同不可。各種商品，正因為那有用性彼此不同，才互行交換。誰也不會拿小麥與小麥交換，拿鐮刀與鐮刀交換。小麥與鐮刀，成為相異的東西而對立時，才能發生交換。為要使這種有用性彼此不同，即為要生產相異的使用價值，作業的方式、對象以及工具，必然地也要有或多或少的不同。勞動只有在這種相異的形態裡，才能生產相異的使用價值。

後一種平等無差別的人類勞動力支出，形成價值。因為如前面所說，形成價值的東西，必須是可以實行「量的比較」的東西。但是具有一定目的的、採取一定形態的勞動，即有形的具體勞動，是不能互相比較的。鍛冶勞動與農耕勞動，哪一種大些，誰也不能計量。勞動只有從這種特殊的有形具體的形態裡抽象出來，才能實行量的比較。所以形成價值的勞動，必須是通乎一切勞動部門而平等無差別的勞動，即抽象的人類勞動。

總而言之，「一切勞動，從一方面看來，都是在生理意義上的人類勞動力支出，而且在同樣的人類勞動或抽象的人類勞動這種性質上，它們都造出商品價值。又從另一方面看來，一切勞動，都是採取特殊的、與一定目的相合的形態的人類勞動力支出，而且在具體有用的勞動這種性質上，它們都生產使用價值」。

　　這樣看來，人類的勞動，具有具體的勞動和抽象的勞動這二重性質；因為有這樣的二重性，所以能夠生產使用價值，又生產價值。就是在二重的意義上，具有二重性。「在前一個場合（生產使用價值的場合），問題在於以怎樣的方法做怎樣的勞動；在後一個場合（生產價值的場合），問題在於勞動多少，即時間的持續。」

　　馬克思經濟學說展開的端緒，即商品論的研究，在這裡告終了。接下來，我們必須進一步去研究商品交換的媒介物——貨幣。

第二章　貨　幣

第一節　貨幣的發生

一、商品生產社會與貨幣

我們在前面的研究，都是假設商品與商品直接交換，例如假設5斗白米與10丈棉布直接交換。但是我們觀察今日的商品生產社會時，幾乎不能看見所謂商品與商品直接交換的事情；我們所看見的，是大部分商品都和乍看之下與所謂商品完全不同的貨幣（Geld, Money）交換。例如5斗白米，已經不再直接與10丈棉布交換，而是與20圓貨幣交換了。先前那個5斗白米的所有者，如今以20圓貨幣，去購買他所必要的10丈棉布。就是拿這20圓貨幣，與10丈棉布交換了。簡單地說，差不多一切商品，如今都不直接交換，而是透過貨幣這個共通的媒介物來交換。所以我們的研究，其次當然要進到貨幣。如果不了解貨幣的本性，那麼我們想了解資本主義經濟乃至資本主義社會，便不能再進一步。

我們要知道貨幣的本質，必須了解貨幣是如何發生而且為什麼發生？馬克思關於這一點，如次說道：「商品具有共通的價值形態即貨幣形態，與它使用價值的各色各樣的實物形態成為極顯著的對照，這是誰都知道的事情，即使他不懂得別的事情。可是我們在這裡，必須完成一件資產者經濟學所未曾嘗試過的工作。這件工作，就是論證這貨幣形態的成立，換句話

說，就是追蹤商品交換關係裡面所包含的價值表現的發展，從
那最單純的最不惹人注目的姿態開始，直到燦爛奪目的貨幣形
態為止。由此，貨幣的謎，便會同時消滅。」這個貨幣的謎一
闡明，我們的資本主義經濟乃至資本主義社會的研究，便可說
又進一步了。以下且依照馬克思的研究順序，去了解他獨特的
貨幣論的要旨。

二、商品交換的第一期

在商品交換的初期，生產物只不過是按照時間在某處偶然
實行交換罷了。也就是擁有剩餘生產物的團體或個人偶然互相
接觸的結果，在那裡偶然互相交換其剩餘生產物——譬如說米
與鐵。這個時代中商品的交換關係，因而商品的價值關係，可
以用如下單純的等式表示出來。

$$1斗米 = 50斤鐵$$

我們姑且拿這個單純的等式來考察一下。在這1斗米等於
50斤鐵的等式裡，米與鐵有不同的任務。米是成為米而作用
的；鐵卻不是成為鐵而作用，它是成為表現米的價值的材料
而作用。也就是前者主動，後者被動。原來任何商品，都不
能由它自己來表現它的價值。「例如不能以麻布去表示麻布的
價值。『20碼麻布 = 20碼麻布』這種表示，不能成為價值表
現。這個等式，不過表示20碼麻布，只是20碼麻布，即麻布
這個使用對象的一定分量。」所以一切商品，「只有相對地，
即只有依別的商品」，才能表現它的價值。換句話說，一切商
品，若要表現它的價值，必須使它自己與它的等價物即別的商

品對立起來。在上述的等式裡的米與鐵，實在就是處於這種關係當中。

馬克思把處於這種關係當中的前一種商品，即站在「依別的商品來表現自己價值立場」的商品，叫做「處於相對價值形態上的商品」（因爲它只有相對地，即只有依別的商品，才能表現它的價值）；後一種商品，即前一種商品的等價物，以表現前一種商品的價值爲職務的商品，叫做「處於等價形態上的商品」。拿我們上述的情況來說，1斗米是「立在相對價值形態上的商品」，50斤鐵是「立在等價形態上的商品」。

不消說，處於相對價值形態上的生產物和處於等價形態上的生產物，都是商品。因而都具使用價值，都具價值。可是從交換比例上來說，這個情況，只有前者成爲使用價值而作用，後者不過成爲前者價值的現象形態，即成爲前者的價值形態而作用罷了。也就是說，內在於前一種商品裡面的使用價值與價值，如今已經分離；只有它的價值，在後一種商品的實物體上映射出來。

上面所舉的「1斗米 = 50斤鐵」那個等式，是指一商品的價值，那樣由別的商品映射出來時，僅由某單一商品映射出來的情況而說的。馬克思把這種一個商品的價值僅由別的某一商品來表現的情況，稱作「單純的價值形態」，或叫作「個別的價值形態」或「偶然的價值形態」。拿上述的等式來說，50斤鐵，是1斗米的單純的價值形態。

總而言之，在商品交換的初期（第一期），商品的交換，是極偶然的、例外的事情：因而它的價值表現方式，也只有這單純的價值形態。

三、商品交換的第二期

可是這種關係，其後卻漸漸變成不同的東西。生產物的交換，漸漸變成有規則的、常態的社會過程。現在不僅交換有餘的生產物，即有餘的使用價值，而且特意去生產以交換為目的的生產物了。這樣，米的價值，便不只可以用鐵來表現，而且可以用鐵以外的許多生產物來表現了，這是商品交換的第二期。在這個時代中，商品的交換關係，因而商品的價值關係，可以用如下的擴大等式來表示。

$$
1斗米 = \begin{cases} 50斤鐵 \\ 2丈棉布 \\ 10斤茶 \\ 10把小刀 \\ 其\quad他 \end{cases}
$$

馬克思把處於這個交換關係裡面的價值表現方式，叫作「總體的價值形態」或「擴大了的價值形態」。

在商品交換的第一期，生產物的交換，如前面所說，是極偶然的、例外的事情；因而它的交換比例，不是依客觀的情形（依該商品裡面所包含的社會必要勞動量）來決定，而是依那交換當事者的主觀來決定。換句話說，那處於相對價值形態上的商品的價值量，總不能適當地表現出來。可是一進到商品交換的第二期，商品的交換比例，便日益由它的生產條件，即由它生產上所費的社會必要勞動量來決定了。因為到了這個時

代，已經預先以交換爲目的來生產，因此商品交換的偶然傾向便漸次減少了。

四、商品交換的第三期

然而其後，到了商品生產更加發展時，這個關係，還更加變成不同的東西。爲交換而生產的、因而成爲商品被生產出來的勞動生產物的數目，日益增大，習慣的交換，日益普及於多種類的商品。現在，不只是米，甚至是鐵、棉布、茶、小刀以及其他等等，也都習慣地與種種生產物交換。漸漸在這些商品當中，通用最頻繁的，例如米，常常表現其他商品的價值，逐變成了表現其他商品價值的一般商品。這是商品交換的第三期。在這個時代裡，商品的交換關係，因而商品的價值關係，可以用如下的方程式表示出來。

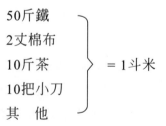

$$
\left.\begin{array}{l}
\text{50斤鐵} \\
\text{2丈棉布} \\
\text{10斤茶} \\
\text{10把小刀} \\
\text{其 他}
\end{array}\right\} = \text{1斗米}
$$

馬克思把這個交換關係的價值表現方式，叫作「一般的價值形態」。

這個等式，不過把前一個等式顛倒過來，驟然看起來，好像完全表現與前一個等式同樣的事情。如果單單作爲數學上的等式來看，的確是如此。但從價值表現這一點看來，兩者無論在歷史上或在理論上，都是完全不同的東西。在前一個等式

裡，米成為使用價值而作用；鐵、棉布、茶、小刀及其他，成為表現米的價值的東西，即成為米的價值表現形態而作用。可是在一般的價值形態裡，情形恰恰相反：鐵、棉布、茶、小刀及其他，成為使用價值而作用；米卻成為這些東西的價值共同表現形態而作用。馬克思把這樣成為其他諸商品的價值表現形態而作用的商品，叫作「一般的等價」。

不消說，這個做一般的等價商品，也與別的一般商品一樣，是使用價值，又是價值。在這一點，並沒有什麼兩樣。但其他一切商品，如今在外表上卻成為使用價值而與這個商品對立，至於這個商品自身，則通用為一般商品的價值表現物，即通用為一般人類勞動的社會體現。

這個做一般的等價商品，只要是社會一般所常需要的商品，隨便什麼都可以。以前有種種物品，被利用為這一般的等價，雖然因社會而不一樣。例如穀米、布帛、金、銀、鐵、牛、貝殼、乾魚等等都是。

一方面，發生了這一般的價值形態，因而發生了一般的等價對立，同時，和它表裡相關地，發生了一種新的關係——為以前所不曾看見的關係。就是只要手裡握有一般的等價商品（以我們上面的例子來說是米），別的商品便隨時隨意可以得到。即使提供小刀的鐵匠，他所要的商品，不是米而是棉布，也只要先拿小刀去和米交換，便隨時可以用米去換得棉布。這樣一來，米便變成一種特別的商品——一種可以與其他一切商品直接交換的，換句話說，無論什麼人都願意接受的商品，從其他諸商品當中區別出來，而與它們相對立。同時因此，其他諸商品便更加減少彼此直接交換的可能性；就一般情形來說，

商品的交換，如今要經過一般的等價商品來實行了。

　　原來商品生產更加發達，勞動生產物的商品化更加擴大，因而直接必要的物品與必要的物品之交換，便更加困難。譬如說，鐵匠為求取棉布，拿著他所製造的小刀，走到製造棉布的織布匠那裡去。但織布匠已有充分的小刀，他心裡想，再多些小刀，也沒有什麼用處。這個情況下，鐵匠便不能拿他的小刀去和棉布交換。反過來說，有時織布匠需要小刀，但偏找不到那需要織布匠所製造棉布的鐵匠。隨著商品生產的日趨發達，這種關係便更加互相錯綜複雜。於是為免除這種不便起見，無論如何都需要一種為任何人所願意收受的商品，即一般的等價商品的存在。就是到了各人都只有透過這個一般的等價，以這個一般的等價為媒介，而得到他所需要的物品了。

五、貨幣的發生

　　商品交換越發達，一般的等價便越成為必要。這個更加需要一般的等價的作用，遂至引起那作為一般的等價的貨幣之發生。一般的等價與貨幣的差別，換句話說，一般的價值形態與貨幣形態的差別，不是本質上的差別，只是形式上的差別。就是那物理的性質最適宜於擔當這個特殊任務的特定商品被選拔出來，為社會所公認時，那個商品便成了貨幣。關於這一點，馬克思如次地說道：「一般的等價形態，是價值全體的一個形態。所以它可以歸於任何商品。在另一方面，一個商品，只有因為它從其他一切商品當中被排除出來，作為它們的等價，而且只有在這個範圍內，才採取一般的等價形態（第三種形

態）。到了這種排除最終限定於一個特殊的商品種類時，從那一瞬間起，商品世界統一的相對價值形態，才獲得了客觀的固定性和一般社會的通用性。那實物形態和等價形態在社會的關係上成爲不可分的合體的特殊商品種類，如今變成貨幣商品，或成爲貨幣而作用了。」總而言之，最初只是暫時地由某一種類的商品盡著一般的等價任務；後來卻由某一特定種類的商品，最終因社會公認，占有這種任務了。到了這個時候，便發生了貨幣；那特定的商品，便變成了貨幣。這可以說是商品交換的第四期。表示這個時代中，商品的交換關係以至價值關係的方程式，與第三期的等式所不同的只是那特定的商品（最終是金或銀）代替了米罷了。

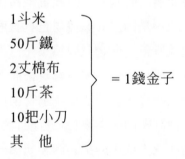

$$
\left.\begin{array}{l}
1斗米 \\
50斤鐵 \\
2丈棉布 \\
10斤茶 \\
10把小刀 \\
其\quad他
\end{array}\right\} = 1錢金子
$$

　　馬克思把這個價值表現方式，叫作「貨幣形態」。

　　如前面所說，一般的價值形態與貨幣形態、一般的等價與貨幣之間，沒有什麼本質上的差異。任何種類的商品，只要它最終獨占了那一般的等價任務，便成了貨幣。如前面所舉的那些做過一般的等價商品——穀米、布帛、鹽、鐵、牛、貝殼、乾魚等等，都可以說是一種貨幣。但是隨著社會的進步，無論

在何處社會裡，最後總是金銀（作爲標準貨幣的，最後是金）戰勝其他諸商品，獨占那一般的等價任務，而成爲貨幣。

那麼爲什麼別的商品不能獨占這一般的等價任務，只有金銀獨占這一個任務呢？固然，金銀自古以來便作爲裝飾材料，因而成爲重要的交換品，流行很廣，這一件事實，也是使金銀能夠獨占這個任務的一個原因。但主要的原因，還是在於下述這件事，就是金銀的自然性質，最適合做一般的等價那個社會功能。試舉一兩個例子來說：第一，金銀具有比較不變的性質，無論在水裡或在空氣裡，所受的變化極少。因而在日常的使用上，便被看成完全不變的東西。第二，金銀可以隨意分合。所以金銀用來表現平等無差別的一般人類勞動，即用來表現只有量的差異而無質的差異的價值量，甚爲適宜。

然而金銀，並不是因爲人類發現它具有適合做貨幣的自然性質便能突然變成貨幣。「金只因爲預先已經成爲商品而與其他諸商品相對立，所以它現在才成爲貨幣而與它們相對立。金也與其他一切商品一樣，曾經成爲個別交換行爲中的單一的等價，或成爲與其他許多商品等價物並行的特殊的等價而作用。可是它，卻漸漸在或大或小的範圍內，成爲一般的等價而作用了。金一到了獨占商品世界的價值表現中這種地位時，便變成貨幣商品。它成了貨幣商品的那一瞬間，第四個形態才從第三個形態裡區別出來，一般的價值形態才轉化爲貨幣形態。」就是金銀因爲是勞動生產物，具有與其他諸商品共通的東西（價值），預先成爲商品而位於其他諸商品之間，所以才能夠成爲貨幣；它絕不是因人類忽然想出而成爲貨幣的，亦不單是價值表現物。

六、價格

　　由以上的敘述，我們已經可以明白：貨幣這個東西，是商品的價值表現發達的必然的最高產物；貨幣形態，是商品的價值表現方式的最高發展階段。用這個貨幣把商品的價值表現出來的東西——即商品價值的貨幣形態，就是價格（Preis, Price）。換句話說，價格就是商品裡面所包含的人類勞動的貨幣名稱。「把一商品的價值用金（貨幣）表示出來的東西，即『2斗米 = 10圓』這樣的等式，是那商品的貨幣形態，是它的價格。」「價格是商品裡面所體現的勞動的貨幣名稱。」常常與價值相混淆的這個價格的概念，在這裡才成立起來。

　　這樣看來，所謂價格，就是以貨幣表現出價值的東西；所以在原則上，只要貨幣的價值，即生產貨幣這一商品所費的社會必要勞動量沒有變化，那商品的價格。便可以與它的價值成正比例而有高低。就是價值量越大的商品，價格越高；價值量越小的商品，價格越低。

　　然而據馬克思所說，在實際上，並不一定依照原則進行；在現實上，價值與價格是可以背離的。就是商品的價格，可以表現那商品價值的真正大小，但有時又可以表現比那商品所具有的價值還更大的價值或更小的價值。馬克思說：「商品的價值量，表現那商品的形成過程中所存在著、對於社會的勞動時間的一個必然關係。當價值量一轉化為價格時，這個必然的關係，便表現為一個商品與其外部所存在的貨幣商品之間的交換比例。但是在這個交換比例中，可以如實地表現商品的價值量，同樣，在某些因素之下，又可以表現比該商品所讓渡的

價值還更大或更小的價值。所以，使價格與價值的大小發生量的不一致，或使價格背離於價值的大小，這種可能性，存在於價格形態自身的內部。」

總之，重力的法則，在現實世界裡，也不能如實地直接通用，在有風吹動的空中，羽毛不但不落在地上，反而飛往天上；同樣，價值在現實世界裡，也因受種種現實條件的影響，不能如實地表現在價格上。所以往往有某種商品，不僅一時地，甚至不斷地，價格停在價值以下，或停在價值以上。這種事情，不僅在容易爲個人主觀因素所影響的個別交換中可能發生，而且可能成爲總體的現象而存在。例如鑽石和金子，究竟是否曾有過依照那價值的價格，便是一個問題。又如勞動者所有的勞動力，在某些因素之下，也可能一直只獲得價值以下的支付。不但如此，據馬克思所說，實際上，在資本主義社會裡，價值法則，必然要受平均利潤化的作用影響，其結果，許多商品的價格，便常態地停在那價值以下或價值以上（關於這件事，後面到本書第三部裡還要詳細說明）。這一點，反對馬克思學說的人，認爲是馬克思價值說的矛盾，向來成爲論難的對象。這件事情，姑且當作別的問題；總之，價格這個東西，是可能如上面所說那樣，在分量上背離價值的。據馬克思所說，這絕不是作爲價值表現方式的價格形態的缺點，反而是它的優點。他說：「這件事情，絕不是價格形態的缺點，倒反而使價格形態適應一個生產方法，在那個生產方法中，規律只有作爲盲目作用的無規律性的平均法則，才能貫徹自己。」

再者，不僅價值與價格，在分量上可以背離，甚至還可能有一種情形：沒有價值的東西，卻獲有價格。馬克思說：「然

而價格形態，不僅容許價值量與價格之間，換句話說，價值量
與它自身的貨幣表現之間，有量不一致的可能性，而且還可能
潛伏一個質的矛盾。就是有一種情況：貨幣雖然還不外是商品
的價值形態，但價格已經不是價值的表現。例如良心、名譽等
等，在它們自身都不是什麼商品，可以被那所有者為著貨幣而
將其販賣，透過它們的價格而獲得商品形態。因此，一種物
品，在形式上可以有價格，雖然沒有價值。在這個場合，價格
表現，與數學上的一定數量一樣，是假定的。在另一方面，假
定的價格形態，也可以潛伏一種現實的價值關係或其衍生的關
係；例如未開墾地的價格，它本沒有什麼價值，因為沒有什麼
人類勞動體現於它裡面。」

　　雖然如此，但在馬克思的經濟學中，那個價值法則，依然
是有效的。因為這個價值與價格的背離現象，實在只有依據價
值法則，才能說明。不過關於這一件事，這裡還不許我們做詳
細地說明。我們在這裡，只需知道價值的貨幣形態 —— 價格，
大體是怎樣的東西就行了。

第二節　貨幣的功能

一、作為價值尺度的貨幣

　　了解貨幣的由來，窺見貨幣的本質之後，不可不知它具體
的各種功能。做完了這步工夫，我們對於貨幣的認識，才算完
成。貨幣的功能，在它發生的過程中，已經給予我們暗示。我
們在這裡所要做的任務，就是重新做分類的研究。

貨幣的第一個功能，就是用作價值的尺度。

商品，把它作爲價值來看時，便都是人類勞動的體現，在本質上，原來是同種同質的東西。因而商品，都可以用一定的同樣商品做標準來計量。貨幣，首先就是用作這個價值計量的尺度。馬克思關於這一層，首先說了「爲使說明單純化起見，通乎本書全體，都假定金爲貨幣商品」之後，接下去便如次說道：「金（貨幣）的第一個功能，在於供給商品世界以那價值表現的材料，換句話說，在於把各商品的價值，表現爲同分母的大小，即在性質上相等而且在分量上可以比較的大小。這樣，金（貨幣）成爲價值的一般尺度而作用。」

貨幣爲什麼能夠做其他一般商品的價值尺度？關於這個問題，我想沒有另外說明的必要。我們只需說，貨幣與其他一般商品一樣，它自身是價值，是人類勞動的體現，所以能夠做它們共通的價值尺度。「作爲價值尺度的貨幣，是商品內在的價值尺度，即勞動時間必然的現象形態。」

爲使貨幣發揮它作爲價值尺度的功能，不一定要貨幣實際地存在那裡。把商品的價值用貨幣，即以貨幣爲尺度來計量，就是把商品化作貨幣來設想，就是把商品的價值用貨幣表現出來，即把商品的價值化爲價格的意思。然而把這個商品的價值用貨幣表現出來，換句話說，決定商品的價格，卻一點也不要實際上有貨幣存在。商品的價格，並不要用實際的貨幣，對著那商品來審視才能明白。米鋪老闆即使自己手裡沒有一文錢，也能評估自己所提供的1斗白米等於金子1錢，即等於5圓。「如果僅僅用金（貨幣）去評估幾百萬馬克的商品價值，那麼爲達到這個目的，不需要任何實際的金（貨幣），這是任何商

品販賣者都知道的。」所以作爲價值尺度的貨幣，只需要有觀念的存在便行了。換句話說，「貨幣這個東西，從它作爲價值尺度的功能看來，不過是成爲想像的或觀念的貨幣而作用罷了。」

　　然而貨幣，即使那樣地成爲觀念的存在而作用，要它成爲價值尺度而能用於計量各種相異的價值，把各種相異的價值相對地表示爲各種相異的價格，便非它自身有一定的尺度標準不可。如果僅說1斗米等於1塊貨幣金，1頭牛等於1包貨幣金，還不能成爲嚴密意義上的價值計量。要使它成爲嚴密意義上的價值計量，還須在什麼形態上去表示那一塊和一包究竟是「多少」。這樣，貨幣它自身具有一定的尺度標準，作用於那尺度標準之下，這件事，在技術上就變成必要了。然而，金屬這東西，本來自然地具備著這個標準（這叫作價格標準），這就是金屬的重量。所以在許多國家裡，向來把金屬重量的單位，作爲這價格標準的單位。例如英國的「鎊」、法國的「利弗爾（Livre）」、古代希臘的「塔林斯」、羅馬的「阿斯」都是。在我們日本，以純金2分爲價格標準的單位，給它以1圓的法定名稱。

　　這樣看來，貨幣具有做價值尺度的性質，同時又具有做價格標準的性質——後一個性質是前一個性質必然的衍生。但是貨幣成爲價值尺度的功能，與它成爲價格標準的功能，本來是兩個完全各別的東西。「就是貨幣這個東西，作爲人類勞動社會的具體化來看時，是價值尺度；作爲確立了的一定的金屬重量來看時，是價格標準。作爲價值尺度的貨幣，可以把各種相異商品的價值轉化爲價格，即想像的金量；作爲價格標準的貨

幣，可以計量這種金量自身。」

價值尺度與價格標準的相異性，在金以至貨幣的價值變動中，觀察兩者的關係，最容易明白。

金的價值一有變化，馬上會反映到為價值尺度的貨幣金的功能上來。金的生產力增進了一倍的結果，用和以前同樣的社會必要勞動時間，能夠產出比以前多一倍的金，於是金的價值，一般便下跌到以前的 $\frac{1}{2}$。跟著，那作為貨幣的金的價值，一般也便下跌到以前的 $\frac{1}{2}$；以前成為2小時社會必要勞動的體現而作用的2分貨幣金，如今只成為它的 $\frac{1}{2}$，即1小時社會必要勞動的體現而作用了。

但金的價值雖然變化，金的重量卻依舊不變。同時，各種相異的金量所含的價值的相對關係，也沒有變化。以前有2錢重量的金，現在依然有2錢重量，對於1錢的金，依然有兩倍的價值。因此，以金2分為單位，給它以1圓的名稱，以它的 $\frac{1}{2}$ 為5角，以它的兩倍為2圓，以此類推都照這個標準來計量，在這一件事情上，一點也沒有兩樣。就是在價格標準上，不起任何影響。

價格標準，同物件的尺寸一樣，可以隨意決定。但這個標準，必須是可以普遍通用的。所以古來各國，都用法律來決定；同時，向來採用習慣上傳下來的重量名稱，也漸漸另取與重量名稱不同的法定名稱，而成了現在所見的情形。

在這裡，我們還有一種必要，就是在前一章（第一章第二節第五小節「價值的變動」註③）裡預先提到的價值與價格的

相異性，這裡必須弄明白。因為價值與價格的相異性，也是表示作為尺度的貨幣與作為價格標準的貨幣的相異性。

　　商品的價格，在貨幣的價值沒有變化時，與它的價值的變化成正比例而變化。也就是商品的價值加倍，它的價格也便加倍；商品的價值減半，它的價格便減半。同樣，商品的價值沒有變化，它的價格便沒有變化。但在事實上，商品的價值上漲，它的價格也跟著上漲，商品的價值下跌，它的價格也跟著下跌，它的價值不變，它的價格也因之不變，這樣的事情，並不是在任何場合都發生的。有時商品的價值雖然上漲，但它的價格卻依舊不變，甚至有時反而下跌。同樣，有時商品的價值雖然下跌，但它的價格卻依舊不變，甚至有時反而上漲。還有一種場合，它的價值雖然不變，而它的價格卻上漲或下跌。貨幣的價值變化，就是這一種情況。

　　這裡為避免煩瑣起見，單就最後的情況，即商品的價值雖然不變，而它的價格卻可以有上漲或下跌的情況，來考察一下。現在假定在某種帽子的生產中，因為生產力沒有變化，所以生產的帽子的價值，依舊和以前一樣。又假定向來一頂帽子的價值，等於金1錢，因而它的價格是5圓。可是現在金的生產力發達的結果，假定用和以前同樣的社會必要勞動時間，能夠生產兩倍於以前的金量。在這樣的時候，成為貨幣的金，也就下跌到以前的$\frac{1}{2}$，1頂帽子的價值，如今便由金2錢來代表了，就是1頂帽子的價格，如今變成10圓，比以前上漲一倍了。在這個場合，倘若相反地，金的生產力減少了$\frac{1}{2}$，那麼成為貨幣的金的價值，也就上漲到以前的兩倍，1頂帽子的價

格，現在也便下跌到2圓5角了。

　　總之，這樣看來，價值與價格，本來是不相同的東西；價值的大小，不一定就是價格的大小；價格的大小，也不一定就是價值的大小。這一點，完全類似使用價值與價值的關係，即財富與價值的關係。所以我們必須充分理解它不可。

二、作為流通工具的貨幣

　　貨幣的第二個功能，是用作流通工具。

　　我們姑且跟隨一個農夫，走到商品交換世界裡去看一看。假定他背著自己所生產的1斗米到市鎮裡去，以5圓售出，即與5圓貨幣交換，再用那5圓貨幣，購得2丈棉布。這時，我們在這裡看見兩個相反的轉化。就是先由商品轉化為貨幣，再由貨幣轉化為商品。用公式表示出來，便是這樣：

商品—貨幣—商品

　　我們觀察這一系列的轉化過程，兩端都以商品構成；但在這個場合，這兩個商品，絕不是同一性質的東西。頭一端的商品，對所有者（以我們的例子來說是農夫）是「非使用價值」；末一端的商品，對所有者反倒有使用價值。頭一端的商品，對於所有者，不是成為使用價值而作用，乃是成為價值，即成為一般人類勞動的生產物而作用的。它與那一樣為一般人類勞動的生產物的貨幣交換。在這一點（與貨幣交換這一點），存有該商品對於所有者的效用。但在末一端的商品，卻與這個不同。末一端的商品，就上例來說是棉布，對於所有者，不是成為一般人類勞動的生產物，乃是成為一定的具體的

勞動，即棉布生產勞動的生產物而作用的。就是棉布自身物體的性質，對於所有者是有用的。

　　總之，他爲獲得對於自己具有使用價值的物品，而生產對於自己不具使用價值的物品，再拿到交換世界裡面去，把它轉化成對於自己具有使用價值的物品。貨幣在這個場合，成爲媒介這種轉化的一個工具。這樣，商品透過貨幣的媒介，從生產者手裡移到消費者手裡，這種過程，稱爲商品的流通。

　　「商品－貨幣－商品」這種轉化系列，如上所說，總之是爲買而賣的單純過程。這種過程，是始於商品而終於商品的，是「形成一個循環——從商品形態，經過商品形態的脫離，又復歸於商品形態，這樣的一個循環」的。所以馬克思稱這爲商品的循環；把採取這種循環形態的商品流通，叫作「單純的商品流通」，把它與後來發生的「貨幣－商品－貨幣」那種形態的商品流通（資本主義時代的商品流通）相區別。

　　在這個過程裡所包含的兩個轉化，即商品的貨幣化與貨幣的商品化當中，眾所周知，前者比後者要困難得多。一旦把貨幣拿到手裡，再拿它去購買商品，是沒有什麼困難的。但是以獲得貨幣爲目的的販賣，卻不是容易的事。這如馬克思所說，正是「商品的拚命飛躍」。

　　我們假定這種「拚命飛躍」能夠順利進行，如前面所述，農夫能夠在市場上把他的米換成貨幣。又假定他所販賣的對象，是西裝鋪。於是在這個場合，從農夫方面來說是販賣，從西裝鋪方面來說卻是購買。販賣和購買是同時發生的事情。那麼西裝鋪爲買米而付出的金錢，是從哪裡來的呢？他是由賣出他自己所製的西裝而得到的。所以米－貨幣這個轉化，不單

是如前面所看見的一個轉化系列的一節，同時又是另一個變化系列的一節，即是兩個轉化系列的一節。這就是如下的兩個轉化系列：一個是「米—貨幣—棉布」，另一個是「西裝—貨幣—米」。這樣看來，一商品轉化過程的起點，同時成為他商品轉化過程的終點；後者的終點，又成為前者的起點。

「米—貨幣—棉布」這一商品的轉化過程所具有的關聯，絕不是到此為止的。我們再進一步觀察，假定這個場合販賣棉布給農夫的布店，用得到的金錢買了煤炭和醬油。於是這裡又發生兩個新的轉化系列：一個是「棉布—貨幣—煤炭」的轉化系列，還有一個是「棉布—貨幣—醬油」的轉化系列。換句話說「貨幣—棉布」這一轉化，不僅為「米—貨幣—棉布」這一個轉化系列的最終一節，而且成為「棉布—貨幣—煤炭」及「棉布—貨幣—醬油」那兩個轉化系列各自的最初一節。

這樣看來，一商品的循環，都與其他商品的諸循環不可分地錯綜著；這些互相錯綜的無數循環的總運動，就是構成商品流通界的東西。貨幣成為這種商品流通的媒介工具，在這裡扮演著不可或缺的角色。「總之，各商品的轉型系列所描畫的循環，與其他諸商品的循環，難分難解地互相連絡著。這些各種循環的總和形成總體的商品流通。」「貨幣成為商品流通的媒介者，取得成為流通工具的功能。」

這個商品流通，與生產物的直接交換，即單純的交易，其本質是完全不同的。原來生產物的直接交換——即物物交換，是因生產力超出原始共產社會的範圍外而生的。由於這種交換，社會勞動的組織，被擴張到共產社會的圈子外了。因此，各共產社會及其所屬成員，便互為他人的需要而勞動了。但是

到了社會的生產力更加增進時，物物交換自身，又變成一個障礙了，而這個障礙，終於被商品流通所打破。

在物物交換的社會裡，甲收取乙的生產物，同時乙也非收取甲的生產物不可。但是商品流通，卻把這個限制完全撤除了。不錯，在商品流通的社會裡，有賣同時就有買。例如農夫賣米，若沒有什麼人買它，便不能賣。但是第一，農夫賣出東西，不必同時買進東西。他可以把所賣得的金錢保存起來，以等待他日購買東西的好機會。第二，他無論在現在或將來，都不必向那米的買主（以前例來說是西裝鋪）去購買東西。他還可以不用到自己賣東西的市場上去買東西。這樣，商品交換的時間、場所及個人的限制，便都隨著商品流通的出現而撤除了。

在物物交換與商品流通之間，還有一個差異。原來物物交換，是互相交換多餘的生產物；在這種交換之下，還實行著原始共產社會的生產形態，即由生產當事者直接管理的生產形態。但在商品流通之下，情形便不是這樣；商品流通越發達，社會的生產過程或生產關係便越錯綜複雜，越不鮮明，越不受控制。各個生產者，成為彼此獨立，同時又更加隸屬於社會的連絡。而這社會的連絡，已經不能像原始共產社會那樣可以受到支配了。於是社會力化成一個盲目的自然力，一旦遇到妨礙它進行、攪亂它平衡的事情，便忽然引起地震暴風似的大災難了。

商品流通，實在是從它成立的當初，便已經內含著這樣大災難的種子。不必直接購買而可以販賣這一件事，它自身之中已經內含著銷售通路停滯的可能，即恐慌的可能。但要使這個

可能成為事實，還要社會的生產力更加發達，超出如上所述的單純商品流通的階段，而達到資本的時代。這一層，我們到後面再講。

其次，我們必須就如上所說的成為流通工具而被用於商品流通當中的貨幣的運動及數量，來研究一番。我們暫且回到前面所舉的例子來觀察一下。據前述的例子，農夫是把他的米賣給西裝鋪的。西裝鋪買米的錢，是他賣了西裝而得的。其次，農夫把賣米所得的錢，向布店買了棉布；布店又把賣出棉布而得的錢，買了煤炭和醬油。於是用一串公式表示出來，便成了這樣：「西裝—貨幣—米—貨幣—棉布—貨幣—煤炭及醬油……」。

這個商品流通由商品循環而成，在前面已經說過了。現在且就這個場合的貨幣來觀察；這個流通的進行，自然也要經由貨幣的交換；不過這個場合，貨幣絕不是像商品那樣循環的。最初從西裝鋪手裡出發的貨幣，隨著商品流通的進行，從西裝鋪手裡移到農夫手裡，從農夫手裡移到布店手裡，從布店手裡移到煤鋪及醬油鋪手裡，這樣一手一手地轉移過去，與西裝鋪越離越遠。馬克思把這叫作「貨幣的流動」。「所以由商品流通直接傳到貨幣的運動形態，就是貨幣不斷地離開它的出發點，一天遠過一天。換句話說，就是貨幣不斷從一個商品所有者手裡流到別個商品所有者手裡。這就叫作貨幣的流動。」

這樣，「貨幣成為流通工具，經常留在流通過程當中，不斷地巡迴於其內部」。於是發生如下的一個問題，就是商品流通究竟需要多少貨幣呢？

如前面所說，各商品在沒有和現實的貨幣接觸以前，已

經在觀念上被看作等於一定量的貨幣了。換句話說，各商品的
價格，預先被決定了。因而各商品的價格總和，也預先被決定
了。但在這個場合，各商品的價格及各商品的價格總和，還不
過是假想中一定量的金子，即一定量的貨幣。在那裡，還不需
要實際上有貨幣存在。到了這些商品實際上開始流通的時候，
即到了這些商品的買賣現實地進行著的時候，貨幣的存在和流
動，才成為現實的必要。所以流動的貨幣數量，由流通的商品
價格總和來決定，就是等於那流通的商品價格總和。「貨幣在
事實上，不過把那已經由諸商品價格總額在觀念上表現了的金
量，以現實的形式表示出來罷了。所以這兩個總量相等，是不
證自明的事實。」（我們在這裡，還只是活動於單純的商品流
通領域內；因而後面所說的信用貨幣及支付上的清算等，還在
我們的考察範圍外）。

　　以上是把商品流通放在一時點上來觀察的場合，即各商
品的買賣，「彼此無連絡地，在同一時間，因而在空間上一
起」進行的場合（在這個場合，同一貨幣，只能用於一次買
賣）所發生的事情；或是認為同一貨幣，一般只使用一次的一
種觀察。但是如我們前面所看見：商品流通，如果持續觀察，
原來是互相連絡著的，同一貨幣可以使用多次。因而在一定的
期間觀察，便必然要和前一個場合不同。譬如拿前例來看，就
是進行著如下的轉化系列：「西裝—5圓—米—5圓—棉布—
5圓—煤炭及醬油—5圓」，即5圓金錢依次使用了4次。這個
場合，流通的商品的價格總和，一看便明白，是20圓。但在
實際上，不要20圓，只要5圓，便可以完成這4次買賣了。所
以假定在一定的場所（例如某一部落）、一定的期間（例如1

日），商品流通由如上所述的一個轉化系列而成的話，這個場合商品流通所需要的貨幣量，就是 $\frac{20圓}{4}$ = 5圓；用一般的公式表示出來，便成了如下的情形：

$$\frac{商品的價格總和}{同面額貨幣的流動次數}$$

這就是在一定的場所，一定的期間，那商品流通所需要的貨幣數量。

不用說，「在一定的期開內，一國的流通過程，一方面包含著多數分散的、同時進行的而且在空間上並立的部分轉型（販賣或購買）；同時另一方面又包含著一部分並立的、一部分相交錯的、由若干不同部分組成的多數轉型系列。在前一個部分轉型裡，同一的貨幣，都不過轉換一次位置，或流動一次；在後一個轉型系列裡，同一的貨幣，卻都經過幾次流動。我們可以憑那流通內部存在著同面額貨幣的流動總次數，知道各個貨幣的平均流動次數或貨幣流動的平均速度。」因而「以上的法則，是普遍通用的。」

我們在這裡，還須就貨幣的鑄幣形態來考察一下。

貨幣的鑄幣形態，原來是從作為流通工具的貨幣功能裡產生出來的。每一次買賣都要查驗用來交換的各貨幣金屬的純量及重量，在這種時代，不難想像交易上的不便。這個不便，促成了貨幣的鑄幣形態。這個不便，到了政府出來保證各貨幣金屬的純量及重量，即到了發生固定的鑄幣時，便完全得到解決了。

　　這樣看來，貨幣的鑄幣形態，是起源於它作爲流通工具時，有確實保持那一定的純量及重量的必要；但貨幣一旦採取了這個鑄幣形態，便離開那一定的純量和重量而獨立存在了。只要國家保證一定種類的鑄幣代表一定量的金子，那種鑄幣便和現實的一定量的金子一樣，能夠成爲流通工具而流動。貨幣的流動，它自己已經產生出與這相同的結果了。貨幣的流動越久，它的磨損便越甚，因而它名義上的內容與現實的內容，便相差越遠。長久使用下來的貨幣，一定輕於現在剛鑄出來的貨幣。但這兩者，都可以成爲流通工具，成爲代表同一價值的東西而通用。

　　貨幣名義上的內容與現實的內容之差異，以輔幣爲尤甚。今日世界各國，都實行金本位制；銀幣和銅幣，只不過被用爲輔幣而已。在這個場合，銀幣和銅幣，都比照爲一定分量的金；它所表現的價值，以與金的價值同一比例而或高或低，不受銀或銅自身的價值變動影響。換句話說，銀幣或銅幣自身的價值，對於它做流通工具的功能，毫無影響。所以我們可以用國法隨意規定，以一定量的銀或銅去代表一定量的金；在這個範圍內，實際上只有金1錢（5圓）價值的東西，也能通用作代表金2錢（10圓）價值的東西。

　　那幾乎沒有價值的（國家）紙幣，便是這種作用極度發展的結果。但無論輔幣也好，紙幣也好，原來都是用來輔助或代理作爲流通工具的金，簡單說是用來代表那種金的，所以它不能離開它所代表的東西——作爲流通工具的一定量的金之存在而自由作用。紙幣這個東西，只能代理那作爲流通工具的金幣；所以它不能夠代表超過商品流通現實上所需要的金量。當

一國的商品流通需要金幣1億圓的場合，國家倘若要使它流動2億圓紙幣，那結果就是：2張10圓紙幣，只等於1個10圓金幣的作用，用兩張10圓紙幣，只能買到相當於1個10圓金幣的商品。換句話說，從前用10圓價格表示的價值，如今用20圓價格來表示了，即產生了與金的價格標準變化了的場合相同的結果。商品流通中所需要的金的分量，不斷地變動著。「然而在一個的國家，流通媒介物的數量，絕不會減少到一定的最低限度以下。而這最低限度，是由經驗來確定的。」「紙幣超過它的限度──即在沒有紙幣的場合，可以在現實上流通的面額相等的金幣數量──時，由此而產生喪失一般信用的危險，姑且不論；它在商品世界內部，只能代表一定的金量，即由那內在法則所決定的、因而由紙幣所能代表的限度內的金量。」紙幣因濫發而低落，以致其價值等於廢紙，這種例子，歷史上頗為不少。

三、貨幣的其他功能

關於貨幣的主要功能──做價值尺度的功能及做流通工具的功能，大體已經在上面說過了。可是貨幣的功能，並不限於這兩種。此外，還有幾個本來應當和以上兩種相區別的功能。

（一）作為蓄藏貨幣的貨幣

這些功能當中，有一個是作為蓄藏貨幣，即作為貯藏的工具。隨著商品流通的發達，「那隨時可以利用的、絕對採取社會形態的財富權力，換句話說，即貨幣的權力，便增大起來。」「黃金是奇怪的東西！有黃金的人，能夠支配他所想要

的一切東西。黃金甚至可以使人的靈魂升入天國。」（哥倫布
〔Colombo, 1451-1506〕《寄自牙買加的書信》（1503））
於是隨著商品流通的發展，甚至從商品流通剛開始發展，便產
生一種想要保持、貯藏貨幣──即黃金──的欲求。結果就是
貨幣在人們之間，成為財富一般的具體化而廣被貯藏，變成所
謂蓄藏貨幣。「商品轉化了的形態（指貨幣說），這樣一來便
不能成為絕對可以讓渡的形態或單單暫時的貨幣形態而作用。
於是貨幣便僵化而成為蓄藏貨幣，商品的販賣者變成貨幣的蓄
藏者。」

　　可是在商品生產社會裡，貨幣的貯藏，不僅是基於支配
欲，而且是基於必要。生產物的商品化程度越高，以使用價值
為目的的生產便越少，因而生活上占有貨幣的必要，便更加增
大。我們要想生活，不能不常常購買物品。我們要購買物品，
不能不預先賣出自己所生產的物品。可是製造出這個賣的東
西，要有相當的時間。而且那製造出的東西，不一定馬上能夠
賣掉。於是我們要維持自己生產的進行，要使自己在那生產的
繼續中能夠生活，便無論如何非持有貨幣不可。

　　貨幣的貯藏這件事，即使為了使商品流通圓滿進行起
見，也是必要的。如我們前面所說，商品流通所需要的貨幣數
量，是由商品價格總和及貨幣平均流動次數來決定的。然而這
些因素常常變動，因而所需要的流動貨幣數量，也不免要不斷
變動。所以要保持商品流通在適當的狀況，流動貨幣數量便非
有加減不可。這個場合，多餘的貨幣往哪裡去，不足的貨幣又
從何處來呢？做那「隱形供給來源」的，就是蓄藏貨幣。蓄藏
貨幣這東西，好像一個貯水池，把貨幣裝進來，放出去，放出

去，又裝進來，以促成商品流通的圓滿進行。

（二）作爲支付工具及信用工具的貨幣

在商品流通的初期，與物物交換的場合一樣，常常是兩種商品直接交換。只是在商品流通的場合，有一方面的商品，常常是一般的等價即貨幣。可是隨著商品流通的發達，便形成如下的事情：商品的交付，與取得那作爲商品代價的貨幣，在時間上可以分離開來。於是便形成先付款項後取商品，或先取商品後付代價那樣的事情。

現在且舉日本幕府（結束於1867年）末年江州的布商來做一個例子（不消說，這種現象，在那時之前也有）。他們向江州附近的織布業者批來布匹，經過所謂江州行商，把布匹賣於全國各地。那些行商要把所賣得的款子拿回江州，平均至少也要幾個月。在這個場合，他們之間發生怎樣的事情呢？就是織布業者，在4個月後取回代價的約定之下，把他所製造的布匹交給布商；布商亦在那個約定之下買進布匹，而把它銷售於全國各地。

於是賣主與買主的關係，便與那立即支付代價的場合（馬克思把這叫作「商品流通的直接形態」）不同了。就是賣主變成債權者，買主變成債務者了。同時，貨幣也就扮演著一種與在直接形態裡不同的作用了。就是不像在直接形態裡那樣，做商品流通的媒介，而是各別地結束商品的循環了。從這個功能看來的貨幣，已經不是流通工具，而是支付工具了。就是成爲一種履行交付一定價值的契約義務的工具了。

這樣的義務，不一定只在商品世界裡可以看見。隨著商品

生產的發達，社會的進步，而形成如下的一種傾向：使一定使用價值的交付，轉化爲一般的價值形態即貨幣的交付。例如對於國家的實物稅變成貨幣稅，對於官吏的實物俸給變成貨幣俸給之類就是。於是作爲支付工具的貨幣功能，便超出商品流通的領域了。

與這個作爲支付工具的貨幣功能相關聯的，還產生出一種作爲信用工具的貨幣，即信用貨幣。我們再回頭看一看前面所舉的那個例子 —— 江州的布商吧。他們在那4個月後付還代價的契約之下，向織布業者買得布匹。但在這個場合，如果僅僅口頭上約定，織布業者絕不能安心。於是織布業者，便向布商索取了一張4個月後一定付還代價的證書。假定那個織布業者，在他還沒有取回布匹的代價以前，遇到一種不能不付出款項的事情。又假定這個場合，他手頭沒有現金，因得到對方的允諾，把那張證書付給對方。這時，那張證書，便具有貨幣功能；於是這裡，又發生一種貨幣。這就是信用貨幣；今日的證券、支票等，都屬於這一類。

從這種形態的買賣裡，還形成一種新的關係，即所謂清算。譬如在上面舉的例子中，假定布商照上述那樣，用後付代價的契約，向織布業者買了價格500圓的布匹。同時，織布業者又以同樣的方法向某一家具鋪買了價格600圓的家具；那個家具鋪，又偶然以同樣的方法向上述的布商買了價格400圓的布匹。假定這三個支付契約，同時期滿。這個時候，織布業者應當付600圓給家具鋪，同時他又有向布商取回500圓的權利。於是他在這個場合，自己只交付100圓給家具鋪；其餘的500圓，他通知布商，叫布商去付給家具鋪。但是布商，又有

向家具鋪收回400圓的權利。於是布商，最後只需交付100圓給家具鋪便行了。這樣，合計1,500圓的三個支付交易，互相抵消的結果，只要200圓便結束了。這就叫作清算。

這種現象，隨著商品流通的發達，更加繁多起來。這樣，多數互相交錯的支付，集中於狹小的場所和一定時間的結果，便出現一種特殊的設施和方法來實行清算了。例如中世紀法國里昂的「維爾曼」（清算所），就是這種設施的先驅；今日世界各國的匯兌銀行、證券交易所等，普遍都具有這種功能。

這種交易，都是以信用為基礎的交易；但這種交易，不必然總是成功。譬如拿上述的例子來看，布商原來向織布業者約定4個月後一定付款，但是假如到了4個月後，他還不能賣出他的布匹，那時他便不能付款。這樣一來，織布業者對於家具鋪，也就不能付款。倘若這個場合，家具鋪也把日後織布業者付來的款項作為定數，而向別人（不是布商）買了東西，那麼家具鋪也就不能付款。所以一個人不能付款，會引起許多人不能付款，會影響到與他的信用關係相連繫的一切人。現在假定這種現象更大規模地發生，也就是假定因許多生產部門生產過剩，而使許多生產者不能賣出他們的商品，陷於不能支付的境地。他們不能支付，必然又要引起那重重相關的其他許多生產者不能支付。到了這個時候，他們之間互相交付的無數信用證券，便完全失去價值，大家都一樣地要求現金了。這樣便生出金融上的一大混亂，即金融恐慌。社會的信用交易和信用制度發達到了一定的程度，這種金融恐慌便成了生產上或商業上的恐慌當中必不能避免的一個附隨現象。這件事實，很可以證

明：在商品生產之下，貨幣絕不能單憑信用證券來代替。

（三）作爲世界貨幣的貨幣

最後我們應當考察的，是那作爲世界貨幣的貨幣。

貨幣有兩個流動領域：一個是國內市場，另一個是世界市場。貨幣出現於世界市場即國際市場上的時候，即成爲世界貨幣。貨幣採取鑄幣形態及紙幣形態的，只限於國內市場。貨幣出現於世界市場時，仍舊回復它那原來的面貌，即成爲貴金屬條塊而作用。「貨幣一超出國內的流通領域，便失去彼處所生的價格標準、鑄幣、輔幣及價值符號等地方的形態，而復歸於原來的貴金屬條塊的形態。」也就是這裡已不是圓，也不是鎊，只成爲一定量的金子自身而作用了。所以它特別成爲世界貨幣而獲得獨立的待遇。[1]

作爲世界貨幣的貨幣，其主要的功能，在於做支付工具而使用於國際貿易差額的清算。「世界貨幣，具有做一般的支付工具及購買工具的功能，而且成爲財富一般的絕對的社會體現物而作用。其中最主要的，是在國際貿易差額的清算上做支付工具的功能。」在這個場合，它常「成爲實際的貨幣商品即實物體」而作用。

關於馬克思經濟學說進展的第二個過程——他的貨幣論的研究，於此告終。其次，我們便要移到那成爲問題的資本的研究裡去。

---

[1] 在馬克思著述《資本論》的當時，「世界市場上，還實行著二重價值尺度，即金和銀」；但到了今日（1930），在世界市場上，也漸漸專以金來做貨幣，即一般的等價了。

第三章　資　本

第一節　貨幣的資本化

一、商品流通的兩個形態

　　我們前面已經說過，在商品交換的初期，實行了物品與物品的直接交換，即物物交換。可是其後到了商品交換更加發達時，便有貨幣出現，擔負那媒介任務，於是便實行了新的交換形態，即商品流通。這個商品流通的形態，是「為買而賣」的單純形態；用公式表示出來，便成了「商品—貨幣—商品」這樣的一個東西。我們直到這裡為止，關於流通所作的觀察，都沒有超出上述的單純商品流通的範圍。

　　可是其後到了商品生產更加發達時，又發生了一個新的流通形態，這個流通形態，是與上述的「為買而賣」的單純流通形態 —— 馬克思把這叫作「單純的商品流通形態」 —— 特別不同的。例如農民或勞動者，各為購買一家的生活用品而賣出他自己的生產物或勞動力，他們現在還是反覆著這種向來的交換形態；但是各種所謂事業家或商人，卻是以向別人買得物品再把它賣出去（或照原來的樣子，或加了工）為職務的。就是他們在這個場合，是「為賣而買」的；這個場合的買賣過程以至商品流通，用一般的公式表示出來，便成了「貨幣—商品—貨幣」。這樣，我們現在看見有兩個相異的流通形態，即「商品—貨幣—商品」這個「為買而賣」的單純流通形態，與

「貨幣—商品—貨幣」這個「爲賣而買」的特殊流通形態，互相並行著。馬克思說：「商品流通的直接形態，是『W—G—W』，就是由商品轉化爲貨幣及由貨幣再轉化爲商品。換句話說，就是爲買而賣。但是在這個形態之外，我們還發現另一個特別不同的形態。那就是『G—W—G』，即是由貨幣轉化爲商品及由商品再轉化爲貨幣。換句話說，就是爲賣而買。」（這裡以W表示Ware，即商品；以G表示Geld，即貨幣。以下一概如此）。

　　我們現在且把這兩個流通形態比較觀察一下。先就前一個流通形態，即「商品—貨幣—商品」來看。這個流通形態，以消費爲終極的目的。例如農夫賣出他的米，用他得來的錢去購買布匹。於是買的布匹，便脫離流通領域，來供給農夫的消費。也就是那布匹退出流通界而進入消費界了。同時這個運動，以此終結；付出的錢，離農夫的手越來越遠。又拿這個場合的價值關係來看，作爲起點的商品（米）與作爲終點的商品（布），原則上價值是相等的。不用說，兩者可以有價值相異的場合。農夫在價值以上賣出他的米，或在價值以下買進那布匹，這種事並非不可能。布商把他的布匹賣到價值以上，也是可能的。但那種事情，「從這個流通形態自身看起來，是純粹偶然的。」即使那種價值差異，有時發生，也不過是偶然的事件，在原則上是同一價值與同一價值實行交換的。拿前例來說，就是包含一定量的社會必要勞動的米，與包含等量的社會必要勞動的貨幣去交換，那貨幣又與包含等量的社會必要勞動的布匹去交換。因而在這個場合，不是以交換價值（因而價值）爲目的，乃是完全以使用價值爲目的。

　　然而在後一個流通形態，即「貨幣－商品－貨幣」裡，情形便與此完全不同。做這個流通形態起點的物品，不是商品，乃是貨幣。在那起點的貨幣所有者與在那終點的貨幣所有者，是同一個人。他把貨幣拿出去，最後又把貨幣拿進來；因而他最初所投出去的貨幣，並不是支付出去，不過是墊付出去。而且這個運動，並不是從此告終，乃是繼續不斷地前進。也就是最初墊付出去的貨幣，重複回到原來的所有者手裡，再投到流通過程當中，再回到原來的地方，如此繼續不斷地反覆進行著同一的運動。於是便發生一個問題：這個運動的目的和原動力，究竟是什麼呢？

　　「商品－貨幣－商品」這個運動的目的和原動力，如前面所見，是極明瞭的。但是「貨幣－商品－貨幣」這第二個運動，乍看之下豈不是全無意義嗎？假如賣了米而買了布，即使米與布的價值完全相同，但使用價值是不同的。因而這裡存有很明白的意義。可是現在，假如為獲得貨幣而提供貨幣，結果便成了貨幣與貨幣相互交換；如果那價值是相等的話，便完全沒有意義了。倘若如此，那倒不如貨幣持有者，把貨幣好好保存起來，不使它走入那樣危險的流通領域裡，要聰明得多。所以「為賣而買」這一個過程，要使它真正有意義，無論如何，都非使起點的貨幣與終點的貨幣，其數額（因而其價值）相異不可，就是非終點的貨幣額大於起點的貨幣額不可。在這種時候，這個過程，才有意義。而這個貨幣額的增大，因而價值的增大，便是這個過程的目的和原動力。總之，「為賣而買」的人，是為著貴一點賣出去而買的，他的目的在於貨幣額，即交換價值。

馬克思把它總括起來，這樣說道：「『W—G—W』這一個循環，從一商品出發，以另一商品——它是超出流通而歸屬於消費的東西——終結。所以這個循環的最終目的，是消費，即欲望的滿足，用一句話來說，是使用價值。反之，『G—W—G』那一個循環，從貨幣出發，最後又復歸於貨幣。所以促進這個循環運動的動機及決定這個循環運動的目的，是交換價值自身。」

購買和販賣總是同時進行，在這個意義上，這兩個流通形態，結果好像一樣。但是如前文所說，它們在本質上完全不同。

二、剩餘價值的發生與資本的成立

這樣看來，在「貨幣—商品—貨幣」這個過程裡，就原則來說，起點的貨幣與終點的貨幣，其數額是不同的，就是終點的貨幣額是大於起點的貨幣額。換句話說，就是在這個過程的起點所投入的貨幣額，在它的終點，是伴隨若干新的貨幣額而出現的。現在我們且擬出幾個符號：以「商」表示商品，以「貨」表示最初的貨幣額，以「〔貨〕」表示新附加上去的貨幣額。於是這個過程完全的公式，便成了下面這樣：

$$貨—商—貨 + 〔貨〕$$

這個成為最初貨幣（因而最初價值）的餘分而出現的價值部分，就是馬克思所稱為剩餘價值（Mehrwert, Surplus value）的東西。他說：「這個附加額，即超過最初價值的餘

分，我稱爲剩餘價值。」而這樣附加新價值，即增大價值的事情，便稱爲價值增殖。

所謂資本家，就是這樣爲了要在他所擁有的貨幣價值上附加一個新價值，即爲了要獲得剩餘價值，而投入他所擁有的貨幣價值的人。而這樣被利用的價值，就是資本（Kapital, Capital）。換句話說，價值只有在它被利用於價值增殖時，才變成資本。馬克思說：「最初墊付出去的價值，在流通裡不僅保存它自己，而且變更它自己的大小，附加一個剩餘價值，即達成價值增殖。而這個過程，才把那最初墊付出去的價值轉化爲資本。」所以資本，不外是生產剩餘價值的價值。「它生出活的子女，或至少生出金蛋。」

價值，因而具有價值的東西即價值物，只有在這樣被利用的時候，才變成資本；價值物所有者，只有在這樣利用那價值物的時候，才變成資本家。而今日的所謂資本家，就是以利用這樣的價值物爲職務的。因此，他是資本家，他所握有的價值物是資本。

資本的本質，不能在這一點以外去尋求。可是向來的經濟學者，卻不著眼於這一點，以致陷入各種各樣的混亂。例如有一位學者說，資本是勞動工具。根據這個定義來說，在石器時代便已經有了資本家了。又有一位學者說，資本是蓄積了的勞動。也就是說：凡過去所支出的勞動所生產而現在還存在著的東西，都是資本。照這樣說起來，鼷鼠的洞穴和螞蟻的巢窟，也一定是資本了。還有一位學者說，凡對於促進人類勞動、提高人類勞動生產力而有用的一切東西，都可以視爲資本。照這個定義來說，國家也成了資本，人類的知識和精神也都成爲資

本了。

　　一個東西是不是資本，單看那東西的表面是不會明白的。這與商品的情況，完全一樣。要決定那東西是不是資本，必須看它所演的社會劇本是怎樣。譬如我們爲了購買麥子而支出貨幣。但是我們所買的麥子，是以供自己飽腹爲目的；我們吃了之後，什麼也沒有剩下。在這裡，什麼剩餘價值也沒有發生。因而這個情況的貨幣和麥子，都不算什麼資本。但是製粉業者爲著製成麵粉出售而投入的貨幣，情形便不是這樣，它是從麥子的形式轉化爲麵粉，麵粉賣出去又成爲貨幣，帶著利益——即剩餘價值，再回到製粉業者的手裡來的。就是在這個情況，他的貨幣及麵粉，完全被利用作獲得剩餘價值的手段。因此，他的貨幣及麥子，在外表上雖然與我們的貨幣及麥子完全相同，但實際上卻帶了一個叫作資本的特殊性質。

　　有些人說，沒有資本，生產便不能進行。這個場合，他們所謂的資本，是指機器加工廠而說的。不錯，沒有機器和工廠，生產不能進行。但是同樣的機器或工廠，可以成爲資本，也可以不成爲資本。例如砲兵工廠，有巨大的機器和工廠；這些東西不是爲了製造、販賣武器賺錢，而是爲了製造、供給軍隊武器。這些東西，是軍隊爲製造自己的使用物而擁有、利用的，因而它們不是資本；就像原始共同團體爲生產自己團體的使用物而擁有、利用的工具和家畜不是資本一樣。又到了社會主義實現、國家擁有生產資料，專爲供應國民的消費而運用它的時候，生產資料也會失去它那資本的性質。爲什麼呢？因爲那時它已經不是爲獲得剩餘價值而被利用了。

　　資本這個東西，和商品一樣，是一個歷史的產物。當社會

只有「商品—貨幣—商品」那個流通形態時，還不能有所謂的資本。到了「貨幣—商品—貨幣」這個流通形態盛行的時候，才發生了資本。到了這個流通形態消滅時，資本也會跟著消滅。

第二節　剩餘價值的來源

一、剩餘價值非由流通過程而生

在「貨幣—商品—貨幣」這個流通形態裡，進行著以「貨—商—貨 +〔貨〕」的公式（這叫作「資本的一般公式」）來表示的價值增殖，就是在這個流通形態裡產生出剩餘價值，這是我們已經知道的。但是這個剩餘價值是從哪裡發生的呢？這一層，我們還不知道。「從單純的商品流通裡區別出這個流通形態的，是同一的互相對立的兩個過程，即販賣與購買顛倒了的系列。這種純粹形式上的區別，怎樣能夠使這些過程的性質，像用了魔法般地起了變化？」了解這個問題，即了解剩餘價值的來源，是今後我們的重要任務。而闡明這個剩餘價值的來源，又是馬克思經濟學說中最重要的一點。

剩餘價值，乍看之下，好像是由買賣行為，即從流通過程裡產生出來的。而且經濟學者之中，在今日也還有不少這樣見解（以為剩餘價值是由買賣，因而由流通而生的見解）的人。但這個見解，多半是由混同價值與使用價值而生的。主要的例子就是說：交換這件事情，原來是「提供對於自己『價值』很少的物品，受取對於自己『價值』很多的物品」；因而交換當

事者，雙方都得到利益，雙方都收得「剩餘價值」。譬如說，
有一個人拿出金洋2圓向藥鋪買定價金洋2圓的藥品，是因為
那藥品對於他有金洋2圓以上的「價值」；而藥鋪以金洋2圓
賣那藥品給他，是因為金洋2圓對於藥鋪有比那藥品更多的價
值；因此當實行這個交易時，雙方都得到若干餘分的「價值」
（所謂「剩餘價值」）。所以假定他以為那金洋2圓的藥品對
於他有等於金洋5圓的「價值」，那麼他在這個情況，便得到
等於金洋3圓的「剩餘價值」了。又倘若他以為那藥品救了他
一命，因而那藥品對於他的「價值」，等於他所有的1,000萬
圓的財產，那麼他在這個情況，便得到9,999,998圓「剩餘價
值」，世界上再也沒有比這個還賺錢的了。引起這樣奇妙結論
的，不外是由於混同價值與使用價值。這個情況，他們的所謂
「價值」，不外是使用價值。「在使用價值的範圍內，交換者
雙方都可以得到利益，那是很明白的。他們都讓渡在使用價
值上對於自己無用的商品，都受取在自己的使用上所必要的商
品。」但這裡當作問題的剩餘價值，卻非實際可以成為貨幣而
客觀存在不可。像對於某一個人雖存在，對於他以外的人卻不
存在，那樣純主觀的存在，絕不能成為什麼剩餘價值以至什麼
價值。

　　如我們已經知道，商品的交換，一方面是基於使用價值
的不同，同時又基於價值的同一。商品這個東西，就使用價值
來看，正因為彼此不同，才能交換。就價值來看，恰好相反，
正因為彼此相等，才能交換。所以「在那純粹的形式上（在
原則上），商品交換，是等價物與等價物的交換，因而不是
增殖價值的手段。」「即使到了貨幣成為流通工具而介於商品

與商品之間，購買與販賣這兩個行爲感性地分開看時，在這個問題上，也不產生什麼變化。」「倘若交換價值相等的商品與商品，或商品與貨幣相交換，換句話說，等價物與等價物相交換，那是很明白的，誰也不能從流通裡抽出比他投於流通裡的價值還更大的價值。在這種場合，不能形成什麼剩餘價值。」

但是「在現實上，任何事物，都不是以純粹的形式（依照那原則）出現的。因此，讓我們假定在商品流通的場合，也進行著『非等價物』的交換。」也就是假定「由於某種不能說明的原因」，破壞了商品交換的法則，使每個商品所有者都能比現實的價值貴一成賣出他的商品。這個時候，例如西裝鋪，能夠把那具有30圓價值的西裝，以33圓賣出。由此，他的確賺了3圓餘分的價值。但是反過來，當他用這筆錢向別的商人購買商品時，也一樣不能不比現實的價值貴一成買進來。也就是假定他拿這個錢去買米，他便不能不用33圓去買30圓的米。這樣一來，最後他連1文也沒賺了。

其次，再假定不是一切商品所有者，只是某一部分商品所有者，能夠在價值以上賣出他的商品，在價值以下買進商品。譬如說，某個米鋪用90圓向農夫買得有100圓價值的米，而以110圓把它賣給西裝鋪。這個時候，他（米鋪）當然賺得20圓利益。但參與這個流通的價值總額，卻不能因此而有絲毫增加。在這個流通以前，是「100圓（農夫）＋90圓（米鋪）＋110圓（西裝鋪）＝300圓」；而這個流通的結果，依舊是「90圓（農夫）＋110圓（米鋪）＋100圓（西裝鋪）＝300圓」，在整體上，沒有產生任何剩餘。固然，米鋪是由此賺了20圓，但這個賺來的錢，並不是價值增加的結果，乃是他以

外的人所有價值減少的結果；這與那直接盜掠別人所有價值的
情況，即與那盜賊直接搶奪別人東西的情況，沒有什麼兩樣。
剩餘價值這個東西，必須是在流通的結果各人所有價值的總計
上，相對於流通以前各人所有價值的總計，成爲餘分而新出現
的東西。盜賊搶奪了別人的東西，即別人所擁有的價值，誠然
增大了盜賊所占有的價值，但反過來，那被搶奪者，卻因此減
少了他所擁有的價值；因此在兩者所擁有的價值的總計上，並
沒有什麼增加。①

---

① 剩餘價值占取的歷史起源，的確在於盜掠。或者是運用一筆資金，通
　過賤買貴賣的手段，間接地去掠奪別人所擁有的價值；或者是不用這
　樣的麻煩，簡單地把這資金以一定的利息借給別人，由此直接地去掠
　奪別人所擁有的價值。前者就是被稱爲商業資本的東西；後者就是被
　稱爲生利資本（或高利貸資本）的東西。社會所造出的剩餘價值（這
　個剩餘價值，是怎樣造出來的，我們現在還不知道），首先是以這樣
　的方法，被這兩種資本所占取的。但是這兩種資本，就它自身來說，
　如前面所述，非破壞商品交換的法則，即等價物與等價物相交換的法
　則，是不能發生的。所以當那一說到資本便只有這兩種資本的時代，
　資本被一般人看作罪惡。那種以爲放債者和商人不可與士君子同列的
　往昔觀念，便是基於這一點。
　但是站在今日經濟界的基礎地位，站在第一線上的資本，卻不是商業
　資本，亦不是生利資本，乃是產業資本。自從這個產業資本出生以
　後，商業資本和生利資本，便成爲產業資本補助者而作用，參與那產
　業資本所造出的剩餘價值分配，於是便不限定帶著盜掠和詐取的性質
　了。所以今日我們要理解這些資本，非先理解產業資本不可。馬克思
　爲什麼把商業資本及生利資本的研究放在後面（《資本論》第三卷、

現在再回到前論，總括起來說：「不管我們怎樣變化，結果依舊一樣。等價物與等價物交換時，固然不會產生什麼剩餘價值，就是非等價物與非等價物交換時，也一樣地不會產生什麼剩餘價值。總之，流通或商品變換，沒有造出什麼價值（因而沒有造出什麼剩餘價值）。」

那麼剩餘價值，到底是從何處發生的呢？它是在流通過程裡出現的，但不是從流通過程裡產生出來的。貨幣的資本化，「不能不行於流通過程的內部，但又不能行於流通過程的內部。」於是馬克思在這裡，發出照例的警句道：「這是問題的條件。這裡是羅陀斯，就在這裡跳躍吧！」[2]這是問題的關鍵點。我們必須明白這一點。

二、成為商品的勞動力

剩餘價值，既然是不管我們怎樣變化，都無法從流通裡出來，於是我們便待在流通以外去尋求它的出處不可。現在我們且在這個關注之下，再把剩餘價值的一般公式「貨—商—貨＋〔貨〕」拿來考察一下。

這個公式，由表示購買商品的「貨—商」與表示販賣商品的「商—貨＋〔貨〕」而成立，這件事，我們已經反覆

本書第三部），先以產業資本做他研究的根本對象，其理由便在這裡。

② 《資本論》原注：典故出於《伊索寓言・說大話的人》。一個說大話的人，自吹在羅陀斯島跳得很遠很遠。別人就用這句話反駁他，其寓意就是：就在這裡證明你的本領吧！

說過好幾次了。但是我們如果依照商品交換的法則而推究起來，在「貨－商」這段關係裡的「貨」與「商」，非同價值不可；同時在「商－貨＋〔貨〕」那段關係裡的「商」與「貨＋〔貨〕」，也非同價值不可。所以這個情況的「商－貨＋〔貨〕」，嚴格地說，實在就是「商＋〔商〕－貨＋〔貨〕」（貨＝商，〔貨〕＝〔商〕）。這個情況的商品，從價值上說來，買的時候是等於「貨」的，但賣的時候，卻等於「貨＋〔貨〕」。換句話說，在賣的時候，由於某種作用的力量，使它自身的價值增大。所以上述的「貨－商－貨＋〔貨〕」那個公式，若更嚴格地改寫起來，便成了這樣（點線是表示生產過程）：

$$貨－商……商＋〔商〕－貨＋〔貨〕$$

那麼這種價值變化，這種價值增大，究竟在什麼情況是可能的呢？便成了問題的中心點。這種價值變化乃至價值增大，只有在那商品自身之中包含新造出價值、新附加價值的東西，就那商品自身加入能夠新造出價值、新附加價值的作用時，才是可能的。於是，我們首先不能不想到這個商品一旦被消費於生產之中而再形成的場合。假使我們能夠在商品之中發現一種特別的商品，在那生產的消費中能夠創造超過原有價值的價值，那樣的商品——即那消費本身馬上能夠造出、附加新價值的商品，那樣一來，剩餘價值的謎便得到解決了。

然而普通的或一般的商品（指勞動力以外的一切商品），並不能在那生產的消費中新造出、新附加什麼價值。不

用說，商品擁有者，可以把他的商品消費於生產之中，藉以造出有更大價值的新商品。但這個價值增大，是因從外部新加入了價值（社會必要勞動）而生的，並不是那最初的商品價值增大的結果。例如絲織業者，購買100圓絲原料，把它作成絲織物。假定他所支出的社會必要勞動，等於10圓。這時，他的絲織物的價值，便成了「100圓 + 10圓 = 110圓」。但這個情況，絲織物的價值之所以成為110圓，是因為新加入了絲織勞動的價值10圓，並不是因為絲原料自身的價值增大了。絲原料中所體現的社會必要勞動量，只要絲原料生產勞動的生產力沒有變化，就是固定的；因而它的價值，不會增加，也不會減少。總之，普通商品，並沒有因它被消費於生產之中，而使自己的價值有一點增加。因此，普通商品，絕不能作為剩餘價值的來源。

那麼能夠作為剩餘價值來源的，究竟是什麼呢？我們在研究商品價值時，已經知道新形成、新造出商品價值的，只有勞動。所以上述的「貨—商……商 +〔商〕—貨 +〔貨〕」那個公式，只有在人類的勞動力（Arbeitskraft, Labour-power）成為一個商品而被包含於「貨—商」的「商」中，由它生產的消費而造出超過原有價值的價值時，才是可能的事。要做到這一件事，必定要人類的勞動力普遍地成為商品而存在於市場上。幸而在今日的資本主義社會裡，人類勞動力是很普遍地成為一個商品而存在於市場上的。貨幣擁有者可以在市場上自由購入這一種特別的商品，可以自由處分這一種商品。這樣一來，剩餘價值的謎，便可以說漸漸接近解決了。

那麼這裡所說的勞動力，到底是怎樣的東西呢？馬克思

關於這個問題，如次說明道：「所謂勞動力或勞動能力，是人的肉體及精神的諸能力之總體，存在於人的身體之中、人格之中，人不管生產何種使用價值時，都要運用它。」

總而言之，資本家是把這個勞動力作為商品而購買進來（作為勞動力代價而支付的，就是工資），把它消費於生產之中，藉以造出剩餘價值的；但要使這個勞動力成為商品，還須有一定的基本條件。

原來要使生產物能夠實行交換，因而要使一個生產物成為一個商品，預先須有兩個條件。第一，交換者必須都是那交換品的私有者，對於他擁有的東西必須有自由的支配權或處分權不可。第二，被用於交換的商品，對於受取它的對方必須具有使用價值，對於那擁有者必須是「非使用價值」。

因此，要使勞動力成為商品，第一，勞動力的擁有者，即勞動者，必須是自由的人。就是他必須有自由支配、處分他勞動力的權利不可。但是勞動力這東西，不能離勞動者而存在。他絕不能一下子就把它賣完。他只能零賣於一定的時間。倘若他把他的勞動力全部賣完，那就是賣出他自己了。這樣一來，他便不是工資勞動者，而變成奴隸了；不是商品擁有者，而變成商品自身了。要使勞動力成為商品而存續，他非成為自由的人不可。

要使勞動力成為商品，第二，勞動力對於那擁有的勞動者，必須是「非使用價值」。原來所謂勞動力的使用價值，在於生產勞動力以外的其他使用價值，即有用物。要使勞動力能夠發揮它的使用價值而造出其他使用價值，必須有供它活動的原料、助它活動的機器和工廠等物，即總括起來被稱為生產資

料的東西。但是勞動者如果自己擁有生產資料，他便不肯販賣他的勞動力，一定拿來供自己使用，只把他的生產物作為自己的東西拿出去販賣而已。所以要使勞動力成為商品，預先必須將勞動者從生產資料分離出來，換句話說，從生產資料自由出來。這是使勞動力成為商品的第二個必須條件。

這樣說來，勞動者在雙重意義上，都非自由不可。他要出賣他的勞動力，非自由不可。同時，他又非從一切生產資料自由出來不可。這實在是貨幣擁有者能夠把他的貨幣轉化為資本，換句話說，使資本家能夠存在的根本條件。

三、勞動力價值的決定

所謂勞動力，如上所說，就是非奴隸的自由人即勞動者所販賣的商品。那麼這個勞動力的價值，是怎樣決定的呢？它與其他商品的價值一樣，是由生產它所費的社會必要勞動量或勞動時間來決定的。

所謂勞動力，就是活的人類自身的能力；所以勞動力的存在，以活的勞動者存在為前提。而勞動者的存在，又當然需要一定量的生活資料以維持他的生存。所謂生產勞動力所必要的勞動時間，就是生產這生活資料所必要的勞動時間。因此，概括來說，勞動力的價值，是由維持勞動者生存所必要的生活資料之價值來決定。

然而勞動者的生活程度，是因時代且因社會而不同，絕不是一樣的。以前的勞動者，也許是赤著腳工作；但是今日的勞動者，卻非穿著橡皮鞋不可。又如美國的勞動者與中國的勞

動者,其生活程度,也有特別的差異。所以「勞動力價值的決定,與其他諸商品不同,它還包含歷史及道德的要素。」不過就一定的社會、一定的時期來說,勞動者所必要的生活資料之平均程度,大體上是一定的。

再則,在勞動者所必要的生活資料當中,還不能不包含勞動者為扶養他的家族所必要的生活資料。原來勞動者的生命是有限的,但是資本卻希望長生不死。要使資本能夠長生不死,必須生產、補充那陸續死去的勞動者之後繼者。這個補充,由新生的勞動者子女來達成。所以上述的勞動者所必要的生活資料當中,不能不包含這些新勞動者的養育資料。

還有,勞動者要達到可以算是一個勞動者的地步,還須經過一定的學習。因而這種學習所要的費用,也不能不算入上述的生活資料以至生活費用當中;雖然這種費用,就多數勞動者來說,是極微細的。

總而言之,勞動力的價值,是由上述那種意義的一定量生活資料的價值構成。所以它隨生活資料生產上所必要的勞動時間成正比例而變化。而這勞動時間,又如我們前面所知道,是隨著生產力成反比例而變化的。所以勞動力的價值,應當看做或多或少不斷變動的東西。因為生產那維持勞動者生存所必要的生活資料之生產力,是不斷變動的,同時,勞動者的生活程度,也是或多或少不斷變動的。可是就一定的社會、一定的時期來說,勞動力平均價值是一定的。

勞動者以一天若干代價販賣他的勞動力。於是我們便要問:這個勞動力一天的價值,是怎樣決定的呢?雖然概括地稱作生活資料,但它的性質也是各色各樣的。有些生活資料,

例如食物和燃料，天天消費掉，天天需要補充。反之，又有些生活資料，例如衣服和家具等，是在長久的期間內，一點一點消費掉的。於是這裡產生出一種差異，就是有一種生活資料需要天天購買，另一種生活資料可以在每一定的期間購買一次。但是無論這些支出的總額，以什麼樣的方式分配於一定的期間，例如一年間，有一點總是相同的，就是它們都得靠著每天的平均收入來開支。所以只要算出勞動者一年間平均消費的一切生活資料總額，再用365去除它，便可以得到一天勞動力的價值。馬克思關於這一層，如次說道：「生活資料的一部分，例如食物和燃料等，天天消費掉，所以天天要有新的來補充。另一部分生活資料，例如衣服和家具等，延到較長的期間消耗掉，因而這些東西，可以延到較長的期間來補充。有一種商品，必須每天購買或付款；另一種商品，必須每週、每季購買或付款；其餘類推。但是無論這些支出的總額，以什麼樣的方式分配於一年間（假定），它們總不能不靠著每天的平均收入來開支。現在假定勞動力生產上每天所必要的商品量為A，每週所必要的商品量為B，每季所必要的商品量為C，其他都照此假定，那麼這些商品的每天平均量，便等於（365A＋52B＋4C＋其他）／365。」

現在我們假定在平均一天所要的勞動者生活資料當中，包含著6小時社會必要勞動，那麼勞動力一天的價值，便是由這6小時社會必要勞動來決定的。又假定這6小時社會必要勞動可以用金洋3圓來表現，那麼金洋3圓便等於勞動力1天的價值的價格。如果勞動者1天取得3圓工資，那麼他就是以正與價值一致的價格販賣他的勞動力。同時，倘若資本家以1天3

圓的價格，即以等於6小時社會必要勞動的價值，購買這勞動力，而把它使用12小時，那麼他就是照價值買了這勞動力，只不過把它使用到價值以上，即價值的兩倍罷了。剩餘價值的祕密，便存在這裡。

於是問題便移到生產過程裡去。我們接下去，必須具體地考察這勞動力在生產過程裡，怎樣實際地造出剩餘價值？馬克思在這裡，如次說道：「我們已經知道，對於勞動力這一特殊商品的擁有者，由貨幣擁有者來支付的價值，怎樣決定了。貨幣擁有者在交換中所得到的使用價值，只有在勞動力實際的使用裡，換句話說，只有在勞動力的消費過程裡，才顯現出來。這個過程裡所必要的一切物件，即原料及其他東西，是貨幣擁有者在商品市場上買來，而且對於它們付了充分的價格的。勞動力的消費過程，同時是商品及剩餘價值的生產過程。勞動力的消費，與其他一切商品的消費一樣，在市場即流通領域的外部來完成。所以我們，暫時和貨幣擁有者及勞動力擁有者，離開這個吵雜的、止於皮相的、呈現於任何人眼睛的流通領域，跟隨他們走進那門口寫著『閒人免進』字樣的、深奧的生產場所裡去看一看。在那裡，我們將不僅看見資本如何進行生產，而且看見資本如何生產出來。貨殖的祕密，終於不能不暴露出來。」

第二篇

剩餘價值的生產

第一章　剩餘價值的生產

第一節　勞動過程與價值增殖過程

一、勞動過程

　　剩餘價值成立的祕密，最終潛伏在生產過程當中；而在生產過程內部造出、附加新價值的，即增加價值的東西，只有勞動力；這些，我們在前面已經找到答案了。其次，我們便要追究、闡明這勞動力如何在生產過程中生產那作為問題的剩餘價值？我們在本篇所研究的，全是這個問題以及直接附於這個問題而成為問題的各種因素。

　　前面已經說過，在資本主義社會裡，勞動者從生產資料分離出來，他所有的勞動力，成為商品而出現於市場上。資本家是與其他商品一同買進這勞動力，即實行「貨—商」這個轉化；但這些東西，在市場上，暫時對於他還沒有什麼用處。他攜帶這些東西，移到可以有利地消費或使用它們的處所，即生產場所裡去。他在這裡如何使用、如何消費這些東西？這是問題的關鍵。但要了解這點，我們首先必須就勞動力的使用或消費本身，換句話說，就生產本身來考察一下。

　　「勞動力的使用，就是勞動自身。」購買勞動力的資本家，使販賣勞動力的勞動者去勞動，因而消費他的勞動力。「由此，勞動力的販賣者，成為實際活動著的勞動力，成為勞動者。在這以前，他不過具有勞動力的潛能而已。」

　　我們已經在研究商品價值時說過（參看第一篇第一章第二節第七小節「勞動的二重性」），生產商品的勞動，有兩個方面。一方面造出使用價值，另一方面造出價值；資本家為要造出價值，首先不能不造出價值的「實質負擔者」即使用價值。但是造出這使用價值的勞動，並不是商品生產所特有。這種勞動，無關於社會形態如何，常是成為人類生存上所不可缺少的要件而存在。馬克思把勞動的使用價值形成過程，與它的價值形成過程相區別，叫作勞動過程。

　　從形成使用價值的角度來看勞動，「首先是人類與自然之間的一個過程；換句話說，是人類憑他自身的行為，以媒介、調節、並統制他與自然之間的物質代謝的一個過程。人類成為一個自然力，而與自然素材相對立。人類為了要用一種適合於他自身的生活形式去占有自然素材，而運用屬於他自己身體的各種自然力，即腕、腳、頭、手。他憑這個運動，作用於那在自身外部的自然而變更它，同時又變更他自身的性質。他展開隱藏於他自身性質當中的各種潛伏力，而置那些力的活動於他自身支配之下。」

　　這樣的活動，不一定是人類所特有的，即在人類以外的動物裡，也可以看見。可是就人類的情況來說，它不是單純本能，而是有意識的、合目的的。這是動物的勞動與人類的勞動發生差異的地方。「蜘蛛結網，與機織工的作業相類似。蜜蜂築巢，使許多建築師覺得慚愧。但是最拙劣的建築師，也具有最優良的蜜蜂所不能及的本色。這就是建築師在用蜜蠟去建築巢房以前，已經在他的頭腦中建築起來。勞動過程的結束，我們所得到的結果，在那發端時，已經存在於勞動者的頭腦當

中，換句話說，已經觀念地存在了。他不僅使自然物的形態發生變化，同時還實現他的目的 ── 他所意識著、作爲法則來決定他行爲的種類和方式的、而且必須使自己的意志從屬於它的目的。」

可是要完成這個勞動過程，換句話說，一般要進行生產，必須有三個要素。這就是勞動、勞動對象和勞動工具三者。「勞動過程的單純要素，是人類合目的的活動或勞動自身，與勞動的對象及工具。」

勞動者對於一個對象，施行他的勞動。這個對象，就是勞動對象。作爲勞動對象的東西有兩種：一種是不借任何人類的助力而天然地存在著的東西；另一種與這不同，是已經多少由人類勞動而生的東西。後一種就是被稱爲原料的東西。所以「原料都是勞動對象，而勞動對象卻不盡是原料。勞動對象，只有在因勞動而受了變化時，才成爲原料。」

勞動者在勞動對象上施行勞動時，普通使用「傳達自己的活動於那勞動對象上的東西」。這個東西，就是勞動工具。換句話說，所謂勞動工具，就是介於勞動者與勞動對象之間，依那物理或化學的性質，爲著前者而把前者的活動傳達於後者的東西，即勞動的補助手段。

勞動者使用這個勞動工具，把他的勞動傳達於那勞動對象上，得到一個成果。這個成果，就是生產物。從這個生產物的立場看來，勞動對象和勞動工具，都是用來作爲生產資料的。所以把這兩者 ── 勞動對象和勞動工具，總稱爲生產資料

（Produktionsmittel, Means of production）。[1]

　　家具匠在製造桌子時，加工於木材，木材就是勞動對象。這個情況家具匠所加工的木材，是預先費了一定的勞動（例如採伐、搬運等）以取得它的。所以家具匠所加工的木材，就是原料。而家具匠要製造桌子，除木材之外，還要有膠、漆、染料等，作爲施行勞動的東西。因而這些東西，也是勞動對象，也是原料。但這些東西當中，木材是做桌子的基礎，所以叫作主要原料；膠、漆、染料等物，是用作桌子的輔助物，所以叫作助成材料。另一方面，家具匠要在這些東西上施行勞動，還需要鋸、鉋及其他東西。在這個情形，這些東西就是做勞動工具的東西。而桌子便是生產物。

　　　　「總之，一個使用價值，是成爲原料（勞動對象）而出現呢？是成爲勞動工具而出現呢？還是成爲生產物而出現呢？這是完全由它在勞動過程中所盡的功能，由它在勞動過程的內部所占位置來決定的。依這位置如何，同一的使用價值，可以成爲原料（勞動對象），可以成爲勞動工具，也可以成爲生產物。」

　　例如同一頭牛，把牠作爲牧畜勞動的結果來看，便是生產物；把牠作爲耕牛來使用，便成爲勞動工具；如果飼養牠來取

---

[1] 馬克思關於這一點，在《資本論》的「註」裡，說了一件很有趣的事情。「例如把那還沒有捕獲的魚，叫作漁撈上的生產資料，好像是自相矛盾的主張。但是在沒有魚棲息的水中去捕魚的技術，直到今日都還沒有發明。」

乳，或者殺死取肉，那便成了原料，成了勞動對象。

二、價值增殖過程

生產資料（勞動對象及勞動工具）與勞動（勞動力），在一切生產方法之下，因而在一切社會、一切時代，都是生產使用價值的根本要素，換句話說，就是勞動過程的根本要素。但這勞動過程的性質，因那生產的目的而有不同。

在共產主義生產及自家用生產之下，生產物只成為使用價值，只為著使用價值而被生產出來。因而在那裡所實行的勞動過程，即使用價值形成過程，不出僅作為使用價值形成過程的範圍。可是在商品生產之下，一般說來，使用價值的生產，主要不過是價值生產的手段。原來商品這東西，是使用價值與價值的合成。而使用價值，是價值的「實質負擔者」，所以若非造出使用價值，絕不能造出價值。生產者所生產的商品，第一個要件。必須是滿足人們欲望的東西。換句話說，必須是對於某些人有效用的東西。假使不然，他便不能把這個東西販賣出去。雖然如此，但商品必須具有使用價值這一件事，卻不是商品生產者本來的最終目的。從商品生產者的立場看來，生產使用價值，不過是作為生產價值一個不得已的手段，一個必然的惡。所以商品的生產過程，一方面是使用價值形成過程，即勞動過程，同時，另一方面是價值形成過程，就是這兩個過程的合一。「恰如商品自身是使用價值與價值的合一一樣，商品的生產過程，也必須是勞動過程與價值形成過程的合一。」

以上是就一般商品的生產過程而說的。可是我們這裡作為

問題的，卻不是一般商品的生產過程，而是其中一個特殊的商品生產即資本主義商品生產的過程，也就是資本家用向勞動者買來的勞動力來完成的商品生產過程。

在資本家所實行的商品生產過程裡，首先有兩個特徵，是在自己擁有生產資料而生產之獨立勞動者的商品生產過程裡所不能看見的。第一，這個場合的勞動者，在資本家的指揮命令之下而勞動。應當製造什麼？應當如何製造？這些，完全屬於資本家的權限。勞動者在那勞動上，一點自由和獨立也沒有。第二，勞動所產生的生產物，屬於資本家所有，至於直接生產它的勞動者，對於它反而沒有一點權利。勞動者在這個場合，已經把他的勞動力賣給資本家，所以使用這勞動力的權利，也與使用勞動對象及勞動工具的權利一起，屬於資本家；因而結合這些東西而生的生產物，也屬於資本家所有。

其次，資本家所實行的商品生產過程，必須是替他造出「盈餘」的東西。在他看來，這個場合，有兩件事情成為問題。第一，他必須能生產可以販賣的東西，即有交換價值的使用價值。第二，他必須生產比那生產上所需商品（生產資料及勞動力）的價值總額有更大價值的商品。就是他不僅生產使用價值，而且還須生產價值；不僅生產價值，還須生產剩餘價值。換句話說，資本主義商品生產過程，不僅是價值形成過程，而且必須是價值增殖過程。固然，自己擁有生產資料而生產之獨立勞動者的商品生產過程，也可以是價值增殖過程。但是資本主義商品生產過程，在那性質上，從最初便必然地而且有意地是價值增殖過程。

那麼資本家是怎樣在生產過程裡實行這價值增殖呢？這

樣，問題又漸漸回到原地方。接下來，我們且用具體的數字來說明。

三、剩餘價值的成立

如前面所述，勞動力與生產資料，是生產的根本要素，資本家要經營那生產，首先必須把這些東西準備好。所以我們首先必須把資本家預先購入、準備好的這些商品的價值，考察清楚不可。

現在假定這個場合的資本家是一個紡紗業者。他首先以1天3圓，向勞動者購買勞動力。假定這3圓，恰好代表生產那勞動者生存維持上所必要的一日份生活資料所需的社會必要勞動6小時。也就是假定他按照那勞動力的價值而購買它。其次，他買進用這勞動力去製造作為目的的棉紗所必要的生產資料（勞動對象及勞動工具）。而這生產資料，在這個場合，為使說明簡便起見，假定只由棉花（原料，即勞動對象）和紡錠（勞動工具）構成的。同時假定這棉花1斤之中，包含著2小時社會必要勞動，它的貨幣價值是1圓。又假定紡錠1個之中，包含著20小時社會必要勞動，它的貨幣價值是10圓。又假定由1斤棉花，造出1斤棉紗；每紡好棉花100斤，損耗紡錠一個，因而每紡好棉花1斤，損耗紡錠1%個。這樣，最後假定1小時勞動，紡好棉花2斤，因而6小時勞動，紡好棉花12斤。這時，這裡所生產的棉紗1斤當中，究竟包含著多少價值呢？

首先，我們考察一下這個生產當中所花費的棉花和紡錠之價值。如前面所述，生產資料即普通商品的價值，毫無增減

地移轉於生產物當中。棉花和紡錠的使用價值，轉化爲棉紗那個相異的生產物；但在它的價值上，並沒有變化。這件事情，倘若把直到造成棉紗爲止的各種勞動過程，作爲同一勞動過程的連續部分來考察時，便很容易明白。假定這個紡紗業者同時又是棉花栽培業者，他在收穫棉花之後，馬上便著手紡紗。這時，棉紗便成爲棉花栽培勞動及紡紗勞動的結果；它的價值，便由生產棉花以至紡成棉紗所費的社會必要勞動時間來決定。生產棉紗所必要的這些過程，在這樣以同一個人計算來經營的場合，固然不用說，即使這些過程由不同的人經營，這個道理，也沒有什麼兩樣。總之，受了加工的棉花的價值，是毫無變化地再現於棉紗的價值當中。這件事情，也可以適用於紡錠的價值。

可是棉紗的價值當中，不僅包含著從上述的棉花及紡錠移轉來的價值，此外還不能不包含著把棉花造成棉紗的勞動，即紡紗勞動的價值。依據前面的假定，1小時勞動，可以紡好2斤棉花；所以2斤棉紗當中，包含1小時紡紗勞動的價值，1斤棉紗當中，包含半小時紡紗勞動的價值。又依據前面的假定，3圓工資，代表6小時社會必要勞動；所以1小時社會必要的紡紗勞動價值，便等於5角，而棉紗1斤的價值當中，最後便包含2角5分的紡紗勞動。

於是棉紗1斤的價值總額，最後便成了下面這樣：「棉花1斤（= 1圓）+ 紡錠$\frac{1}{100}$個（= $\frac{10}{100}$圓）+ $\frac{1}{2}$小時勞動（= $\frac{1}{4}$圓）= 1圓 + 0.1圓 + 0.25圓 = 1.35圓」，即成了1圓3角5分。

現在假定我們這個紡紗業者（資本家），把他所買來的勞

動力，照那價值使用它，即使用6小時。這時，6小時所生產的棉紗量，便是12斤（因為1小時能夠紡成2斤）；而它的價值，便成了16圓2角。那麼這個紡紗業者，為生產這些棉紗，費了多少錢呢？他費了棉花12斤（即12圓），紡錠12%個（即1圓2角），以及6小時勞動（即3圓），即合計16圓2角；這與他所生產的棉紗價值相等。照這樣算起來，他特意僱入勞動者來經營的事業，便完全落了個空，沒有意義。為什麼呢？因為他手裡得不到一點剩餘價值。

但是作為資本家的紡紗業者，絕不會對這樣的結果便罷休。他所買的是一日份勞動力。他所付的3圓，等於生產一日份勞動力所必要的社會勞動之全量。換句話說，他是付了正常的代價，把勞動力買了來的。所以他充分利用勞動力一整天的使用價值，是毫無所忌的。

資本家這一種人，最初便著眼於這一點。實際上，勞動力的販賣者即勞動者，也與其他商品的販賣者一樣，是在販賣同時，把商品（勞動力）的使用價值讓渡給買主；所以勞動力的使用價值即勞動自身，不屬於賣了它的勞動者，這件事與賣了的油之使用價值已不屬於油舖那件事，沒有什麼兩樣。資本家付了一日份勞動力的價值，因此這一整日勞動力的權利，換句話說，一日份勞動的權利，便屬於他。對於這勞動力，一天要使用若干小時，可以由他任意決定。勞動力這個東西，到了超過一定的時間（生產那勞動力所必要的勞動時間）而使用時，便能造出它擁有的價值以上之價值。這一件事，從勞動力的購買者即資本家看來，是特殊的利益，是他的目的，而且對於那販賣者的勞動者，也沒有另外含著不正當的意味。

　　所以資本家，絕不會只叫勞動者勞動6小時，總是叫他勞動6小時以上。現在假定資本家叫勞動者勞動12小時。在這個情況，生產出來的棉紗的價值是多少呢？我們且來計算一下。

　　依據前面的假定，1小時勞動可以生產2斤棉紗；所以用12小時勞動，便可以生產24斤棉紗。依據前面的計算，1斤棉紗的價值總額是1圓3角5分；所以24斤棉紗的價值總額，是「1.35圓×24 ＝ 32.4圓」，即32圓4角。那麼生產這些棉紗所要的費用是多少呢？棉花24斤即24圓，紡錠24%個即2圓4角，勞動力3圓，合計起來是29圓4角。在這裡，產生「32圓4角 － 29圓4角 ＝ 3圓」的多餘價值。這就是剩餘價值（是這位資本家由使用一名勞動者一天勞動力所造出的）。這樣，問題的一切，都得到解決了。

　　剩餘價值總而言之，是在生產過程裡，照上述那樣方法成立的。而資本家的目的，這樣才算達到。而且他為達到這個目的，並不曾破壞什麼商品交換的法則。棉花、紡錠、勞動力，都是照那價值買來，照那價值付了代價。只是他把這些商品，不作為享樂資料，而作為生產資料來消費罷了。他之所以獲得剩餘價值，完全不外乎因為使用勞動力達到一定的時間以上，即達到收回那價值的時間以上罷了。

　　在商品生產制度之下，生產過程常是價值形成過程。不管那生產過程，是用生產者自己的勞動力來經營的也好，或是用向別人買來的勞動力來經營的也好，在這一件事情上，毫無兩樣。只是那生產過程超過了一定的時間時，換句話說，勞動力的使用超過收回那價值的時間而繼續時，價值形成過程便產出剩餘價值，而成了價值增殖過程。「倘若我們把價值形成過程

與價值增殖過程拿來比較一下，便可以知道，價值增殖過程，不外是延長到一定時限以上的價值形成過程。倘若價值形成過程，只繼續到由資本所付的勞動力價值被新的等價物所恢復的時限，它便是單純的價值形成過程；倘若繼續到這個時限以上，它便成為價值增殖過程。」

耕種自己田地的農夫，以自己的計算經營自己事業的手工業者，也得超過收回他所消費的生活資料之價值所必要時間而勞動。因此他們也得造出剩餘價值，他們的勞動過程也必須是價值增殖過程。但是如前面所說，資本主義生產，即用向別人買來的勞動力來經營的生產過程，卻是本來地或本質地便成為價值增殖過程的。

第二節　不變資本及可變資本

一、勞動的價值創造性及價值移轉性

從前節的說明中，我們已經了解：勞動把它所消費的生產資料的價值絲毫不變地移轉於生產物，同時又把新的一定量的價值附加於生產物。也就是說：勞動者不問那勞動的內容、目的和技術的性質如何，總是由附加一定量的勞動，而附加一定量的新價值於生產物的價值當中。同時，那消費了的生產資料的價值，則在生產物的價值當中，成為它的「構成分子」，絲毫不變地再現出來。譬如拿前節的例子來說，棉花和紡錠的價值，是在棉紗的價值當中，絲毫不變地再現出來。生產資料的價值，常常照這個樣子被移轉於生產物當中，而保存了自己。

這種移轉，「是在生產資料轉化爲生產物的時候，換句話說，是在勞動過程的內部來完成的」。即使這種移轉，也是由勞動來達成的。那麼勞動在同一生產過程裡，是怎樣達成這種二重的作用呢？馬克思關於這一點，說了如下的話：

> 「勞動者不是同時做二重勞動的。就是說，不是方面做附加價值於棉花的勞動，同時另一方面做保存棉花舊有價值的勞動（換句話說，是把他所加工的棉花之價值和他所據以勞動的紡錠之價值移轉於生產物即棉紗的勞動）的。實際上是，由新價值單純的附加，而保存舊價值。可是附加新價值於勞動對象，與保存舊價值於生產物當中，這兩件事，是勞動者在同一時間內所造成的兩個完全不同的結果，而且他在同一時間內只做一次勞動；所以結果上的這種二重性，顯然只能由他的勞動自身的二重性來說明。他的勞動，必須在同一瞬間，以一種性質創造價值，以另一種性質保存或移轉價值。」

這樣看來，勞動的價值創造性及價值移轉性這二重性，是基於勞動本來的二重性。

我們已經知道：勞動這個東西，原本有作爲一般人類勞動來看的一面，和作爲特殊勞動來看的一面；前者形成價值，後者形成使用價值。這就是勞動的價值創造性及價值移轉性這二重性的原因。就是勞動這個東西，成爲不顧那形態和目的單純地一般人類勞動而作用時，便創造新價值；成爲採取生產一定使用價值的特殊形態勞動而作用時，便移轉生產資料的價值至生產物。

例如紡紗工，由紡紗線，換句話說，由附加勞動於棉花和紡錠，而移轉棉花和紡錠的價值於棉紗，同時又附加一定量的新價值於棉紗。但是這個場合，棉花和紡錠的價值之所以能夠移轉於棉紗，並不是因為附加了一般意義的勞動，乃是因為這個勞動採取了紡紗勞動那樣特殊的形態來完成。同時，棉紗的價值當中之所以能夠附加一定量的新價值，並不是因為這個勞動具有紡紗勞動那樣特殊有用的內容，乃是因為它在一般的意義上，即從什麼紡紗勞動、織布勞動那樣特殊的形態裡抽象出來，成為單純的人類勞動，而完成了一定的時間。「總之，紡紗工的勞動，以那抽象的一般性質，即成為人類勞動的支出而作用時，附加新價值於棉花及紡錠的價值；又以紡紗過程那樣具體、特殊而且有用的性質而作用時，移轉這些生產資料的價值於生產物，因而保存這些東西的價值於生產物當中。在同一瞬間，勞動的二重結果，便這樣發生。」

總括起來說：成為新的價值而被附加於生產物當中的勞動，不是從質一方面看來的勞動，乃是從量一方面看來的勞動；移轉那消費了的生產資料之價值於生產物當中的勞動，不是從量一方面看來的勞動，乃是從質一方面看來的勞動。馬克思說：「由勞動單純的量的附加，而附加新的價值；由這附加勞動的質，乃把生產資料的舊有價值保存於生產物當中。」

這價值創造及價值移轉的勞動二重性，可以在種種現象之中看出來，尤其在生產力變化時，以很明瞭的、容易識別的形態表現出來。譬如說，現在有了某種發明，使紡紗勞動的生產力增進到6倍，如今1名紡紗工6小時所使用的棉花量，等於以前36小時所使用的棉花量。這時，假定以前用6小時勞動

能夠造成12斤棉紗，那麼現在用6小時勞動便能造成72斤棉紗了。但是這個情況，那72斤棉紗在紡紗過程裡所吸收的勞動時間，與以前12斤棉紗所吸收的勞動時間一樣，即6小時。所以在同一量的棉紗當中所吸收的新勞動，只有那用舊方法來做的 $\frac{1}{6}$。就是在同一量的棉紗當中新被附加的價值，只有以前價值的 $\frac{1}{6}$。可是在另一方面，72斤棉紗當中，卻包含著6倍於以前的棉花價值及紡錠價值。就是由6小時紡紗勞動所移轉的生產資料的價值，相當於從前的6倍。

由此，我們可以知道：單一勞動所具有創造價值的性質與移轉保存價值的性質，在本質上是很不同。生產力越增大，同一時間中所生產的生產物分量越大，那麼在同一時間中移轉保存於生產物當中的舊價值（消費了的生產資料之價值）也就越大。但是這個場合，在新創造附加的價值上，卻沒有什麼變化。另一方面，生產力越增大，同一時間中所生產的生產物分量越大，那麼在同一量的生產物上新給與的必要勞動量便越小，因而新創造附加的價值也就越小。但是在移轉保存於同一量生產物當中的舊價值上，卻沒有什麼變化。

其次，再舉一個例子，以表示兩者的相異性。假定紡紗勞動的生產力不變，要使1斤棉花轉化為棉紗，需要與從前同一分量的勞動時間；但是棉花的價值發生變動，1斤棉花的價值上漲到從前的6倍，或下跌到從前的 $\frac{1}{6}$。不管在那上漲或下跌的情況，紡紗工要把同一量的棉花紡成棉紗，總需要同樣的時間，因而附加同樣的價值；這一件事，與從前沒有什麼兩樣。

又無論在那上漲或下跌的情況，用和從前同樣的時間，總生產出同一量的棉紗。雖然如此，在這個情況，他從他所消費的棉花及其他生產資料而移轉保存於棉紗中的價值，卻成爲從前的6倍，或成爲從前的 $\frac{1}{6}$。看了這個現象，我們也可以知道勞動的價值創造性和價值移轉性，在本質上是怎樣地不同了。

生產資料的價值，因勞動而移轉於生產物當中，這在前文已經說過。可是這價值移轉的方式，因生產資料的種類而有不同。例如棉花，在棉紗的生產中，失了那獨立的形態。至於爲運轉紡紗機器而使用的煤炭和機器油，幾乎消失得無影無蹤。染棉紗的染料，也一樣地消失了。就是原料（棉花）和助成材料（煤炭、機器油、染料等），失去生產開始時所具有的原形。可是機器和工廠等，卻與這不同。機器和工廠等，可以有許多次數參與生產。所以原料和助成材料，於每一次生產時，移轉它的全部價值於生產物；但機器和工廠等，只不過移轉它價值的一部分。譬如說，有一架價值1,000圓的機器，在通常情形下，有1,000日的使用壽命，那麼1天平均便有1圓價值移轉於這機器所造成的1日份生產物當中。

在這裡，也可以看出生產過程的二重性。這個場合，這架機器是怎樣地移轉它價值的千分之一於生產物當中呢？參與生產物生產的，豈不是機器的全部，而不是它的千分之一嗎？也許有人要發生這樣的疑問。不錯，就作爲使用價值形成過程的生產過程來看時，機器生產時是以全部去參與生產的。但是就這作爲價值形成過程的生產過程來看時，機器便不過每次以一部分去參與罷了。換句話說，就使用價值來看的機器，是以全

部去參與各生產過程；但就價值來看的機器，卻不過是每次以一部分去參與。

　　還有，因生產資料的種類，也可以有一種和這相反的場合，就是生產資料的全部價值雖移轉於生產物當中，但它的實際物體，卻只移轉一部分。例如紡造100斤棉紗，在通常的情形之下，需要115斤棉花，就是產生15斤花屑。在這個場合，100斤棉紗當中，雖然在現實上只包含著100斤棉花，但是移轉於100斤棉紗的價值當中，卻有115斤棉花的價值。在大多數的生產裡，都伴隨著這樣的虛耗。在製造桐火盆時，製造上所用的桐材，有一半以上變成木屑。但是桐火盆中所包含桐材的價值，卻把變成木屑的部分也算入。

二、不變資本及可變資本

　　生產資料，如前文所說，在生產的進行中，把它所失去的價值，移轉於生產物。不管生產資料的使用價值是如何之大，它總不能把自己所擁有的以上的價值移轉於生產物。那消費的原料、機器或其他生產資料，無論怎樣有用，它有1,000圓價值時，總不能附加1,000圓以上的價值於生產物上。而這些東西的價值，並不是到了成為生產資料而引入於生產過程之後才決定；乃是由生產這些東西時所支出的社會必要勞動量來決定，即在進入生產過程以前，已經決定了，已經是一定的了。倘若在成為生產資料而引入於生產的時候不先具有價值，那便不會移轉什麼價值於生產物上。總之，生產資料在生產過程裡，一點也不會變化它的價值，只照原來的樣子，移轉於生產

物當中。

可是勞動力卻不同。不用說，勞動力的價值，也與生產資料的價值一樣，由生產它所費了的社會必要勞動量來決定，即在進入生產以前，已經決定了。我們在前面已經說過，為生產勞動者一天生存維持上所必要的生活資料而費的社會勞動量，就是勞動力一日份的價值。假定這個社會勞動是6小時，它的每1小時由5角貨幣價值來代表，那麼勞動力1日份的價值，就是3圓。因此，這勞動力，如果使用6小時，那就把它的價值完全附加於生產物上，在資本家看來，就是完全收回勞動力的價值。就生產資料來看，它的全價值一旦移轉至生產物，它的使用價值便跟著消滅；但是勞動力一天的使用價值，卻不是以收回那價值的時間，例如以6小時而便消滅的。那以3圓賣了他的勞動力之勞動者，能夠勞動比造出3圓更長的時間，即6小時以上。資本家的目的，不在於單單收回價值，而在於獲得更多的價值；所以他使用勞動力到收回那價值的時間以上，即以這個場合來說，使用到6小時以上。這樣，勞動力便附加超過它自己所有的價值於生產物上。就是勞動力與生產資料不同，它在生產過程裡，可以增大變化它的價值。

在資本主義生產裡所用的生產資料及勞動力，都是由資本家為生產剩餘價值以商品形式而購買來的，不外是那成為資本的貨幣，即貨幣資本轉化了的東西。就是資本家所握有的成為資本之貨幣，為完成自己增殖而化作這些東西；它自身便是一種資本。可是如前文所說：轉化為勞動力的資本，可以增大變化它自身的價值；轉化為生產資料的資本，卻一點也不會變化它自身。所以馬克思把這兩者加以區別，稱前者為可變資

本（Variables Kapital, Variable Capital），稱後者爲不變資本
（Konstantes Kapital, Constant Capital）。我們且看馬克思說
道：

> 「轉化爲生產資料即原料、助成材料及勞動工
> 具的資本，在生產過程內，不變化其價值的大小。因
> 此，我把它稱爲不變的資本部分，或簡單地稱爲不變
> 資本。
> 　　反之，轉化爲勞動力的資本部分，卻在生產過程
> 內，變化其價值。它除了再生產出自己的等價物，還
> 生產出超額的剩餘價值。這個剩餘價值，它自身又是
> 可以變化的，是可以變大或變小的。這個資本，不斷
> 地由不變量轉化爲可變量。因此，我把它稱爲可變的
> 資本部分，或簡單地稱爲可變資本。資本的構成，從
> 勞動過程的立場看來，可以區分爲客觀的及主觀的兩
> 因子，即區分爲生產資料及勞動力；從價值增殖過程
> 的立場看來，便可以區分爲不變資本及可變資本。」

不變資本與可變資本的區別，在此後馬克思經濟學說的展
開上是極重要的，所以我們有明確認識它的必要。

如上面所說，不變資本這個東西，在生產過程裡，絕不
變更它的價值。轉化爲生產資料的資本即不變資本，若有500
圓，便有500圓，照原來的樣子通過生產過程，被移轉至生產
物當中，即依舊是500圓。可是它也有一種場合，由於使用自
己的生產過程之外部所生原因，而變更它的價值。

例加1斤棉花，在今天以前是1圓，但因棉花收成不良的
結果，從明天起便上漲到2圓。這時，已經進入生產過程而被

加工的棉花，原來是以1圓買來的，可是現在，卻移轉2圓價值於生產物當中了。同樣，那已經紡成棉紗而流通於市場上的棉花的價值，也增大爲原來價值的2倍，因而又相應地提高了棉紗的價值。但是這種價值變化，並非起於棉紗生產過程的內部，而是起於棉紗生產過程的外部。就是這種現象，「是在生產棉花的過程內部發生，不是在棉花成爲生產資料，因而成爲不變資本而作用的過程內部發生。」結果，棉花1圓，在這個情況，已經成爲具有2圓價值的東西，即成爲2圓而作用於棉紗生產過程當中。因爲商品的價值，是由生產該商品所費的社會必要勞動量來決定；但這所謂社會的必要勞動量，是「常依現存的社會生產條件之下所必要的勞動來計量」；因而在這個情況，棉花1斤，雖然在它的生產上實際只費了1圓的勞動量，也是成爲2圓而作用的。

這樣，不變資本，雖可以有由於使用它的生產過程外部所生的原因，而變化它的原價值之情況，但它「絕不能移轉無關於這個過程而具有之更多的價值」。因而不變資本這個概念，決沒有因此而受挫。

第三節　剩餘價值率

一、剩餘價值率

成爲資本而投入的貨幣，要完成它的本來的目的 —— 即自己增殖，首先不能不分化成不變資本和可變資本，即生產資料和勞動力；而剩餘價值的發生，是由於使用可變資本即勞動力

到那一定時間（收回勞動力價值的時間）以上；這在前面，已經討論過了。其次，我們必須就這樣發生的剩餘價值之分量，換句話說，就資本家搾取勞動力的程度，來考察一下。

假定這裡有5,000圓資本，其中有4,100圓用來購買生產資料，剩下的900圓則用來購買勞動力。也就是以4,100圓做不變資本，以900圓做可變資本。本來，這4,100圓的不變資本，又不能不分作兩部分。一部分用於原料和助成材料，於每次生產過程中，移轉其全部價值於生產物；另一部分用於機器及其他東西，在每次生產過程中，重現其價值的一部分於生產物。可是在以下的說明中，把不變資本的這個區別忽略。因為把這個區別放入考察之內，徒然使說明複雜，而結果並無差別。所以在這個情況，假定在每次生產過程中，資本家所使用的不變資本的全部價值，單純地移轉於生產物當中。

倘若這個生產能夠順利進行，則在生產過程結束時，除了產生資本家所投入的全部資本的價值之外，還會產生一定的剩餘價值。現在假定這剩餘價值是900圓。就是資本家獲得「不變資本4,100圓+可變資本900圓+剩餘價值900圓=5,900圓」價值的生產物。這個生產物當中，有4,100圓是由那消費掉的生產資料移轉來的舊價值，有1,800圓是由使用勞動力而新產生出來的價值。

不變資本的價值大小，對產出剩餘價值的大小沒有什麼影響。不消說，沒有生產資料，便不能進行生產。生產期間越長，生產資料就需要越多。所以要生產一定量的剩餘價值，必須有一定量的生產資料（依勞動過程的技術性質決定）。但是這生產資料的價值如何，對產出的剩餘價值大小，不產生什麼

影響，這是我們已經知道的。

　　譬如現在有一位資本家，雇用300名勞動者。各勞動者勞動力的日價值（1天的價值）是3圓，而各勞動者1天所造出的價值是6圓，在這時候，300名勞動者1天所產出的價值，不問他們所使用的生產資料價值是2,000圓也好，是4,000圓也好，或是8,000圓也好，一定是1,800圓。所以這裡所產出的剩餘價值，也無關於他們所使用的生產資料的價值是2,000圓，4,000圓，或是8,000圓，總是1,800圓的一半，即900圓。這樣，生產過程中的價值創造乃至價值變化，並沒有因投入不變資本的大小而受什麼影響。作為不變資本的生產資料，不過是盛放那創造價值的勞動力的容器；至於這容器是鐵，或是棉花，或是皮革，都沒有什麼關係。只要它有充分的量，容得下勞動力就可以；只要它具備這個條件，不問它的價值是大是小，或是像未開發地或海洋那樣無定價的東西，對於那裡面所盛放的價值之創造乃至變化，都沒有什麼關係。所以我們若要以純粹的形式來研究這個問題，便不妨把不變資本放在考察之外，或把它視為零。

　　這樣，在投入的資本之中，成為問題的，只是可變資本。因而在生產物的價值當中，與我們有關係的，只是由勞動在這個情況新造出來的價值，即相當於可變資本的價值及剩餘價值。依據前例來說，這些價值，合計是1,800圓，分計是各900圓。就是剩餘價值對於投入可變資本的比率，是「900圓：900圓」，即100%。這就是可變資本自己增大的比例，表示資本家由利用勞動力而賺得的比例。馬克思把可變資本的價值增殖比例，即剩餘價值的相對量，叫作剩餘價值率（Rate des Mehrwertes, Rate of Surplus-value）。馬克思說：「可變資本這個相對的價值增殖，換句話說，剩餘價值的相對量，我把它叫作剩餘價值率。」②

　　勞動者要產出勞動力的價值，即相當於可變資本的價值，必須在他的一個勞動日中提出一定的時間來勞動。在前面的例子中，假定是6小時。我們已經知道，這個勞動時間，就是為生產勞動者的生活資料所費的社會必要勞動時間。這是「即使不是替資本家，而是替他自己，獨立地勞動時，為生產自己勞動力的價值，因而為獲得他自己生存（即不斷地再生產）上所必要的生活資料」也是必要的勞動時間。所以馬克思把這叫作必要勞動時間，把在這時間中所支出的勞動叫作必要勞動。他說：「因此，我把在勞動日當中完成這個再生產的部分，叫作必要勞動時間；把在這段時間所支出的勞動，叫作必要勞動。這個勞動，從勞動者的立場看來是必要的，因為它無關於勞動的社會形態；又從資本及資本世界看來也是必要的，因為勞動者的不斷存在是它們的基礎。」

　　然而勞動者，還超過這個必要勞動時間而勞動，替資本家造出剩餘價值。馬克思把這種替資本家造出剩餘價值的勞動

②　常常有人把剩餘價值率和利潤率相混，但兩者絕不是同樣的東西。剩餘價值與利潤，不僅在概念上彼此不同，而且在分量上也可以相異。這件事情，到了解說《資本論》第三卷的本書第三部時，自然可以明白。總之，利潤這個東西，是剩餘價值的衍生形態（相對於投入的總資本來說的剩餘價值），並不是剩餘價值本身。同時，所謂利潤率，是剩餘價值對於投入總資本的比率，不能與剩餘價值率相提並論。

時間，叫作剩餘勞動時間；把在這剩餘勞動時間中所支出的勞動，叫作剩餘勞動。他說：「在勞動者超過必要勞動的界限而工作的勞動過程第二期間，誠然費了他的勞動——支出勞動力；但是他的勞動，卻沒有替他自己形成什麼價值。這個勞動形成剩餘價值——以那『由無而生的創造』的一切魔力來吸引資本家的剩餘價值。我把勞動日的這個部分，叫作剩餘勞動時間；把在這時間內所支出的勞動，叫作剩餘勞動。」

剩餘價值，不外是這剩餘勞動具象化的東西，即「具象化的剩餘勞動」，同時可變資本，又是等於上述必要勞動的價值；所以剩餘價值與可變資本的比例，就等於剩餘勞動與必要勞動的比例。因此，剩餘價值率，一般不但可以用「剩餘價值／可變資本」來表示，而且可以用「剩餘勞動／必要勞動」來表示。

這兩種比例，不過以不同形式來表示同一關係罷了；前者以「具象化的勞動」形式來表示，後者以「活的勞動」形式來表示。總之，資本家是在生產過程裡消費勞動者的勞動力；資本家是在生產過程裡消費勞動者的勞動力，因而賺得這個比率的東西。「剩餘價值率，正確地表現為資本搾取勞動力的程度，換句話說，為資本家搾取勞動者的程度。」

然而勞動力的搾取率，往往被人們有意地或無意地，混同剩餘價值對投入總資本的比率——利潤率，以致隱蔽它的真實。譬如依前文的例子來說，投入不變資本4,100圓，可變資本900圓，合計5,000圓資本，而產生900圓剩餘價值。可是倘若以剩餘價值對投入總資本的比率作為剩餘價值率，那麼剩餘

價值率便成了這樣：「$\dfrac{900圓}{(4,100圓 + 900圓)} = 18\%$」。資本家常常這樣的計算；這對於資本家，實在不能不說是很適當的算法。因為這種算法，可使資本對於勞動的搾取，以比現實輕許多的程度表現出來，好像資本家也不怎麼嚴重地由勞動者身上賺得了錢似的。但是實際的剩餘價值率，如我們在前面所知道，是「$\dfrac{剩餘價值}{可變資本} = \dfrac{900圓}{900圓} = 100\%$」。就是前者把資本搾取勞動力的程度，以比現實小$\dfrac{4}{5}$以上的情形表示出來。

二、剩餘價值率的算法

　　如前面所述，剩餘價值率是「剩餘價值／可變資本」（或「剩餘勞動／必要勞動」）。所以我們要算出剩餘價值率，只須採用下述的方法：倘若可變資本的價值是一定的，那便從總生產物價值當中扣除不變資本的價值（其價值是一定的），再從這剩下的生產物價值（拿前例來說是1,800圓）當中減去可變資本的價值，因而求得剩餘價值；又倘若剩餘價值是一定的，那便從總生產物價值當中扣除不變資本的價值，再從這剩下的生產物價值當中減去剩餘價值，因而求得可變資本的價值；然後把兩者（剩餘價值與可變資本的價值）放在比例關係上。馬克思關於這件事，說了如下的話：

　　　　「總之，剩餘價值率的算法，簡單地說，便是下面這樣。我們把生產物的全部價值拿來，而把僅僅再現於生產物當中不變資本的價值視為零。於是剩下的

　　價值額，就是在商品的形成過程裡實際造出來唯一的價值生產物。倘若剩餘價值是一定的，那便可從價值生產物中扣除剩餘價值，而發現可變資本。又倘若可變資本是一定的，而我們所求取的是剩餘價值，那只要從當中扣除可變資本。倘若雙方都是一定的，只要完成最後的運算──算出剩餘價值對於可變資本的比率『M（剩餘價值）／V（可變資本）』。」

　　剩餘價值，原來首先成為一定量的生產物而入資本家手裡。馬克思把它叫作剩餘生產物。「代表剩餘價值的生產物，我們把它叫作剩餘生產物。」所以剩餘價值對於可變資本的比率，也可以由生產物的一定部分間之相互比例來表示。但是在這個比例的計算中，便不能像以前那樣把不變資本排除在外了。因為在生產物各單位量（譬如就棉紗來說，是棉紗1斤）的價值當中，包含著不變資本及可變資本雙方的價值。於是這個場合的計算，便比前一個場合要複雜，同時又容易混淆。因此在這裡，很容易被所謂資本主義學者乘機而入。

　　假定現在有一個勞動者，由12小時勞動生產棉紗20斤，它的價值是30圓。又假定那原料棉花是20圓（1斤1圓，共20斤），紡錠及其他東西的價值損耗額是4圓，勞動力的價值是3圓，剩餘價值是3圓（因而必要勞動時間及剩餘勞動時間各為6小時，剩餘價值率是100%）。於是30圓的棉紗價值，便由24圓不變資本、3圓可變資本和3圓剩餘價值構成。而這棉紗價值，是成為20斤棉紗而存在著的；所以不變資本由16斤棉紗來代表，可變資本及剩餘價值各由2斤棉紗來代表。

　　可是20斤棉紗是用12小時生產出來的，所以每1小時可以生產棉紗$1\frac{2}{3}$斤。因此，代表不變資本的棉紗16斤，是用9小時36分生產出來；代表可變資本及剩餘價值的各2斤棉紗，是各用一小時12分生產出來的。

　　這樣計算起來，剩餘價值便不像先前所假定的那樣，用6小時生產出來，好像是只用1小時12分生產出來的。於是便產生出一種莫名其妙的理論：以爲只要把12小時的勞動時間縮短1小時12分，換句話說，只要從1天的勞動時間12小時當中去掉最後的1小時12分，便不會產生任何剩餘價值。這個理論，就是被稱爲「最終勞動時間說」的東西，是擁護資本家反對縮短勞動時間的理論，是對於資本家很有用的學說。因爲有了這個理論，資本家便可以理直氣壯地說：「我們所賺得的錢，是由這最終的時間（例如1小時12分）所造出來的。現在如果縮短勞動時間而把這最終的時間去掉，那麼我們便要失掉一切盈餘，同時國家的產業也會完全破滅。」[3]

─────────────

[3] 這個學說的典型主張者，可以舉十九世紀英國所謂資本主義經濟學者西尼耳（Nassau W. Senior, 1790-1864）爲例。他在一本名爲《關於工廠法對棉紡織業之影響的書信》（倫敦，1837年發行）的著作中這樣說道：「在現行法之下。凡使用18歲以下勞動者的任何工廠，……都不能1天工作到11小時半（即在1星期──除星期日──當中，最初的5天，每天工作12小時，星期六工作9小時）以上。現在，下面的分析將告訴我們，在這種條件之下的工廠總純益，由最終的1小時得來。假定一個工廠主，投入10萬鎊資本，其中有8萬鎊投於工廠和機器，有2萬鎊投於原料和工資。假定資本一年週轉一次，總收益是15%，那麼

　　原來，「最終勞動時間說」是由於混淆使用價值與價值而生的。棉紗2斤的使用價值，的確是由最終的1小時12分所造出來的；但是它的價值，卻不是這樣。棉紗2斤，絕不是從「無」中造出來的。在棉紗2斤當中，不僅包含著1小時12分的紡紗勞動，而且包含著那原料棉花2斤。依據前面的假定，在這棉花2斤當中，體現著4小時勞動（棉花1斤 = 1圓 = 2小時勞動）。在棉紗2斤當中，此外還包含著由紡錠及其他東西移轉來的48分勞動（「生產20斤棉紗所必要的紡錠及其他東西的損耗額 = 4圓 = 8小時勞動 = 480分勞動，生產2斤棉紗所必要的紡錠及其他東西的損耗額 $= 4圓 \times \dfrac{2}{20} = 480分 \times \dfrac{2}{20} = 48$ 分）。就是在用1小時12分生產出來的2斤棉紗當中，包含著「4小時勞動（棉花）$+ \dfrac{48}{60}$小時勞動（紡錠及其他）$+ 1\dfrac{12}{60}$小

───────────────

這個工廠的年產額，便應當是有11萬5千鎊價值的財貨。……在這11萬5千鎊當中，由23個半小時（即11小時半）勞動的每個半小時勞動所生產的數額，是$\dfrac{5}{115}$（即$\dfrac{1}{23}$）。而這$\dfrac{23}{23}$（相當於11萬5千鎊）當中，有$\dfrac{20}{23}$（11萬5千鎊中的10萬鎊），只是收回資本的；有$\dfrac{1}{23}$（11萬5千鎊中的5千鎊），是補償工廠及機器的消耗的。剩下的$\dfrac{2}{23}$，即23個半小時勞動中的最終的2個半小時（即1小時），造出10%的純收益。因此，倘若在價格沒有變化的情況下，這個工廠能追加流通資本約2千6百鎊，延長11小時半的作業到13小時，則純收益便會增加到2倍以上。反之，倘若把勞動時間每天縮短1小時，則純收益便會歸於消滅。倘若把勞動時間縮短1小時半，則總收益也會歸於消滅。」

時勞動（紡紗勞動）＝6小時勞動，即6小時社會必要勞動。總之，棉紗2斤的使用價值（嚴格說，是由棉花2斤轉化爲棉紗2斤這種使用價值的轉化），雖由1小時12分形成，但棉紗2斤的價值，卻是6小時社會必要勞動的結果。可是依據「最終勞動時間說」來計算：這個作爲價值來看的棉紗2斤，僅僅是由最終的1小時12分的紡紗勞動造出來。用1小時12分的勞動，可以生出等於6小時勞動的價值，像這樣的事情，眞是非常奇怪。然而資本家及資本主義學者，即在今日，也還常常做著這樣的計算。所以我們還有進一步去闡明它的必要。

　　現在假定在上述的生產棉紗勞動中，把12小時勞動縮短1小時，而成了11小時勞動。這時，在上述的條件之下，剩餘價值率會變成多少呢？④

　　這個時候。首先是不變資本從以前的24圓減到22圓。因爲勞動時間縮短的結果，生產資料的消費也各減少$\frac{1}{12}$，而成爲「棉花$18\frac{1}{3}$圓（$18\frac{1}{3}$斤）＋紡錠及其他東西的損耗額$3\frac{2}{3}$圓

---

④ 在這裡，我們假定把12小時勞動縮短爲11小時的結果，勞動量減少了$\frac{1}{12}$。但是在實際上，卻不一定照這樣減少。勞動時間縮短，往往伴隨著勞動者的精力、熟練、耐久力、注意力、智力等條件增大，簡單說，即伴隨著勞動能力的增進。而這能力的增進，往往使在那縮短了的勞動時間內，比在從前的長時間裡，還能產出更多的生產物。可是伴隨著勞動時間的縮短而產生的這種傾向，在這裡爲避免問題複雜化起見，完全把它放在考察之外。

= 22圓」。其次，可變資本假定和從前一樣，是3圓，而剩餘價值則為2圓5角。因而剩餘價值率便不像從前那樣是100%，乃減少到 $83\frac{1}{3}$ %了。

所以若依生產物而計算起來，棉紗生產物總共是 $18\frac{1}{3}$ 斤（其價值是27圓5角），其中不變資本體現於 $14\frac{2}{3}$ 斤，可變資本體現於2斤，剩餘價值體現於 $1\frac{2}{3}$ 斤。那相當於不變資本的 $14\frac{2}{3}$ 斤，以8小時48分產出；相當於可變資本的2斤，以1小時12分產出；相當於剩餘價值的 $1\frac{2}{3}$ 斤，以1小時產出。所以把勞動時間縮短1小時的結果，那體現剩餘價值的剩餘生產物生產上所需要的勞動時間，只不過減少了1小時12分 − 1小時 = 12分。

總而言之，在上述那樣的生產勞動中，倘若把12小時勞動縮短到11小時勞動，剩餘價值不過減少 $\frac{1}{6}$ ，剩餘價值率只不過成為 $83\frac{1}{3}$ %；絕不是像「最終勞動時間說」所主張的那樣，倘若縮短1小時12分，剩餘價值便要完全消滅，生產便不能進行。⑤

---

⑤ 根據日後的事實，無疑地證明此種議論之錯誤。即勞動時間雖依法律縮短，但資本家所得利潤並未減少，產業亦未破產。

第二章　絕對剩餘價值的生產及相對剩餘價值的生產

第一節　絕對剩餘價值的生產

一、絕對剩餘價值的生產與勞動日

　　勞動者一日的勞動時間（馬克思把它稱為勞動日），由必要勞動時間與剩餘勞動時間而成，這在前一章裡已經討論過了。換句話說，必要勞動時間與剩餘勞動時間，合起來構成勞動日。

　　所謂必要勞動時間，就是為生產勞動者生存維持上所要的生活資料而費的社會必要勞動時間；所以假定勞動的生產力和勞動者的生活程度是一定的，那麼必要勞動時間當然也是一定的。我們在前面，假定它是6小時。無論在什麼生產方法之下，勞動日即1日的勞動時間，都不能少於必要勞動時間。因為勞動日少於必要勞動時間，即少於維持勞動者的生活所必要的勞動時間，就是勞動者會餓死的意思。至於在以生產剩餘價值為目的的資本主義生產裡，如前面所述，勞動日自然大於必要勞動時間，而且一定是大於必要勞動時間的。剩餘價值的生產，只有到了勞動日超過必要勞動時間點的時候，即到了生出剩餘勞動時間的時候，才成為可能。而勞動日超過必要勞動時間點越大，換句話說，剩餘勞動時間越長，則剩餘價值的生產便越大。所以資本家，首先想盡可能地延長勞動日到必要勞動

時間以上，換句話說，想盡可能地延長剩餘勞動時間，由此盡可能地生產更多的剩餘價值。

這樣，專憑延長勞動日到必要勞動時間以上而生產出來的剩餘價值，馬克思把它叫作絕對剩餘價值（absoluter Mehrwert, absolute Surplus-value）。馬克思說：「由勞動日的延長所生產的剩餘價值，我叫作絕對剩餘價值。」這種剩餘價值，應當與後面所說的「由縮短必要勞動時間及改變其相應的勞動日的兩個部分間量的比率而發生之剩餘價值」（相對剩餘價值）相區別。

絕對剩餘價值，與勞動日的延長成比例而增大。勞動日越大，因而剩餘勞動時間越大，倘若別的情形沒有變化（例如把12小時勞動延長到13小時的結果，反使勞動者因過於疲勞而減少勞動效率），那麼在這裡所生產的剩餘價值，即絕對剩餘價值，也會相應地增大（因而剩餘價值率也會相應地增大）。

現在假定用 $\overset{a}{\underset{1\,2\,3\,4\,5\,6}{\vert\vert\vert\vert\vert\vert\vert}}\overset{b}{}$ 這樣一條直線來表示必要勞動時間的長度6小時，那麼勞動日一定是隨著勞動時間延長到必要勞動時間ab以上，例如(1)1小時，(2)3小時，(3)6小時，而成了如下的圖解。

(1) $\overset{a}{}\quad\overset{b\ c}{}$ $|1|2|3|4|5|6|7|$

(2) $\overset{a}{}\quad\overset{b}{}\quad\overset{c}{}$ $|1|2|3|4|5|6|7|8|9|$

(3) $\overset{a}{}\quad\overset{b}{}\quad\overset{c}{}$ $|1|2|3|4|5|6|7|8|9|10|11|12|$

這3條直線，各表示7小時、9小時、12小時這3個不同的勞動日。而bc是表示必要勞動時間以上的延長，即表示剩餘勞動時間。勞動日是ab + bc即ac，而ab即必要勞動時間在這個情況是一定的，所以勞動日常依可變的分量即bc的變化而變化。而bc（剩餘勞動時間）對於ab（必要勞動時間）的相對量，在勞動日(1)中是$\frac{1}{6}$，在勞動日(2)中是$\frac{3}{6}$，在勞動日(3)中是$\frac{6}{6}$。而剩餘價值率是「$\frac{剩餘勞動}{必要勞動} = \frac{剩餘勞動時間}{必要勞動時間}$」，所以上面的比例，就是表示在生產勞動中的剩餘價值率。即剩餘價值率在勞動日(1)中是$16\frac{2}{3}$%，在勞動日(2)中是50%，在勞動日(3)中是100%。

與勞動日的延長成正比，在這裡所生產的剩餘價值，即絕對的剩餘價值之分量，是更增大的。

所以，如前面所說，資本家務必要延長勞動日。倘若做得到，他會要勞動者勞動一晝夜，即24小時不停地工作。但是這裡，橫著一定的界限。

二、勞動日的界限

第一，勞動者若得不到休息、睡眠、飲食等時間，也不能生存。勞動者也是生物，他們若不能適當地獲得這些時間，便不能充分生產明天的勞動力。其次，勞動者也要有交際、娛樂、休閒等所要的時間（雖然這種時間的大小，不免因國或因社會而不同）。勞動者也是人，只要是人，便有應過「像人的生活」的當然權利。因此，在勞動日的延長上，便橫著二重的

界限。

馬克思把前者基於休息、睡眠、飲食等自然需求的界限，叫作「物理的界限」；把後者基於交際、娛樂、休閒等社會需求的界限，叫作「道德的界限」或「社會的界限」。他說道：「勞動日的最高界限是一定的。勞動日不能延長到一定的界限以上。這個最高界限，由兩件事情來決定。第一是由勞動力物理的界限來決定。人類在一畫夜24小時之間，只能支出一定量的活力；這與每天使用的馬，只能勞動8小時一樣。人類的活力，在一天的若干部分之間，不能不休息、睡眠；又在另一部分之間，不能不滿足別的肉體欲望，即不能不飲食、梳洗和穿衣服。但是勞動日的延長，在這樣純物理的界限之外，還有道德的諸界限。勞動者為滿足各種精神的及社會的欲望 —— 其範圍和數量由一般的文化狀態來決定 ——，也是需要時間。所以。勞動日的變化，不能超過物理的及社會的界限。」

但是這兩個界限，實在「很有伸縮性，很有通融的餘地」。因此，「我們看見有8小時、10小時、12小時、14小時、16小時、18小時，即有各色各樣長度的勞動日」。這個界限，並不是原來確立著，而是應當確立起來。必須靠勞動者自己徹底地主張、要求、防護而確立起來。資本家與勞動者之間為制定標準勞動時間而鬥爭，就是這種事實的表現。

所謂資本家，不過是人格化了的資本。馬克思說道：「他的魂是資本魂。可是資本只有一個生命衝動，就是想增殖價值的衝動，想造出剩餘價值的衝動，換句話說，就是想用自己的不變部分即生產資料去吸收可能最大量的剩餘勞動之衝

動。」資本家不但要延長勞動日，同時又想在這時間內盡可能地利用勞動力，不使它有一點浪費。他是以那一天的價值買了勞動者的勞動力，勞動力一天的使用價值屬於他。勞動者在這勞動時間中為自己的事情而使用這時間，從資本家方面看來，簡直是侵害他的權利。勞動時間縮短，也不外是這樣的事情。所以他想用一切方法來防止這種縮短，亦即權利的侵害。①

　　但在勞動者方面，也有勞動者的理由。馬克思先使勞動者這樣說道：

　　　　「我賣給你的商品，有一點與別的商品不同，就是由使用它而造出價值，而且是比它自身的價值還更大的價值。正因為這樣，你才購買了它。在你的眼裡看來是資本價值增殖，在我看來是勞動力的過度支出。你和我在市場上所知道的法則，只有一個商品交換的法則。商品的消費，不屬於讓渡商品的販賣者，而屬於買取商品的購買者。因此，我每天勞動力的使用，是屬於你的。但是我若得不到它每天的販賣價格，便不能每天把它再生產出來，因而不能再販賣它。除了由於年齡等等原因的自然消耗，我必須做到明天也能用和今天相同標準狀態的能力、健康和元氣來勞動。你不斷地向我宣傳『儉約』和『節制』的福音。好的！我就學聰明節省的一家之主那樣，節省我唯一的財產即勞動力，戒絕它一切愚蠢的浪費吧。我就使我的勞動力每天只實現與它正常存續和健全發展

―――――――――

① 因此曾發生如下的可笑事例：美國紐約州有鑿溝工人於工作時，吸入有毒氣體而昏迷一段時間，雇用他們的資本家於是扣除工人這段昏迷時間的工資。

相一致的程度，而把它轉化爲運動、勞動吧。你憑勞動日無限制地延長，可以在一天實現比我在三天才能收回的還更多量的勞動力。這樣，你在勞動上所得，就是我在勞動實際上所失。我的勞動力之利用與其掠奪，是完全不同的事情。倘若一個平均的勞動者因支出合理勞動量而能生存的平均期間是30年，那麼你每天付出代價的我的勞動力價值，便是那30年間總價值的 $\frac{1}{365 \times 30}$ 即 $\frac{1}{10,950}$。

但是，倘使你把我的勞動力消費在10年間，而你每天付給我的，也還只是那總價值的 $\frac{1}{10,950}$，不是它的 $\frac{1}{3,650}$。在這個情況，你只付給我勞動力日價值的 $\frac{1}{3}$，因此，你每天掠奪我商品價值的 $\frac{2}{3}$。你消費3日份勞動力，但只付給我1日份勞動力的代價。這違犯我們的契約及商品交換法則。所以，我要求標準時間的勞動日。而且我要求這個，並不是訴諸於你的心情；因爲關於金錢問題，沒有什麼人情可講。你也許是模範市民，是防止虐待動物協會的會員，而且也許是被稱爲聖徒的人。但是你所代表的與我對立的東西，卻沒有什麼心臟的鼓動。彷彿在那裡鼓動著的，是我自己的心臟。我要求標準勞動日。因爲我與其他一切販賣者一樣，要求我商品的價值。」

馬克思使勞動者這樣說了之後，他自己接下去說道：

「由以上的說明，我們可以知道：除了極富伸縮性的諸界限，從商品交換自身的性質裡，絕不會生出勞動日的任何限度，因而絕不會生出剩餘勞動的任

何限度。資本家企圖盡可能地延長勞動日，只要做得到，便想把一勞動日當作兩勞動日，這不外是主張他身爲購買者的權利。在另一方面，勞動力這販賣商品的特殊性質當中，還包含著購買者消費它的限度；而勞動者想把勞動日限制在一定的標準時間，這也不外是主張身爲販賣者他自己的權利。所以，在這個買賣關係上，進行著一個二律背反——兩者同爲商品交換法則所承認的、權利與權利的對抗。決定平等權利與權利抗爭的是力量。因此，標準勞動日的確立，在資本主義生產的歷史上，表現成關於勞動日界限的鬥爭——總資本家即資本家階級與總勞動者即勞動者階級之間的鬥爭。」

　　成爲世界勞動運動歷史一個主軸的，就是這個確立標準勞動時間的要求，就是勞動時間普遍縮短化的要求。[②]這個要求鬥爭的結果，就是使世界各文明國，都由國家來制定標準勞動時間。而這個爲獲得標準勞動時間的鬥爭，最早而且成爲模範的，就是「近世產業祖國」的英國。「英國的工廠勞動者，不單是英國勞動者階級的代表，而且是近世勞動者階級全體的代表。同樣，最先挑戰資本學說的，也是英國的學者。」馬克思關於英國勞動者爲獲得標準勞動時間的鬥爭，作了詳細的論述。

　　總而言之，在基於延長勞動日這個形態的剩餘價值的生產裡；換句話說，在絕對剩餘價值的生產裡，這個鬥爭，是前述

---

② 國際勞動節起源於1886年5月1日，以美國芝加哥爲中心的大規模罷工及示威遊行。示威者的要求之一，即實行「8小時工作制」。

內在界限（物理的界限及道德或社會的界限）之必然表現而不可避免的。

第二節　相對剩餘價值的生產

一、相對剩餘價值的生產與必要勞動時間

倘若必要勞動時間是一定的，那麼剩餘價值，便只能靠延長勞動日而增大。假定1天的必要勞動時間是6小時，而且它是不變的（這是只能就生產條件一定的情況而說），那麼剩餘價值，便只能靠盡可能地多多延長勞動日到6小時以上而增大。換句話說，在這裡，除了絕對剩餘價值的生產，是不能成立的。

但是如我們在前一節裡所說，延長勞動日，有一定的界限。資本家延長勞動日的企圖，第一，在勞動者也是生物這一點，發現自然、物理的限制；其次，在勞動者也是人，要求人的生活這一點，發現道德、社會的限制；最後，在因種種因素而由國家來限制勞動日這件事實當中，發現政治的限制。

於是假定勞動日已經達到了無論如何再也不能延長的界限點。假定這個界限是12小時，再假定必要勞動時間是6小時，剩餘價值率是100%。

在這個情況，剩餘價值率如何還能夠增大呢？這是極簡單的：只需縮短必要勞動時間便行了，就是把6小時必要勞動時間縮短到4小時（假定4小時）。這樣一來，剩餘勞動時間，自然從6小時延長到8小時；勞動日雖和從前一樣，是12小

時，而它的構成部分即必要勞動時間與剩餘勞動時間的比率，以至剩餘價值率，卻已發生變化。12小時的勞動日中，必要勞動時間從6小時縮短到4小時的結果，剩餘價值率便從100%增大到200%，即增加了一倍。這兩者之間的變化，用圖解表示出來，則如下：

$$(1) \quad \overset{a}{\vert} \overset{}{\underset{1\,2\,3\,4\,5\,6\,7\,8\,9\,10\,11\,12}{\vert}} \overset{b}{} \overset{c}{\vert}$$

$$(2) \quad \overset{a}{\vert} \overset{b}{\underset{1\,2\,3\,4\,5\,6\,7\,8\,9\,10\,11\,12}{\vert}} \overset{c}{\vert}$$

ab表示必要勞動時間。bc表示剩餘勞動時間。剩餘價值率，在前一個場合，是 $\dfrac{bc}{ab} = \dfrac{6}{6}$，即100%；到了後一個情況，便成了 $\dfrac{bc}{ac} = \dfrac{8}{4}$，即200%。

總之，剩餘價值的生產，不僅可由勞動日的絕對延長而增大，亦可由必要勞動時間縮短，即剩餘勞動時間的相對延長（由縮短必要勞動時間而生）而增大。

馬克思把由勞動日的絕對延長而生產的剩餘價值，如前面所述，叫作絕對剩餘價值；反之，把由必要勞動時間縮短而生產的剩餘價值，叫作相對剩餘價值（relativer Mehrwert, relative Surplus-value）。他說：「由勞動日延長所生產的剩餘價值，我稱為絕對剩餘價值；反之，由必要勞動時間縮短及其相應的勞動日兩個部分間量的比率變化而發生的剩餘價值，我稱為相對剩餘價值。」

二、必要勞動時間的縮短與勞動生產力的增進

資本家想由縮短必要勞動時間而增大剩餘價值的努力，最露骨地表示出來的，便是減少勞動者的工資。然而勞動力的價值，在一定的條件之下是有一定大小的；所以資本家想由減少工資而縮短勞動日中相當於必要勞動時間的部分，藉以增大剩餘價值，這一種企圖，結果不外是想把勞動力的價格降低到價值以下，換句話說，不外是破壞商品交換的法則。這件事實，實際上是極重大的；但在這裡，還不許我們深入去探討。總之，資本家藉減少勞動者工資而增大自己獲得的價值這一件事，是掠奪「勞動力的價值部分」之結果，不是嚴格意義上剩餘價值的生產增大的結果。

所以我們要知道如何縮短必要勞動時間，如何生產相對剩餘價值，就必須假定勞動力依照商品交換的法則，得到與它價值相一致的價格，而進行我們的考察不可。所謂必要勞動時間，如前面再三所說，是造出相當於勞動力價值的價值所必要之勞動時間。而勞動力的價值，由維持勞動者生存所必要之生活資料的價值來決定。所以，要縮短必要勞動時間，必須減少勞動者生活資料的價值。然而勞動者生活資料的價值，是由生產勞動者生活資料所費的社會必要勞動時間來決定；所以要減少前者，就必須設法減少後者不可。而這件事情，只有到了生產力增進時，才是可能的。不問它是何種生產勞動，只有到了勞動生產力增進時，才能以較小的勞動時間，生產同一分量的使用價值。生產勞動者生活資料（它的分量，在一定的情形之下是一定的）所要的勞動時間，只有到了它的生產力增進時，

才能減少。

　　總而言之，到了生產勞動者生活資料的勞動生產力增進時，勞動力的價值才會減少，因而必要勞動時間才能縮短。譬如假定一般的勞動者不再赤足走路，以穿著橡皮鞋為常態，現在生產橡皮鞋的勞動生產力，因某種因素（例如因發明特殊機器）而增進到2倍，以致製造一雙橡皮鞋所必要的勞動時間，從4小時減少到2小時，那麼只要其他的因素沒有變化，勞動者1天所需要的生活資料價值，即勞動力日價值，也便有這些分量減少。因而必要勞動時間，也就有同等分量縮短。但是磨鑽石或製造金飾的勞動生產力，即使增進到2倍，對於勞動力價值，因而對於必要勞動時間，也幾乎沒有什麼影響。為什麼？因為這些東西不在勞動者所必要的生活資料之中。

　　然而增進勞動生產力，只有靠生產方法的進步，即「勞動工具」及「勞動方法」的進步發達，才能做到。即在相對剩餘價值的生產上，必須有生產方法上的不斷革命。而生產方法的這種革命或革新，對於資本主義生產，是一個自然且必然的事實。不消說，每個資本家，不一定意識到越廉價地生產他的生產物，勞動力的價值便越低，因而其他的因素若沒有變化，剩餘價值也便更加增大。但是他因競爭上被逼得要比其他同業資本家更便宜地去販賣，便不能不努力以世間普通以下的勞動時間來完成世間普通的生產。因此。他或新裝置更完備的機器，或改善勞動的編制。而他的競爭者，也怕就爭落後，不能不趕緊採用那已經改善的方法。這樣，最初只由一部分資本家採用的有利生產方法，不久便為一般所採用，而且又促進突破這一般水準的更完備之生產方法出現。這樣，一步趕前一步，勞動

生產力，更加向前發展。這件事情，直接或間接地影響生活資料的價值；而勞動力的價值，則隨著它影響生活資料價值的程度，或多或少地降低；因而相對的剩餘價值，便相應地增大。

這種使勞動生產力增進、使必要勞動時間縮短的生產方法之進步當中，最有力的要素，在勞動方法方面，可以舉出分工及協作的發達；在勞動工具方面，可以舉出機器的發達。而這三者，在理解資本主義生產上，是極重要的東西；所以我們在下面另設一篇去研究它。

第三篇

協作－分工－機器

第一章　協　作

一、協作的意義

相對剩餘價值的增大，得由勞動力價值的低落而達到；勞動力價值的低落，得由勞動生產力的增進，即勞動方法及勞動工具的發達而達到。而在近代生產力的發達上，最顯著的要因，如一般所知道，是分工及機器的進步。所以馬克思關於這兩件事情，特別做了考察的工夫。

所謂分工，就是在同一商品的生產過程裡，互相連繫的各種作業，分化獨立，而由各個人分別擔任的意思。例如亞當史密斯（Adam Smith, 1723-1790）所舉的製造別針的例子：一個勞動者製作鐵絲，另一個人把它拉直，第三個人把它切斷，第四個人把它弄尖，第五個人把裝針頭的一端磨光，而第六個人則製造針頭；像這樣子，製造一枚別針的勞動，被劃分成各種作業，而成為特殊的勞動者的工作。這就是分工。

分工，照這樣看來，是指勞動的劃分而說的；但從另一方面看來，又是勞動的集合。就是被劃分了的勞動，互相連繫統一起來，以進行許多勞動者的協力。所以從勞動的協同這一角度考察起來，分工不外是協同勞動的一個形態。它不外是協同勞動高級複雜化了的一個形態。至於最單純原始的協同勞動，則表現於許多人為舉起一根巨木而合力這樣的情況。在這個情況，協力的各人勞動，朝向同一目的，同時以同一的方法而支出。這樣看來，協同勞動，有單純的形態和複雜的形態兩種。但是不管它單純也好，複雜也好，在多數勞動者的協力這一點

上，沒什麼兩樣。爲表現這一般的共通意義起見，馬克思使用了「協作」這個詞。他把複雜化的協作，叫作「基於分工的協作」，或簡單地叫作分工，而與單純的協作相區別。

那麼在一般意義上的協作，它的意義應當怎樣概括呢？馬克思下的定義是：

> 「在同一的生產過程或雖非同一但互相關聯著的各生產過程中，相互協力而有計畫地勞動的許多勞動者之勞動形態，叫做協作。」

二、作為資本主義制度出發點的協作

協作爲勞動方法的進步，對於資本主義生產的發達有重要的貢獻；同時它又是資本主義生產的出發點，爲資本主義生產的前提條件。這件事情，恰恰與下述的事情處於同樣的地位，即資本的蓄積，促進資本主義生產的發展，而某種程度的資本蓄積，又是資本主義生產成立上所必要的前提條件。馬克思說：

> 「資本主義生產，如前面所說，事實上是到了由同一的個別資本同時使用的勞動者達到多數，因而勞動過程的範圍擴大，大量的生產物產出時，才開始的。比那別的生產方法中更多的勞動者，在同一時間，同一場所（或者可以說在同一勞動範圍），以生產同一種類的商品爲目的，工作於同一資本家的命令之下，這一件事，無論在歷史上或概念上，都構成資本主義生產的出發點。」

　　究竟成為資本家的條件是什麼？據馬克思所說，「所謂資本家，必須是能夠靠搾取他所使用的勞動者而得的剩餘價值來過和他的身分相當的生活，而且還能夠不斷地以剩餘價值來增殖財富的人。可是要做到這個地步，必須使用許多勞動者到某種程度以上。因為從一個勞動者身上所能搾取的剩餘價值量，自然是有限度的。」

　　中世紀的手工業師傅，不能成為資本家，理由便在這裡。他們不過使用幾個或十幾個幫手、職工，從這樣少數的勞動者身上所能搾取的剩餘價值量，絕不能使他自己不從事勞動也能過和他的身分相應的生活，而且不斷地增殖自己的財富。他們都是自己站在前頭，與他們所使用的勞動者一同工作，所以他們各自也不外是一個職工。然而工廠手工業的發達，卻使工廠主不須自己做勞動者，而使他成了只以勞動的指揮命令和生產物的占有販賣為唯一職務的資本家。初期的工廠手工業，就生產方法自身來說，與手工業師傅的作業情況沒有差異。在那裡，還看不見新機器和新勞動方法的採用。但是只有一點不同，就是在同一工廠的屋頂之下工作的勞動者人數增加了（關於工廠手工業，後面還會說明）。

　　在同一資本之下所使用的勞動者數增加，給予資本所有者大量的剩餘價值，因而使他成為資本家，這已如上面所說了；可是許多勞動者在同一時間、同一場所工作這件事，又在勞動的性質上引起某種變化。這就是引起勞動的社會平均化。馬克思引用伯克（Edmund Burke, 1729-1797）的意見如下：

　　　「在這一個人的勞動與另一個人的勞動之間，有

顯著的差異，是不容懷疑的。這就是在氣力上、在熟
練上、在勤勉上，都有相異之處。但是隨手選出任何5
名勞動者，他們所提供的勞動量，可以與同年齡的其
他任何5人所提供的勞動量相同；這是依我自己的嚴密
觀察而確信的。這就是說：在這樣的5個人當中，有1
個具有做優良勞動者的一切資格，有1個具有做不良勞
動者的資格，還有3個位於兩者的中間而接近前者或後
者。所以即使在僅有5名勞動者的極小的一群人中，也
可以發現在任意選出的5個人之間，有勞動給付上的正
確平均。」

伯克所說的這個真理，是從他做租耕農業者的實際經驗中
得來的。他所說的話，是不是在任何生產部門裡都能夠適用，
雖是一個疑問；不過有一件事總是明白的，那就是把同時使用
許多勞動者的總勞動日，用這些勞動者的人數來除，便得到社
會平均的1勞動日。現在假定各勞動者的勞動日是12小時。於
是同時所使用的12人的勞動日，便構成有144小時的一個總勞
動日。在這12個人當中，各個人的勞動。總多少有些不能與
社會的平均勞動相一致，他們各個人，比起社會的平均勞動者
來，做同一的工作，也許要多費些或少費些時間；但是各人的
勞動日，總相當於144小時這總勞動日的$\frac{1}{12}$，具備著社會的平
均性質。從使用12名勞動者的資本家立場看來，勞動日是成
爲他們12人的總勞動日而存在的。

反之，倘若這12名勞動者當中，每2名受一個手工業師傅
使用，那時各師傅與各自的2名幫手，能不能都生產同一量的
價值，或能不能都實現一般的剩餘價值率，便完全是偶然的

問題；通常會產生種種個別的差異。這樣，6個師傅之中，有的得到剩餘價值一般率以上的東西，有的得到一般率以下的東西。這種不平等，從社會全體看來，是互相抵消而歸於平均的；但對於各個師傅，卻不是這樣。

所以，一般價值增殖的法則，只有到了各個生產者成為資本家而生產，同時使用許多勞動者的時候，才能完全適用於各個生產者（決定商品價值的，不是個別的有差異的勞動，而是社會的平均勞動，這事在論述「價值」的部分裡，已經詳細說明了）。在這個意義上說，協作也是資本主義生產的前提條件。

三、基於協作的一般性質的效果

協作是資本主義生產的出發點和前提條件，在這個意義上的說明，到此為止；以下就要從另一個觀點，即從增進勞動生產力，因而增大相對剩餘價值的觀點，去分析協作。

在近代生產力的發達上，「基於協作的分工」，或簡單地叫作「分工」，有極大的影響力。在分工裡，可以看見單純的協作裡所不能看見的特殊效果；但在這裡，且先來考察一下由共同勞動這協作的一般性質所生的效果。

共同勞動，達成無法由個別勞動達成的全新生產力。「一個騎兵中隊的攻擊力，或一個步兵聯隊的防禦力，與各個騎兵及步兵個別所展開的攻擊力及防禦力的總和，是根本不同的。」同樣，許多勞動者在同一的作業中同時共同勞動的場合，例如舉起一個重物、旋轉一個絞盤、或除去一種障礙物的

情況所發揮的能力，與個別的勞動者所發揮的氣力總和，是根本不同的。有的工作，即使不集合許多人的氣力，只要用長時間來做，一個人也可以辦得到。像這樣的工作，即使許多人共同努力，除了較快做好以外，不能產生別的結果。可是有的工作，不管一個人如何在長時間持續努力，或是幾個人不斷地輪流努力，總無法辦到。倘若這種工作能夠由若干勞動者同時協力來完成，那便不外是由協力而作出全新能力的結果。

協作還可以完成一種勞動，那就是雖不必集合群力，但必須盡可能地於短時間內密集許多人氣力的勞動。例如穀物的收穫，若不在一定的期間內完成，那穗和莖便都要腐爛。這樣的事情，在許多生產部門都可以看見。

再則，在集合氣力於一個對象和密集勞動於一個時間都無必要的情況，協作也能產生有利的作用。這就是我們在建築工蓋房屋時所看見的情形。建築工蓋房屋時，為把建築用的磚瓦，從屋架子的腳下搬到頂上，而自己排成一列。這時，各個勞動者都做同樣的動作；「因此，總勞動者的24隻手，比起各勞動者單獨上下屋架子時兩隻手的12倍。還要更迅速地達到同一目的。」另一方面，把同一的勞動對象，從前後左右各方面來處理，在這種情況，共同勞動者，恰如前後有手和眼一樣，工作能夠更迅速地完成。

還有一層不可忽略的，就是人類是社會的動物，與許多人一同工作時，自然會增添精神，湧出競爭心。因此，會增進各勞動者的勞動能力。在同一勞動日共同工作12小時的12名勞動者，比起個別工作12小時的12名勞動者，或每天工作12小時連續12日的1名勞動者，能夠作出更多的純生產物。

　　以上，已經說明由協作而造出全新生產力，或增進生產力了。可是協作還產生另一個重大結果，就是生產資料的節省。

　　「同時使用多數勞動者這一件事，假使在勞動方法上沒有什麼變化，勞動過程的對象條件，也因此而有革命性的改變。容納許多人勞動的建築物，安置原料及其他東西的場所，以及供許多人同時或輪流使用的容器、器具、什器等，簡單說，生產資料的一部分，如今是在勞動過程裡被共同消費的。」結果是增加了生產資料的效用。「使20個職工用20架紡織機來勞動的作業室，比起一個獨立的紡織業者使用2個職工來工作的房子，必定是廣大得多；可是生產一所供20個人勞動的作業室所必要的勞動，總要少於生產10所供兩個人勞動的作業室所必要的勞動。總之，大量集中且共同利用生產資料的價值，並不是與其範圍及利用效果成比例而增大的。共同利用的生產資料，不過移轉較小的價值於各單個生產物。因爲這種生產資料所移轉的總價值，同時分配於較大量的生產物；另一方面又因爲這種生產資料，比起個別的生產資料來，雖然在絕對的意義上，是以較大的價值加入生產過程，但就其作用範圍來說，在相對的意義上，反以較小的價值加入生產過程。所以生產物中所包含的不變資本，便跟著減少，因而商品的總價值，也相應地減少。這個結果，恰恰與生產商品的生產資料較廉價地生產出來一樣。」能夠用價值較少的不變資本去使用多數勞動者這一件事，就表示在投於生產的總資本當中，能產生剩餘價值的資本部分，比起不產生剩餘價值的資本部分增多了。因此，資本家能夠用一定的總資本，生產比從前更多的剩餘價值。

　　這樣，實行節省生產資料的結果，資本家便取得二重利

益。第一，因生產資料的節省，使商品的價值減低，因而又使勞動力的價值下降；第二，由於這個節省，使剩餘價值對於生產資本總額的比率增加。

第二章　分　工

一、資本家與勞動者的對立

前一節所說的是由共同勞動這協作的一般性質所生的效果，到了共同勞動複雜化而實行作業上的分工時，還出現種種新效果，到後面分析工廠手工業時，我們自然可以明白。可是在它之前，還有說明分工類別的必要。雖然籠統地稱作分工，但分工這一概念的內容，也絕不是單純的。在大體上，分工可以區別為社會的分工和作業上的分工。亞當史密斯所說的職業上的分工或生產上的分工，屬於社會的分工。

職業上的分工，是在共同體內部從事特殊生產的人，各自獨立而從事交換物的生產時發生的；就是指農業、商業、工業等各種職業互相分離獨立那樣的事情。

所謂生產上的分工，就是把這種專業的分工再細分起來；例如把向來製造麻布的一個生產單位，劃分作紡麻工、織麻工、練麻工等等。

至於作業上的分工，就機織工來說，就是把形成機織上的勞動的各種作業互相分立起來；這樣分立起來的各個勞動，是不能有獨立社會作用的。由作業上的分工而生的各個生產物，若只在那個程度，還不成為商品。例如在別針的製造中，切斷鐵絲是一個分立的作業，但僅僅切斷了的鐵絲，還不是別針。切斷了的鐵絲若不再加上各種必要的作業，便不能作成一個成為商品的別針。

所以要完成已經劃分了的作業，必須有許多勞動者的協

力。一但有了從事製造別針某一作業的勞動者，便不能沒有從事別的與這相關聯作業的勞動者。這樣由許多勞動者集合各人力量而完成一件工作，從各個勞動者看來是協作，從作業全體上看來是分工。在社會的分工與作業上的分工之間，有這樣不能忽略的差異。馬克思很明瞭地敘述這個差異如下：

「在社會內部的分工與一個作業場內部的分工之間，雖有許多類似和關聯，但這兩者，不僅在程度上不相一致，而且在本質上也是不相同的。在各種不同職業由一個內部紐帶結合起來的情況，兩種分工的類似，表現得最為明白。例如牧畜業者生產獸皮，硝皮業者把獸皮轉化為熟皮，製靴業者又把熟皮轉化為靴子。這個情況，他們每個人，只造出一個階段生產物；而最後完成的形態（靴子），是由他們的特殊勞動結合而成的生產物。……

現在，我們可以模仿亞當史密斯，作如下的想像。就是上述社會的分工，只在主觀上可與同工廠手工業的分工（作業上的分工）相區別；只對於這樣的觀察者——即在後一個場合，一望而能把各種部分勞動集中於一個空間，在前一個場合，因各種部分勞動散處於廣大的地域，且因各特殊部門所用的勞動者數很多，而不能看到相互間的連絡——，這種區別是存在著的。但是使牧畜業者、硝皮業者及製靴業者各個獨立的勞動互相關聯起來的是什麼呢？就是他們各自的生產物都成為商品而存在這一件事實。在另一方面，工廠手工業分工的特徵是什麼呢？那就是部分勞動者沒有生產什麼商品這一件事實。因為各部分勞動者的生產物，到了總合起來而成一個全體時，才轉化為商品。社會內部的分工，是由各種相異勞動部門生

產物的買賣來媒介的；工廠手工業內部的部分勞動相
互間的關聯，是由各種勞動力向同一的資本家販賣，
被後者把它使用爲結合的勞動力這樣的事實來媒介
的。工廠手工業的分工，以生產資料集中於單一資本
家的手裡爲前提；社會的分工，則以生產資料分散於
許多互相獨立的商品生產者之間爲前提。……

　　在作業場內部的分工中，從最初便有計畫地遵
守的規律，在社會內部的分工中，只不過是通過市場
價格氣壓計的變動而能知覺的，而且可以統制商品生
產者無規律的專擅，內在而未明言的潛規則，而爲後
發的作用。工廠手工業的分工，以資本家對於那些爲
他所擁有的總機構之構成部分的人們有絕對權力爲前
提；而社會的分工，卻使各獨立的商品生產者互相對
立。這些商品生產者，除掉競爭的權力以外，除掉由
他們相互的利害壓迫所加的強制以外，不承認別的什
麼權力。這種關係，恰如在動物界裡，一切對一切的
鬥爭，多少保存一切種屬的生存條件一樣。所以資產
者的意識，把那使勞動者終身束縛於一個作業部分、
使部分勞動者無條件地屈服於資本之下的工廠手工業
的分工，認爲是增進勞動生產力的組織而加以讚美；
同樣的資產者的意識，對於每種想由社會來統制並調
節『社會的生產過程』的自覺企圖，都認爲是侵害各
個資本家神聖不可侵犯的所有權、自由、和自決的才
能，高聲地加以排斥。」

　　在原始的共同社會裡，社會的分工置於團體意識的統制之
下，這在研究商品的發展時已經說過了。可是一到了商品生產
變成各個人的獨立營業，中世紀的手工業出現時，社會意識的
統制便歸於消滅了。而從工廠手工業出發的資本主義生產，一
方面保存著手工業時代無政府的分工，另一方面又發展了受一

個意志統制的社會共同生產方法。資本主義生產方法,從工廠手工業發展而為機器工業,社會的生產方法協作形態便跟著更加擴大,以致最終非達到那把一切生產都放在社會統制之下的社會主義生產制度為止。

二、工廠手工業的二重起源

在同一勞動過程裡同時使用許多勞動者這一件事,是資本主義生產的出發點;資本存在這一件事實,簡直就是協作存在的意思。但是像以上所考察的單純協作,並不是以給予資本主義生產的發展中,特殊的時代一個特徵那樣固定的形態而出現的。它之所以採取那樣的形態而出現,不過是在工廠手工業時代的初期。此外,在分工或機器還不具有重要作用而大規模地運用資本的那種生產部門,例如某種農業裡,單純的協作,常是主要的形態。但是在已發達的資本主義生產裡,卻常以複雜的協作即分工為主。

基於分工的協作,在工廠手工業時代,採取了最制式的形態。被看作資本主義生產過程特徵形態的「協作」,大體是在十六世紀中葉到十八世紀80年代嚴格意義的工廠手工業時代中發展起來的。

這個工廠手工業,是採取二重徑路而發生的。為了解這二重徑路,考察活動於工廠手工業內部的個人勞動者之性質是必要的。

(一)「第一,種類相異的獨立手工業勞動者——一種生產物,必須次第經過他們的手,才能達到那最

後的完成狀態——，置於同一資本家的命令之下，集合於一個作業場內部的場合。試舉一個例子：四輪馬車，原來是車匠、馬具匠、裁縫師、鎖匠、帶匠、旋盤工、緣飾製造工、裝玻璃匠、畫工、漆匠、和鍍金匠等各個獨立的許多手工業者勞動的總生產物。然而在製造四輪馬車的工廠手工業之下，這些相異的手工業者，卻集合於一個作業場的內部；在這裡，他們一手傳給一手，同時勞動。固然，在四輪馬車沒有造成以前，是不能鍍金的。但是如果同時製造許多四輪馬車，則一部分通過生產過程的較初期的階段時，另一部分是可以鍍金的。僅僅如此，還沒有超出那以舊時的人和物為材料的單純協作境地。可是不久，便發生一種本質的變化。那些專門從事製造四輪馬車的裁縫師、鎖匠、和帶匠等，便漸次失去以前那種完成手工業全部工作的習慣，同時又漸次失去這樣的能力。在另一方面，他們各個的局部化行為，現在變成最適合於狹小活動範圍的形態。本來，製造四輪馬車的工廠手工業。是由結合各種獨立的手工業而生；可是後來，卻漸漸使四輪馬車的生產，分成各種特殊的作業。這些作業，每個結晶而成特殊勞動者的專屬功能，而作業的總體則由他們的協作來完成。同樣，製造布的工廠手工業以及其他許多工廠手工業，也是由結合各種相異的手工業於同一資本命令之下而生的。」

（二）「可是工廠手工業，又從與上面所述的歷程相反的歷程裡發生出來。……這就是許多做同一或同類勞動的手工業者，被同一資本同時使用於同一作業場內部的場合。……這些手工業者，每個人（恐怕還有一兩名職工的幫助）製造全個商品。因此，他們都要順次完成生產整個商品所必要的各種相異的作業，依舊使用舊時手工業的方法。然而不久，外

部的因素卻使勞動者集中於同一場所及同時進行勞動
這件事實，以不同的形式被利用，例如必須在一定期
間供給較多量的完成商品的場合。在這種場合，實行
劃分勞動，從前是同一手工勞動者順次做各種相異的
作業，現在使這些作業互相分離，化成各別的東西並
置於同一個空間。於是這些作業，分派各個相異的手
工業者擔任；而手工業者全體，則依協作，同時完成
全部作業。這種作業劃分，最初是偶然發生的；可是
在反覆重演之間，卻漸漸發揮獨特的優點，變成有組
織的分工。於是商品便由一個做各種相異作業的獨立
手工業者個人的生產物，轉化爲一群手工業者——他
們每一個人只做單一的部分作業——的社會生產物
了。……紐倫堡（Nuremberg）行會的（手工業的）縫
針製造工，是英國縫針工廠手工業的基本要素。在紐
倫堡，一個縫針製造工，要順次完成恐怕超過20種作
業；但在英國的縫針工廠手工業中，不久便生出20個
縫針製造工能夠一起從事勞動，每個縫針製造工只需
擔任20個作業中的一個這樣的狀態了。這20個作業，
再依經驗而細分且個別化，以致歸於各個勞動者的專
屬功能。」

工廠手工業的發生方式，換句話說，從手工業生長成工廠
手工業的方式，是這樣二重的；一方面以互相獨立的各種手工
業的集合爲起點，另一方面以屬於同一種類的許多手工業之單
純協作爲起點。可是不論起點是哪一個，結合成工廠手工業以
後的勞動者，總是固定於一定的部分作業——那些部分作業，
共同組織成整個生產機構。

但是工廠手工業勞動者所實行的部分作業，不過是把向來
的手工業勞動劃分爲部分作業的結果；這種部分作業，用和從

前同樣的方法來實行。這一點，是馬克思特別叫我們注意的。在工廠手工業中，還不曾高度倚賴機器來工作。勞動者用向來手工業裡面所用的器具，及向來同樣的方法從事工作，不同的只是勞動被限定於一部分作業。例如在手工業之下，別針的製造人把截斷鐵絲、磨尖、裝頭等作業，用各個器具由一個人順次來實行；但在工廠手工業之下的勞動者，如果從事截斷鐵絲，那便用向來的器具，不斷地反覆著同樣的作業。所以在工廠手工業之下，勞動的生產力與在手工業的場合一樣，是專以各勞動者的熟練、確實和迅速為基礎。

三、分工所伴隨的效果

可是更進一步地觀察便可以知道，在手工業勞動者與工廠手工業勞動者之間，有極顯著的差異。手工業勞動者的勞動，包含從最初接觸原料時起，到最後作成完成品止的種種作業；但在工廠手工業之下，勞動卻變成極單純而且單調的事情，勞動者每天每天，永遠只反覆著同樣的作業。因此，勞動者化成用全身全力為這個作業而自動地運動的器官，比之於手工業者，便大大地減少了做同一作業所要的時間。這是工廠手工業中作業劃分所伴隨的效果之一。

其次，在這樣不斷反覆做同一的局部作業、蓄積集中注意於作業的經驗，自然會知道用最少的努力而取得所期待的結果。然而在工廠手工業的內部，是許多同夥執行集合的勞動；所以如上所得的生產技巧，互相傳承、蓄積的結果，自然會漸漸提高技巧上的水準。馬克思對於這個說明，引述霍吉斯金

（Thomas Hodgskin, 1787-1869）如下的一句話：「容易的勞動，是指傳承的熟練。」

再則，把製造一個完成品所必要的各種相異作業順次來實行的手工業，還必須應時而變更場所、更換器具。每從一個作業移到另一個作業時，勞動的連續便行中斷，在他的勞動日（一日的勞動時間）中便產生間隙。可是工廠手工業的勞動，是終日無間斷地反覆著同一作業的，所以這種間隙便縮小。總之，當從一個作業移到另一個作業時，不僅要消費不生產的無益時間，而且在每次著手新作業時，都逼不得已地要支出特別多餘的氣力。前一分鐘，兩隻手還在運轉巨大的車輪，現在馬上要掉轉來磨針尖，在這樣的場合，最初幾分鐘工作總不大順利。所以在工廠手工業之下，時間和勞動的浪費，便大大地縮小；可是從另一方面來說，因勞動變成一律單調，便不能得到由作業的變化而生的興趣和刺激。

工廠手工業中的分工，如此增進勞動者的熟練；在另一方面，它又促進器具的完備。可以用來做各色各樣作業的器具，對於任何其他作業都不能完全適用。專門用來做一個作業的器具，是很能適合於那作業的，比之於從前的器具，便能提高作業能力。馬克思說道：

> 「屬於同一勞動過程的各種作業一但互相分離，各種部分作業一但透過部分勞動者的手而獲得一種適當的和專門的形態，則從前為各種目的而使用的工具便必然發生變化。這種形態變化的方向，是由變化之前的形態所伴隨的特殊困難經驗來決定。勞動工具分化所生的結果，屬於同一種類的諸工具，取得適合於

各種特殊利用的特殊固定形態；勞動工具特殊化的結
果，使這種特殊的勞動工具，每個都只在特殊的部分
勞動者的手裡做充分的作業。這些事實，便是工廠手
工業的特徵。單在伯明罕（Birmingham），便生產了
約莫300種不同的鎚子。而這些鎚子，不但每種只適用
於一個特殊的生產過程，並且有許多種鎚子往往只適
用於同一生產過程中各種不同的作業。」

　　勞動熟練的增進與工具的完備，兩者結合在一起，使工廠
手工業的勞動生產力，比之於手工業的勞動生產力，大大地增
進。勞動工具的單純化、改善和多樣化，是從工廠手工業的作
業劃分裡發生的；而這個變化，又成為可由結合單純的諸工具
而產生的機器發展之物質基礎。

四、工廠手工業的總機構

　　我們在上面，已經考察過工廠手工業的起源，並且考察過
工廠手工業的單純要素即部分勞動者及其工具；以下，我們便
要進一步就它的總機構來考察一下。

　　在工廠手工業的機構裡，有兩個基本形態，這是因製造品
即生產物性質的差異而生的。單憑機械地結合各種不同的部分
生產物而造出完成品呢？還是順次透過互相聯絡的各種過程或
手工而取得生產物的完成形態呢？這便是兩者區別的基礎。

　　第一個基本形態，可以用如下的例子，明瞭地說明出
來。「原本鐘錶是紐倫堡手工業者的個人製品。後來，它卻轉
化為無數部分勞動者的社會生產物。這些部分勞動者，可以列
舉如下：發條製造工、文字版製造工、發條製造工、穴石製造

工、爪石製造工、指針製造工、殼子製造工、螺旋製造工、鍍飾工，以及許多小的分工，如輪盤製造工（這又分作黃銅輪盤和鋼鐵輪盤）、司動機製造工、指針機製造工、配置工人（將輪盤裝在軸上、磨光小平面等）、樞軸製造工、裝設工人（裝設各種輪盤和發條）、輪齒工人（切輪齒、將各種小孔修整齊、使調整盤和刺齒輪固定化等）、操縱機製造工、圓柱操縱機中的圓柱製造工、操縱輪製造工、平衡輪製造工、緩急針（調整鐘錶的制動機）製造工、制動機製造工（本爲操縱機製造工）；還有製箱工人（完成發條箱及調整盤）、鋼鐵磨光工人、輪盤磨光工人、螺旋磨光工人、畫數字工人、塗磁油工人（將磁油熔化在銅板上）、龍頭製造工（製造掛鐘錶的圈環）、裝銅柱工人（將銅柱安置在時針盤的中央等）、裝彈條工人（將彈條裝在鐘錶中以作起蓋之用）、雕刻工人、小雕鑿工人、鐘錶殼磨光工人等；最後則有裝配鐘錶全部，使它規律運轉的工人。構成鐘錶的各種零件，要透過不同勞動者的手的，只有很小的部分。而如上一切的零件，到了最後把它們結合成爲整個機械體的工人手裡。才集合一起。」

　　第二個基本形態的一例，可以求之於亞當史密斯關於當時別針製造的著名說明中。就是把長的鐵線切成適當的長度，直到完成一枚別針，要順次透過擔任各階段作業許多勞動者的手，而漸次接近完成的狀態。

　　這樣看來，工廠手工業，有兩個基本形態；而這兩個形態，亦有互相重複的情況。例如在鐘錶製造中，造殼子的勞動，便劃分爲幾個作業。把銀板切成圓形的作業、把它打成碗形的作業、在殼子面上的裝模作業等，都由各個不同的勞動者

來擔任。但是這件事實，並不是否定如上兩個基本形態的存在。識別前述的工廠手工業的二重起源與兩個基本形態，是馬克思的創見。

現在，且來看一看在各種作業部分有機地組織起來的工廠手工業裡，總勞動過程呈現怎樣的狀態呢？

譬如就別針的作業場來觀察：一定量的鐵線，直到經過各種部分勞動者的手而達到最終的完成狀態為止，要順次透過各種不同的生產階段；可是這些部分勞動者都是同時活動著。所以「倘若我們把作業場作為一個總機構來觀察，便看見原料同時存在於它的一切生產階段。由各種部分勞動者結合而成的總勞動者，具有許多隻手，他用一部分以工具武裝起來的手去製鐵絲，同時又用另一部分手和工具把它拉直，再用另一部分手和工具把它切斷、弄尖等等。種種階段進程，從時間的縱列，轉化為空間的橫列。」因此。在同一時間內所完成的生產物數量，比手工業的場合要多得多。可是這樣實行作業劃分的結果，在工廠手工業裡，於生產的進行上，受到一個在手工業裡所看不見的條件限制。

「各個部分勞動者的部分生產物，同時不過是代表同一製成品中一個特殊的發展階段；所以一個勞動者對於另一個勞動者，或一群勞動者對於另一群勞動者供給原料。一方勞動的成果，成為另一方勞動的起點。所以一方勞動者，直接給予另一方勞動者以工作。」例如把別針的一端弄尖的勞動者，那材料是由截斷鐵絲的人供給。因此，要使總勞動能夠不停滯地進行，便非依照適當的比例安排各勞動部門間所使用的勞動者數不可。

　　現在假定斷針工在1小時內能夠製造1,000枚針，把它弄尖的勞動者在同樣的1小時內只能弄尖200枚，那要使2個斷針工能夠充分工作，就必須有10個弄尖的工人配合不可。在另一方面，雇入20個弄尖的工人之資本家，若要充分利用他們的勞動力以達成生產目標，也非使用4個斷針工不可。

　　可是假定照上面那樣，雇入1個斷針工，同時又雇入5個弄尖的工人，但這個斷針工，不供給一人份工作，那結果又是怎樣呢？顯然，特意雇入的5個弄尖的工人當中，一定有一個人或兩個人，因材料不足而不能工作。同時，磨針的、裝針頭的、把完成的針插在紙上的，這許許多多勞動者的作業，也會發生障礙。要使這樣的障礙不致發生，斷針工必定要做一人份工作。不限於斷針工，凡構成工廠手工業的部分勞動者，都非做一人份工作不可。所謂做一人份工作，簡單說，就是做社會的平均勞動。然而只使用一個斷針工的場合，他提供社會的平均勞動與否，完全屬於偶然的事。使用5個或10個這樣多數的斷針工時，那便不問技能優秀的也好，拙劣的也好，勤勉的也好，懶惰的也好。總之，品質優良的勞動者也好，品質惡劣的勞動者也好，可以總括起來，算出一人平均的生產力。這種平均的生產力，是在使用許多勞動者的任何情況共通地出現的。

　　這樣看來，在同時使用許多勞動者的工廠手工業之下，商品生產開始以社會的平均勞動來進行，這裡才建成資本主義生產的基礎，因而商品價值法則才能達到完全的發展階段。

　　最後，有一件應當注意的事情，就是工廠手工業的發達，使不熟練勞動者這一類特殊的生產者能夠存在。一進到工廠手工業時代，機器的使用，便已經開始。可是在這個時代，

機器還不過是單純的生產補助工具，不過是擔任分工的配角而已。工廠手工業的部分勞動者，使勞動工具起了分化，而這勞動工具的分化，又成為使後來機器發展的物質基礎；但是工具的分化自身，還不是機器的發生。

「代表工廠手工業時代中特殊的機器的，就是由許多部分勞動者結合而成的總勞動者自身。」商品的生產上，交錯於勞動過程全體當中各種不同的作業，要求各個性質不同的勞動力。例如在一個作業裡，需要較多的氣力，在另一個作業裡，需要較多的熟練，在第三個作業裡，又需要較多的精神注意力。但是同一個人，並不在同一程度上具有這些性質。「在各種作業互相分離、獨立、個別化之後，勞動者便依照他們主要的才能而區分、歸類。他們本來具備著的各種特殊才能是分工所據以成立的基礎；而工廠手工業一經採用，便使那本來只特別擅長某部分工作的勞動力發展起來。總勞動者，現在於同等卓越的程度上，具有生產上的一切才能；同時，他又專門應用那以特殊的各勞動者或各勞動者群構成的一切器官，去完成他們各自的特殊功能，由此最經濟地支出如上的才能。部分勞動者的局限性，甚至他的不完全性，到了他變成總勞動者的構成部分時，就變成完全了。只參與某項特殊工作的習慣，使他自然轉化為一種活動靈敏的器官；同時，在總機構的關聯上，又使他不能不以一個機器的部分做規律性的活動。」

「總勞動者的各種功能，既有較單純的和較複雜的，也有較低級的和較高級的，所以他的各器官即各個人的勞動力所要的修練程度也便有種種不同，因而各勞動力的價值也便有很大的差異。」從事複雜作業的部分勞動者，需要長時間的訓練以

習得他的工作，因而他勞動力的價值便較高。反之，從事單純作業的部分勞動者，不須很多訓練，因而他勞動力的價值便較低。因此，成立一種從價值最高到價值最低勞動力的等級制，同時又生出熟練勞動者與不熟練勞動者這種單純的區別。不熟練勞動者勞動力的價值很低，他的作業不須什麼特別的訓練便做得來。

這種單純作業，存在於任何生產當中；不過在手工業的場合，它是與複雜作業同樣由同一個勞動者來做的，所以勞動者都必須是相當的熟練勞動者。因此，在手工業時代，不熟練勞動者，到處都會受排斥。進到工廠手工業時代，才容許不熟練勞動者存在。而且熟練勞動者的作業，因分工而單純化，以致和手工業者相比，也降低了勞動力的價值。

這樣，「由訓練上的費用之消滅或減少而生的勞動力價值的相對低落，直接包含資本價值增殖的發展。因為使勞動力的再生產上所必要之時間縮短的一切原因，又成為使剩餘價值範圍擴大的原因。」

五、機器工業的發生

工廠手工業中的分工，誠然給了手工業勞動一大變化，但是還沒有把那種性質完全廢除。勞動者對作業的熟練度，大體上還成為工廠手工業的基礎。熟練作業的勞動者，因此獲得了對抗資本家的有力武器，因為別的勞動者無法取代他們。一旦失去熟練的勞動者，不容易從別的地方找到。而且任何生產部門的作業，都含有一定的困難部分，所以擔任那種作業的熟練

勞動者，被視爲是不可或缺的。熟練工人對於他們自身這個長處，是很自覺的，所以他們對於工廠手工業，也想盡可能地去保持那手工業的特徵。

　　對勞動者有利的事情，就是對資本家不利的事情。馬克思說：「所以整個工廠手工業時期，勞動者訓練不足的嘆息沒有斷過。關於這一點，我們即使沒有那同時代的著述家之證言，也有幾件單純的事實，即從十六世紀至大工業時代之間，資本不能夠占取工廠手工業勞動者全部可以利用的勞動時間，以及各種工廠手工業壽命很短，要隨著勞動者的移入或移出，而將它的所在地從一國移到他國──這些事實，可以當做充分的證據。」移住外國的勞動者，同時帶去他們身上所具有手工上的熟練，因此引起本國產業的衰退，這是確實發生的；於是有些國家，便以防止本國產業衰退爲目的，而禁止勞動者出國。在這種情形之下，1770年所刊行的一本小冊子之匿名著者，以悲痛的聲調說道：「勞動者不能認爲自己是離主人而獨立的。……必須用一種方法把秩序確立起來。」他這種嘆息，實在也是有道理的。

　　秩序被確立起來了，那鏟平道路的工作，是工廠手工業自己所做的。工廠手工業，促成可以生產複雜勞動工具的作業場出現了。製造機器的技術及物質條件，已經由工廠手工業自身準備好了。在工廠手工業之下，各個作業盡可能地分化爲單純的形式；而爲了適應這樣單純化的作業，工具自身也特殊化了。製造工具技術和物質上的條件，已有顯著的進步。「工廠手工業的極致產物之一，就是生產勞動工具自身的作業場，特別是生產當時已經使用的複雜機械裝置的作業場。」於是在

工廠手工業之下，機器便被製造出來；由此，手工業熟練的必
要，亦被逐出於生產部門了。

　　以前用勞動者的手來運轉的作業工具，如今用透過精密配
合起來的齒輪和皮帶組成的動力機之力量來運轉了，勞動者如
今只不過是侍候機器的人。在工廠手工業內部按照等級而編成
的各種勞動部門，被機器複雜部分和單純部分的配合代替了；
因此，勞動者便不須固定於特殊的手工業作業了。他們已經沒
有爲學習複雜的作業而受長期教育的必要了。因此，他們勞動
力的價值，便更加低落了。

第三章 機 器

一、機器是什麼？

工廠手工業之所以變革了向來手工業的生產方法，在於採用了基於分工的協作這種新的勞動方法。而機器工業，則因採用了機器這種新的勞動工具，而變革了工廠手工業的生產方法。因此，我們首先必須探究勞動工具為何由工具轉化為機器，或機器與手工工具有哪些區別。

工具是單純的機器，機器是複雜的工具，這是數學家和機械學者所常說的；但他們這種話，一點也不能說明兩者的區別。所謂複雜和單純，只是表示程度的差別，並不是表示本質的差別。在工具當中，有些東西不一定能說比什麼機器都單純；在機器當中，也有些東西不能說比什麼工具都複雜。例如我們不能說起重機比繰絲車更複雜。

可是繰絲車是用手來運轉的，起重機是用蒸氣機來運轉的，在這一點兩者大不相同。於是根據這個區別，又生出一種錯誤的主張：工具是以人力為動力的東西，機器是以自然力（例如獸、水、風等）為動力的東西。可是照這種說法，便會作出如下的結綸：像古代奴隸用牛馬來拖的犂和水車小屋裡所看見的水車，都是機器；反之，像縫衣機和打字機等，卻是工具。

事實還不僅如此。近來已經採用了可以裝置小發動機的縫衣機。這樣一來，便發生一種很奇妙的結果：同樣的縫衣機，裝置發動機時成了機器，把發動機除去時便成了工具。而且如

人們所熟知，應用牛、馬、水、風等爲動力，在任何國家都是很早就有的；因此，就可以說機器生產的存在比工廠手工業等還早上許多，這豈不是很可笑的結論嗎？

那麼馬克思關於機器，給了怎樣的定義呢？馬克思說：「一切發達的機器，都由三個本質不同的部分組成，就是發動機、傳動裝置、工具機或作業機。發動機是整個機器的動力，它或造出它自身的動力，像蒸汽機、熱力機、電磁機等；或接受現成的外部自然力的推動，像水車受水流的推動，風車受風的推動等。傳動裝置由節動輪、轉軸、齒輪、滑車、繩索、鐵桿、皮帶、小齒輪及種種附件組成，調節運動並於必要時轉變運動的形態，例如由垂直運動轉變爲圓周運動，並且分配和傳達運動到工具機上。以上兩個部分的作用，都只爲傳達運動於工具機而存在；憑藉這些運動的傳達，才能使工具機捉住勞動對象而加以合目的的改變。」

在機器的各部分中，具有最重要歷史意義的是工具機。

「十八世紀的工業革命，實在是由機器中這一部分即工具機出發的。即使到現在，在手工業經營或工廠手工業經營推移至機器經營的地方，工具機還是不斷地成爲這樣的出發點。

我們如果更進一步去觀察工具機即嚴格意義的作業機，便可以發現：雖然形態上往往有很顯著的變化，但大體上還是手工業者或工廠手工業勞動者所使用的裝置和工具的再現。不同的是：從前用作人類工具的東西，如今用作機構的工具，換句話說，即用作機械的工具了。總之，全部機器，或者不過是把以往手工業工具加了或多或少的改變，例如機械織機；或

者是把向來所熟知的作業機件裝在作業機的架子上，
例如紡紗機中的紡錠、織襪機中的編針、鋸木機中的
鋸、切斷機中的刀等。……

　　所以工具機是一種具有工具的機構，它在接受適
當的運動後，用它的工具所做的作業，與從前勞動者
用類似的工具所做的作業相同。至於原動力是由人發
出或由另一種機器發出，這一點在問題的本質上並無
變化。嚴格意義的工具，從人類的手移轉於機構時，
便出現機器以代替單純的工具了。」

人不能以一隻手同時去運用兩根編針，可是織襪機卻能同
時運用幾千根編針。人同時所能使用的工具數目，受到了人的
身體器官限制；但在作業機中，只要配置得好，便能增加許多
工具。機器引起工業革命的緣故便在這裡，就是工業革命的動
力，不外是作業機的發明。

可是要擴大作業機的範圍，要增加作業機中同時所能運
轉的工具數目，必定要有比從前更強大而且有規則地運動的動
力。人在作為發動連續劃一運動的發動機時，是極不完善的，
而且其力量也過於貧弱。強壯的馬，價錢既高，又不適合於工
廠內使用，而且還有任性活動的惡癖。至於風力，不太穩定，
很難統御。水力，在工廠手工業時代，已經被廣泛使用，但把
它作為動力，也不能說是很適當的。因為水力不能任意增大，
而且到了一定的季節便不能利用，特別是有受一定場所拘束的
缺點。

　　「到了瓦特第二個蒸氣機（即雙向蒸氣機）被
發明出來時，才獲得由消耗煤和水而產生它自己的動

力，那動力完全受人控制的發動機。這個發動機，它
自身是可以移動，同時又成為移動別的東西的手段；
它可在都會使用，不像水車那樣在農村使用；它允許
生產集中於都會裡，不像水車那樣使生產分散於各
地；而且它在工藝上的應用是普遍的，其所在地受地
方條件限制較少。」

　　自從以人的手足來運轉的工具轉化為作業機的工具以
後，便出現了完全從人力的限制裡解放出來的發動機。這個發
動機和作業機結合起來的結果，便得到一個完全的機械裝置，
以致作業機的地位降低，只成為機器的一個要素。因此，現在
便能以一個發動機，同時運轉多個作業機了。

　　這裡應當注意一件事，就是機器中的單純協作與基於分
工的協作之區別。在前一種協作裡，許多同一的作業機，一起
安置在同一工廠內部，各自造出一個完成品。這種作業機，
單獨地完成在手工業裡由一個勞動者用他的工具所做的一切作
業，或在工廠手工業裡由各部分勞動者依序用那不同的器具所
做的一切作業。例如在製作信封的工廠手工業裡：第一個勞動
者用摺紙刀把紙摺好，第二個勞動者塗上膠水，第三個勞動者
摺邊，預備印上圖樣，第四個勞動者印上圖樣；各個信封，每
次接受這些部分作業時，都必須移轉於不同的勞動者手裡。可
是一架信封製造機，卻能一舉完成所有作業，於一小時內造出
幾千個完成的信封。這種在同一工廠內許多架機器一起作業的
情況，執行著機器的單純協作。不過，在機器與機器的單純協
作裡，有著技術上的統一，有一個運轉、同一的發動機，均等
地推動許多機器；在這一點上，具有與人類單純協作不同的特

徵。

可是勞動對象（原料），亦有通過各種相異階段進程
（由各個種類不同但互相補充的作業機來執行）互相關聯的一
系列情況。像工廠手工業裡所看見基於分工的協作，在這個情
況，是成為各色各樣作業機的結合而再現；在發生這種現象的
地方，才呈現出嚴格意義的機械體系，以代替那互相獨立的各
個機器。「毛織物工廠手工業中各種部分勞動者（例如打羊毛
工、梳羊毛工、剪羊毛工、紡羊毛工等）所用的特殊工具，如
今轉化為特殊化作業機的工具；而這些作業機，每個都成為
在結合的工具機構體系之下擔任一個特殊功能的一個特殊機
器。」這種「擔任一個特殊功能的一個特殊機器」——各個部
分機器，依序把原料供給於直接相連續的部分機器；這與工廠
手工業中的部分勞動者一樣，各部分間的作業效率，必須保持
一定的比例。

機械體系的本質，存於這一點。原料從始到終，連續通過
作業機之間，中斷的情況越少，則機械體系越完備。這個機械
體系，到了不用借助人力，能使作業機執行原料加工所必要的
一切勞動，只須有人在旁照料，便生出機器的自動組織。

二、製造機器的機器

當瓦特的蒸氣機發明出來的時候，擔當製造機器任務
的，是那些熟練機器製造的手工業勞動者。在他們之中，有些
是從事工廠手工業的勞動者，有些是獨立的手工業勞動者。總
之，機器最初是以勞動者個人的熟練為基礎而造出來的。所

以，當時要得到機器很不容易。第一，不但機器的價錢很高，而且能夠製造機器的人數也很少。擴大機器的應用，發展大工業的可能，全繫於機器製造工的增加。然而機器製造工，需要長期間的訓練，所以無法在短時間內增加他們的人數。

　　再則，在生產技術上，大工業達到一定的發展階段，便與手工業及工廠手工業的基礎相衝突。為擴大機器的應用範圍；為了要從支配作業機製造的手工業原型裡解放出作業機，使它能夠按照自己的用途而採取自由的形態；為了要使用比較適當但又很難處理的材料（例如採用鐵代替木材）於機器製造上；這些一定會遇到極大的困難。要戰勝這些困難，即使把工廠手工業之下已發展的分工組織實行總動員，也還是不可能。「例如近代水壓機、機械織機、梳毛機等機器，都不是工廠手工業所能供給的。」

　　另一方面，一個產業部門裡發生大變化，便會引起與它相關聯的其他諸部門也發生變化。例如機器紡紗業的變化，引起機器織布業的變化，而這兩者合起來，又使漂白業、印布業、染色業等方面採用機械的及化學的方法。又如棉花紡紗業的革命，引起分離棉花纖維與棉子所必要的軋棉機的發明。其次，工業上生產方法的革命，又使交通運輸工具的革命成為必要。大工業以生產狂熱為特徵，所以必須急速收取原料，急速輸送大量的生產物於市場上。國內外市場的擴大，也是大工業的特徵。於是在交通運輸工具方面，也發生革命，出現輪船代替帆船，出現火車代替牛馬車，出現電報代替驛遞。同時，「又生出一種必要，要把那驚人的大量鐵塊，來鍛鍊、鎔接、截斷、穿孔、和造形；因此，又需要各種巨大的機器，而這些機器，

用工廠手工業經營，是絕對造不出來的。」

這樣，大工業就必須造出製造機器的機器。到了獲得製造機器的機器時，大工業才能用自己的腳站起來。在十九世紀最初數十年間，機器工業達成極顯著的發展，作業機的製造幾乎全用機器來擔任了。

要用機器來製造機器，有一個本質的生產條件，就是要有一種能夠供給任何分量的動力而且同時能夠自由自在控制的發動機。這個條件，已經由蒸氣機準備到某種程度了。可是同時又發生這樣的一個問題：像線形、平面形、圓形、圓筒形、圓錐形、球形，這些在構成各個機器部分上所必要的嚴密的幾何形態，必須用機器把它們生產出來。這個問題，到了十九世紀初葉莫茲利（Henry Maudsley, 1771-1831）發明旋盤止滑器的時候，也解決了。這個旋盤止滑器，其後漸次改良，也應用於旋盤以外的機器部分的製造機中。

靠這樣機器的發明，便能夠「以最大熟練勞動者所蓄積任何經驗都不能達到的那樣程度的輕易、正確和迅速」，造出機器各個部分的幾何形狀。這一句話，是馬克思從匿名作者《各國的工業》（倫敦，1855年刊行）當中引用來的。馬克思還從那本書裡引述了如下的文句：「這個旋盤附件，好像極簡單而且在外表看來不大重要；其實，它對於機器使用的改善和擴張所帶來的影響，與瓦特所改善蒸氣機的影響一樣偉大。我相信這絕不是過言。」

可是在製造機器的機器當中，就嚴格意義的作業機之部分考察起來，便可以看見，在那裡有向來的手工工具，極大規模地再現出來。「例如鑿孔機的作業部分，是一個巨大的錐，用

蒸氣機來運轉；倘若沒有這個作業機，便不能把大蒸氣機及水壓機的圓錐體生產出來。」「機器鉋是一個鐵製的木匠，它對於鐵材加工時所用的工具，恰與木匠對於木材加工時所用的工具一樣。」「恰如剪布的剪刀一樣，截鐵的剪截機工具，是一種極大的剪刀；蒸氣鎚是用一種普通的鎚頭作業，不過這鎚頭重量之大，連雷神索爾（Thor）自己也無法揮動。」「這種蒸氣鎚，將一塊花崗石打得粉碎，竟如兒戲一樣；又用一種連續的輕擊，將一根釘打入一種柔木裡面，也是一樣容易。」

　　這樣，到了製造機器的機器發明出來而且普遍化的時候，向來加於機器製造上的手工業限制，便消失了。雖無熟練的機器製造工，也能大批地製造出機器了。紡紗機的出現，使手工業職工的熟練歸於無用，使他的勞動力價值低落；無獨有偶，製造機器的機器出現，使手工業的機器製造工的熟練歸於無用，使他的勞動力價值低落了。再則，機器自身的價值，也比以前降低，因而機器的供給便很充分了。

三、由機器向生產物的價值移轉

　　在工廠手工業之下，勞動生產力顯著地增進，以致降低了生產物的價值，這在前面已經說過了。勞動生產力這種增進，由協作而來。勞動者由共同工作，產生出一種在個別工作的手工業時代所不能看見的全新勞動生產力。可是資本家對於這種新的生產力，並不曾付出什麼價值。它是完全由於協作而自然發生的。

　　採用機器而生的生產力增進，也可看出同樣的關係。機

器把蒸氣、空氣等自然力，利用於生產上，因而增進勞動的生產力；可是資本家對於這些蒸氣和空氣，並不曾付出何等價值，機器把偉大的自然力化爲不要報酬而替人類服務的奴隸。採用機器的結果，使生產物的價值大大地降低。那晚於亞當史密斯而出現於英國的偉大經濟學者李嘉圖（Ricardo, 1772-1823），如次說道：「亞當史密斯，絕沒有把自然力和機器所給予我們的服務估得太低；其實，他很正確地辨識出這些東西所附加於商品價值的性質。……這些東西，是無報酬地做那工作的；所以它們給予我們的幫助，在交換價值上，並沒有附加什麼。」

然而李嘉圖所說的，也有錯誤。因爲單純的自然力雖沒有價值，但是機器是有價值的，機器是人類勞動的結果。而且它每次使用都有消耗，因而減去價值，機器不能無報酬地替人類服役。李嘉圖忘記了透過機器而利用的自然力與機器自身的區別，這是他極重視驅使自然力的機器作用之結果。

在前面討論價值的時候已經說過，生產資料只不過把它自己由生產而失去的價值移轉到生產物罷了。機器亦與單純的工具一樣，是生產資料的重要構成要素；它雖沒有把新的價值附加於生產物，但把生產上所消耗了的價值移轉於生產物。所以我們必須考察由機器向生產物的這種價值移轉，以什麼樣式來進行。

我們首先應當注意的，就是從使用價值生產方面看來，機器雖以那全體功能去參加勞動，但從價值生產過程方面看來，卻只以一部分去參加。機器不能把比它自己因損耗而平均喪失的價值還更多的價值附加於生產物。這一點，就單純的工具來

看，也是一樣。所不同的只是下述的一點：最初被給予的總價值與被移轉於生產物的價值部分的差額，在機器中比工具的場合要大得多。這有幾個原因：第一，機器是用那比工具更堅固的材料造成的，所以更能耐久；第二，機器使用是遵照嚴密的科學法則，所以關於它構成部分的磨損以及油、煤等助成材料的消費，都能節省更多；第三，比起工具來，機器具有不能相比的廣大生產範圍。

假定機器本來具有的總價值與由機器移轉於每天生產物中的價值部分之差額是一定的，那麼生產物的價值因這個價值部分而上漲的程度，便繫於生產物的分量如何。譬如假定機器本來的價值是1,000圓，每天移轉於生產物中的價值是它的

$\frac{1}{1,000}$，而且假定這架機器每天生產100個商品，那麼移轉於1個商品中的機器價值便是1分。可是倘若假定每天只生產50個商品，則移轉於每個個商品中的價值便成了2分。英國布萊克本（Blackburn）的貝恩斯（Baynes），在1858年所出版的一本講義裡說：「以一個實在的馬力（1馬力等於用1分鐘將33,000磅的重量舉高1呎，或用1分鐘將1磅的重量舉高33,000呎的力），能夠運轉450個『茂爾』紡錠及其附屬裝置，或200個『斯羅斯兒』紡錠，或15架織40吋寬布匹的織布機及其纏經紗和塗膠水等等的裝置。」因此，一個蒸氣馬力每天的費用以及由這馬力所運轉的機器之磨損價值，在上述第一個情況，被分配於450個「茂爾」紡錠每天所造出的生產物；在第二個情況，分配於200個「斯羅斯兒」紡錠每天所作成的生產物；在第三個情況，分配於15架機械織機每天所作成的生產

物。所以由這些機器移轉於1兩紗線或1碼布匹的價值，是極微小的。

其次，假定作業機的作用範圍，換句話說，作業機所裝置的工具數目，或它的力量大小，是一定的，那麼生產物的分量大小，便由機器的作用速度大小來決定，亦即它被紡錠1分鐘旋轉次數、或鎚子1分鐘敲擊次數那種因素所左右。假定向來1分鐘旋轉100次、產出50尺紗線的紡錠，因機器改良的結果，於1分鐘旋轉200次，那麼在同一時間內便產出100尺紗線。機器運轉越快，磨損程度便越大；但是絕不會因紡錠旋轉次數加倍，紡錠壽命便減半，即不會有那樣厲害的磨損。總之，機器運轉越快，移轉於各個生產物中的價值便越少。

假定作業機的工具數目和速度都是一定的，那麼由機器移轉於生產物的價值大小，便繫於機器自身價值的大小。然而機器的價值，是由造出它所必要的社會勞動分量來決定；所以如果製造機器的技術發達，到了能夠用很少的勞動造出機器時，機器的價值便更加減少。儘管機器的價值這樣減少，但生產力還是增進；因此，機器提供的勞動，便更加類似自然力提供的勞動。

可是移轉於各個生產物中的機器價值雖極微小，但機器自身的總價值卻隨著機器越趨於大規模而更加增大。第一，製造機器需要優質的鐵和鋼；其次，雖說製造機器的技術已很進步，但絕沒有像製造簡單的工具那樣容易；再者，生產做材料的鐵，也需要很大的勞動。所以把手工業勞動者用簡單工具來生產的情況，與近代工廠勞動者用大規模機器來生產的情況比較起來，包含於生產物總價值中勞動工具的價值，在後一個情

況要大得多。

　　試舉一個例子，把製麵粉業拿來考察一下。在勞動者用手臼做麵粉的場合，由手臼移轉於麵粉中的價值是很少的；除掉由原料（麥）移轉來的部分，剩下生產物價值的全部，都由勞動者爲運轉手臼而直接支出的勞動量構成。可是在用機器經營的近代麵粉工廠裡，勞動者只在安置發動機的房間、倉庫，把麥子倒入大漏斗的場所、把做成的麵粉裝進袋裡的場所工作。倒入漏斗的麥，就變成雪白的麵粉。在流出管口之前，全部聽憑機器作用。

　　製造麵粉所支出的勞動量，比起裝置全機械所支出的過去勞動要少得多。所以，在每天所造出的麵粉全體當中所包含的製麵粉勞動者的勞動量，比起從機器移轉來的價值，要小得多。因此，馬克思說：「把手工業或工廠手工業所生產的商品價格，與機器所生產的同一商品價格分析比較起來，便可以得到這樣的結論：在機器的生產物裡，基於勞動工具的價值部分，相對地雖增大，而絕對地卻減少。」換句話說，在生產物的總價值當中，基於勞動工具的部分，雖然增大；但在另一方面，因爲生產力增進而生產物的分量更急速地增大，所以就各個生產物（例如一袋麵粉）來說，基於勞動工具的價值，比起手工業的或工廠手工業的生產物是減少的。

　　在麵粉工廠裡，僅僅用幾十個勞動者所生產的麵粉，其分量便等於以前由幾千個手工業製麵粉勞動者所生產的。也就是有幾百幾千個勞動者，因製麵粉機器的發明而被節省了。但是，倘若這樣被節省的勞動量是生產製麵粉機器所必要的，那麼在這個情況，不過是現在的勞動與過去的勞動換了位置，生

產麵粉所必要的勞動量卻並沒有減少，因而在這個生產過程裡的勞動生產力，並沒有什麼增進。因為採用機器與否，結果是一樣的，所以沒有特別可以被看做機器生產力的東西存在。機器的生產力，是由機器節省人類勞動的程度來衡量。

機器代替人類的直接勞動，所以即使由此所省的人類勞動分量不多，對於人類也是極有用的。假定生產搬運汙物的汽車需要百人份勞動，而且這汽車擁有的搬運能力與百名清潔工使用桶子單獨所搬運的總能力一樣，在這種情形之下，製造這汽車的勞動，比起搬運汙物的勞動，一定比較好；所以採用這種汽車，絕不是無益的事。但這是人類本位的想法。至於資本家採用機器，絕不是為免除勞動的不快，亦即不是從那種有人情味的動機出發。他的動機在於使生產物的價錢低廉，使勞動力的價值低落，藉以增大相對的剩餘價值；同時在另一方面，又想藉此在市場上戰勝同業的競爭。

作為降低生產物價格手段來看的機器，只有在生產機器所費的勞動少於使用機器所省的勞動時，才有存在的意義。可是從資本家的立場看來，機器使用的界限也要受限制。資本家所付出的不是他所使用的勞動之代價，乃是他所使用的勞動力之代價；所以從資本家的立場看來的機器使用界限，在於機器的價值與機器所代替的勞動力價值之差額。然而勞動者所獲得的實際工資，有時在勞動力的價值以下，有時又在勞動力的價值以上，因國家、時代以及勞動部門而有種種不同；所以實際上，使用機器的界限，可以說是機器的價格（受市場景氣如何所影響）與機器所節省的勞動力價格（工資）之差額。因此，發生這樣的現象：在某一國家使用有利的機器，在另一國家卻

不使用。馬克思舉出如下的實例：「美國人已經發明碎石機
了。可是英國人卻不採用這種機器，因為做這種工作的『貧窮
者』（Wretch—— 這是英國經濟學上指農村勞動者的術語）
只領取相當於他勞動的極小部分之工資，倘若採用這種機器，
反而增加資本家的負擔。」

從這一點看來，低廉的工資也是社會發達的一大妨礙。
即使很清楚採用機器可以節省很多的勞動力，也會以勞動者可
廉價雇用的理由，把特意發明出來的機器棄而不用。當利用機
器成為獲得利潤的手段時，這種危害社會的現象，終究難以去
除。只有到了資本與勞動的對立消滅時，機器才能得到完全發
揮的舞臺。

四、機器經營與婦女兒童勞動

以上，我們已經就機器自身內在的諸性質，了解馬克思見
解的概要了。在以下的說明中，將大略地論述馬克思關於機器
所促起生產的發展，對於勞動者發生怎樣影響的看法。馬克思
首先如下說道：

> 「機器既然使人的肌肉力量成為非必要，於是它
> 就得以使用無肌肉力量的勞動者，即身體發展尚未成
> 熟而四肢比較柔弱的勞動者。因此，婦女勞動及兒童
> 勞動，是資本主義的機器使用的第一口號！這種對於
> 勞動及勞動者的巨大替代人力，立即變成一種手段，
> 將勞動者的全家，不問男女老幼，都編入資本的直接
> 支配之下，由此使工資勞動者的數目增大了。」

這樣，兒童的遊戲時間和婦女的家庭勞動，都被編入替資本家生產剩餘價值的勞動中了。於是勞動者階級，無論在經濟上或道德上，都被推入極悲慘的陷阱中。

向來閑居於家庭的婦女和兒童，一旦成為勞動者而出現於生產部門，因此而受直接影響的，便是勞動力的價值。「勞動力的價值，不僅是由維持各個成年男工生存所必要的勞動時間來決定，而且是由維持他家族全體生存所必要的勞動時間來決定。機器使勞動者家族的一切成員參與勞動市場，因此，把一家之主勞動力的價值，分散於他的家族全體。這樣一來，他勞動力的價值便減低了。」勞動力價值的這種變化，立即引起勞動力價格即工資的變化。雖屬成年勞動者，也已經不能領到從前那樣的工資了。因此，單靠他一人的勞動，便不能維持一家的生活；於是不管他願意與否，都不能不叫他的妻子一同出去勞動。

在這個情況，全家人的工資所得，大致是比從前增加。資本家所支出的費用，大致亦是相應地比從前增多。但是資本家，卻可以由此使用較以往3倍或4倍的勞動者，可以從他們每一個人搾取剩餘勞動。付給一個成年勞動者的工資，與付給包含他妻子的4個勞動者的工資相比，固然是後者大於前者；但是從一個人身上搾取得來的剩餘勞動，與從4個人身上搾取得來的剩餘勞動相比，其差額比工資的差額還要大。機器就這樣增大勞動搾取的人數，同時又增高搾取的程度。

另一方面，一家全體成員從事勞動的結果，在家庭內部也發生顯著的變化。家族全體所取得的工資總額，比起從前也許是增大了。到了不僅父親一個人勞動，還有母親和兩個兒子一

同勞動的時候，一家的工資所得一定會增加；但是同時，一家的生活費也增加了。家庭中的一定工作，例如幼兒的照料和哺乳，絕不可能完全免除，所以進入工廠的母親，或多或少得雇請代理的人。家庭消費所必要的各種勞動，例如裁縫和烹調，不能不購買現成的商品來填補。像這樣子，在各方面費用都要增大；所以收入雖然增加，也得不到什麼好處。

又從道德的角度來看，如今家庭也受到重大變化的襲擊。勞動者從前是販賣自己的勞動力，對於這個勞動力，可以用自由人的資格來支配，雖然僅僅在形式上。可是現在，他卻成爲奴隸商人，把自己的妻兒賣給工廠了。馬克思根據英國工廠監督官及其他人的報告書，給予我們許多例證，表示那些柔弱的兒童和婦女如何被「賣」給資本家的工廠。我們不必遠求於英國，即使在我們的身邊附近，也可以看到許多的例證，我想沒有人不曾聽見過紡紗女工的哀怨吧！

馬克思還說過英國婦女勞動者給她們的嬰兒吃安眠藥的事例；吃了安眠藥的嬰兒，不是「萎縮成小老頭子」，便是「枯瘦得像小猴子」。餵安眠藥給嬰兒那樣的事情，在日本雖聽不到，可是從事勞動的母親，不能充分顧到子女的養育，總是不證自明的道理。因此，無論在哪一國，通常工業地區的幼兒死亡率總比農村來得高。

還有應當注意的，把未成熟的男女變成「單純的剩餘價值製造機」這件事，除了引起肉體上及道德上的嚴重傷害以外，還引起智能的荒廢。據馬克思所說，這種由人爲的戕害所造出人智的荒廢，與原生的無知大不相同；因爲原生的無知沒有破壞精種的發展能力，亦即沒有破壞它的自然豐饒性，只把精神

置於休耕狀態。他接下去說：「這種智性的荒廢，終於強迫英國議會，規定在一切受《工廠法》約束的產業中，要使用未滿14歲的兒童於生產上，必須以授予普通教育為法律上的條件。」日本現在也實行這樣的法律；但是它差不多沒有什麼效果，這與英國一樣。

　　婦女及兒童參加勞動，雖說伴隨了這許多弊害，但對於資本家，卻是一樁大大可喜的事。為什麼呢？因為在既存的成年勞動者中，加入無數新手的勞動者，由此便能將向來工廠手工業中勞動者還保有對於資本家的抵抗力打破。

五、勞動時間的延長與效率增進

　　機器是一種透過減低生產物價格而降低勞動力價值的有力手段；在另一方面，它又成為超越一切自然的限制而使勞動時間無限延長的最有力手段。在資本家的工廠裡，機器成為獨立的生產要素而與勞動者相對立。不是勞動者使用機器，而是機器驅使勞動者。使用機器的資本家，不必為逼迫勞動者而使用鞭子，他只需使機器無障礙地運轉就行了。因為勞動者雖會疲倦而機器卻不會，當機器運轉著的時候，勞動者也不能休息。所必只要沒有被勞動者有效的反抗所阻止，資本家可以隨心所欲地延長勞動時間。

　　這樣看來，機器是一種使勞動時間無限延長的有力手段；從另一方面來說，機器又是使勞動時間延長的最有力動機。前面已經說過，機器自身的價值當中，移轉於一定量生產物中的部分越小，則機器的生產力便越大。再則，機器所造出生產物的分量越大，則機器當中移轉的價值部分便越小；更進

一步研究起來，機器運轉期間越長，則機器所造成生產物的分量便越多。

「可是機器能活動的期間，顯然是由如下的方法來決定，即用勞動過程反覆進行的日數，去乘勞動日的長度或每天勞動過程的持續時間，所得的乘積。

機器的磨損，絕不是以數學的意義，嚴格地與它的利用期間成比例的。即使形成比例，而每天使用16小時可用至7年半的一架機器，它所包括的生產期間，也與每天使用8小時可用至15年的那同一機器之生產期間相同；在總生產物上，並沒有附加較多的價值。不過在前一個場合，機器的價值，比起後一個情況，以兩倍的速度再生產出來；而資本家因此以7年半吸收了在另一場合以15年所能吸收的剩餘勞動。」

使機器每日運轉時間延長的動機，還不止於此。機器的自然磨損，也成為資本家的問題。機器不僅因使用而磨損，即使不用也會磨損。恰如不用的刀劍放在鞘中會生鏽一樣，機器若停著不動，也會生鏽，這當然是資本家的損失。機器這種磨損，休息時間越縮短，越能避免。

「可是機器除了這種有形的磨損以外，還受到一種無形的磨損。或者由於同一構造的機器能夠以更低廉的價錢生產，或者由於較優良的機器出現競爭，這兩者都足以損害舊機器的交換價值。在這兩個情況，不管那機器還怎樣年輕而富有活力，它的價值已不再由實際上被客體化於它自身當中的勞動時間來決定，而是由它自身或較優良的機器再生產上所必要的

　　勞動時間來決定。因此，它的價值，便多少要喪失一
　　些。」

　　在今日這樣生產技術不斷地急速進步的時代，較廉價的機
器和較優良的機器陸續不斷地發明出來；因此現在的機器，不
知道在什麼時候，會被這些新的機器所打擊，以致失去它的價
值。危險不斷地襲來，於是努力想盡快收回機器的價值。這種
傾向，在一產業開始採用機器的時候，最強烈地表現出來。在
這種場合，不僅改良機器的各部分，而且陸續有使機器全部面
目一新的發明；所以想盡快收回機器的全部價值這一種努力，
便極強烈地發動了。

　　還有應當注意的，就是在使用機器的大工業裡，因為不變
資本數額巨大，所以即使讓機器和廠房休息片刻，對於資本家
也會產生不能忽視的損失。農夫停止使用鋤頭一天時，那一天
中睡覺的資本，不過是僅僅幾圓或十幾圓鋤頭的代價；可是工
廠勞動者停止工作一天，其間便有幾萬圓的機器和廠房閒置。
所以資本家非常愛惜時間，連一分一秒都不浪費，總想節省休
息時間，藉以不斷地活用他的巨大資本。

　　在以上所述資本家的打算之外，還有一個動機。這個動
機，雖說資本家自身沒有意識到，然而它的影響卻是極重大
的。

　　前面已經說過，機器憑藉增進勞動的生產力，而使生產
物的價值低落，因而又使勞動力的價值低落。因此，一天的勞
動時間中，比起必要勞動，剩餘勞動的範圍便擴大了。換句話
說，相對剩餘價值的搾取率增進了。但是這種結果，非減少一

定的資本量所使用的勞動者數目，是不能得到的。因爲機器經營，把從前可變資本的一部分，換句話說，把從前用在活的勞動力資本的一部分，轉化爲不變資本即機器。然而可變資本是剩餘價值的唯一來源，因此減少可變資本，就會使剩餘價值的來源枯竭。從每個勞動者身上搾取得來的剩餘價值，不管是如何之多，但若全體的人數減少，便不能增大搾取剩餘價值的總量。例如從24名勞動者身上搾取得來的剩餘價值，不能從2名勞動者身上搾取得到。24名勞動者，只要每人從12小時中供給1小時剩餘勞動，他們便供給了合計24小時剩餘勞動。可是把2名勞動者的勞動總計起來，也不過是24小時。這樣，使用以生產剩餘價值爲目的的機器，便包含著一個內在的矛盾：不使勞動者數目減少，便不能增加剩餘價值的百分比。正因爲有這個矛盾存在，所以資本家不僅想增大相對剩餘勞動，而且想以絕對剩餘勞動的增大來塡補搾取勞動者人數的相對減少；因此，他便毅然決然地延長勞動日。

　　總而言之，在資本主義制度之下，機器的使用造出一個想無限延長勞動日的有力的新動機，同時又增大勞動延長的可能性。機器可以不間斷地運轉，所以資本家想延長勞動時閒的努力，只有受勞動者的自然疲勞和道德反抗所限制。而這個道德反抗，卻因雇用柔弱的婦女和兒童爲勞動者及造出被機器所驅逐的勞動者（過剩的勞動者人口），而被打破了。

　　這樣，機器本來應當是縮短勞動時間的手段，反倒成爲延長勞動時間最有力確實的手段。在機器工業發展的初期，柔弱的婦女和兒童，工作14小時至16小時是很普通的事；這種事情，在任何國家都可以看見。可是產業發展到一定的階段，

限制勞動時間又成了各國共通的現象。原來機器的生產就是使勞動單純化，規則地反覆做單一的操作；因此，勞動的速度和效率自然會增加。同時，勞動者的疲勞，也會比以前增加；所以勞動日延長，最後便會引起勞動效率低落；要防止勞動效率低落，便只有縮短勞動日。在開始的時候，勞動日延長與勞動效率增進，兩者攜手並進，因此資本家處於極有利的地位；可是後來，他終於不能不斷了某一方面的念頭。然而勞動時間延長，除了勞動者的反抗以外，還要受到國家從社會政策的角度干涉；所以資本家，不管願意與否，都不能不斷念於勞動日的延長，而專心埋頭於勞動效率的增進。不消說，即使在這個情況，那種竭力想延長勞動時間的要求，也是不斷緊張地活動著的。

　　勞動效率的增進，也是生產相對剩餘價值的一個方法。以上所述相對剩餘價值的生產方法，其特徵都在於下述這一點：由於勞動生產力的增進，以同時間內同量的勞動支出，造出更多的生產物。可是基於勞動效率的增進方法，是使同時間支出更多的勞動，藉以獲得更多的生產物。就是使勞動者在一定的時間內支出更緊張的、高密度的、精細的勞動。「較高密度的10小時勞動日中所含的勞動（即支出的勞動力），等於或多於較輕鬆的12小時勞動日中所含的勞動。因此，較高密度的1小時之生產物中所含的價值，等於或多於較輕鬆的1小時12分鐘之生產物中所含的價值。」所以資本家，雖把12小時勞動縮短到10小時，也能獲得等量或更多的剩餘價值。

　　要得到這個結果，有兩個方法；一個是在勞動過程上實行節約，另一個是促進機器組織的發達。就第一個方法來說，

資本家想憑支付工資的方法，尤其想憑包工工資的方法，在比從前更短的時間內，搾取更多的勞動。包工工資，又名論件計酬，是一種預先規定對於每件生產物付出工資若干、因而按照出產件數而支付工資的方法。依這個方法而領取工資的勞動者，其收入多寡依出產件數多少而定，因此他會自動積極地勞動。在資本家方面，還可以用種種方法，如對瑕疵品不付工資，或責令賠償原料的代價等方法，去鞭撻勞動者。其實，這種「刑罰」的方法，即使在採用普通的論時計酬制的情況，也很盛行。

　　上述第二個方法，不是靠加快機器的運轉速率來實行，便是靠擴大機器的作用範圍來實行。機器的運轉速率如果加快，則勞動者的動作也就不能不跟著加快。關於這一件事，馬克思舉出如下的例子：「在1815年，隨著紡40號棉紗的『茂爾紡紗機』（Mule Spindel）運轉而做的勞動，於12小時內，相當於8英里的步行。到了1832年，隨著紡同樣號數棉紗的『茂爾紡紗機』而步行的距離，達20英里，而且往往超過此數。」

　　機器發展的結果，一個勞動者所能管理的作業機範圍漸漸擴大，這是很明顯的事實。試取日本的紡紗工廠為例：1911年全國紡紗工廠一日的運轉紡錠總數是190萬個，而女工數是71,628名。到了1923年，紡錠總數增加到400萬8千個，女工數增加到114,911名。就是紡錠數增加了近11成，而女工數不過增加了6成多。因此，一名女工所管理的紡錠數便增加了。機器的發展擴大一名勞動者所管理的機器範圍，以致必然地要迫使勞動者的精神更緊張、動作更迅速。

　　每當縮短勞動時間成為問題時，資本家總是這樣說：勞

動者的管理，已經達到無法再改良的地步了；勞動者自己的精神，也已經是非常緊張了；如果再要叫勞動者更加緊張，那是沒道理的。他們又說：「機器改良，也已經達到極限了；倘若還要在這以上加快運轉速度或擴大管理範圍，那實在不是容易的事。」但事實卻常常背叛這種主張。舉一個例子來說：英國的工廠監督官，雖然極力稱揚1844年及1850年《工廠法》的好成績；但到了1860年代，他們也承認，勞動時間縮短已經引起一種足以破壞勞動者健康的效率提升了。《工廠法》使勞動時間縮短，而勞動時間縮短，又引起勞動效率的這種提升。

馬克思說：「延長勞動日，一旦被法律明確禁止，資本便力求勞動效率系統的增進以彌補其損失；並使機器的一切改善，都變成吸取更多勞動力的手段。資本的這種傾向，必定立刻又達到一個轉折點，使勞動時間再度縮短，成為不可避免的事，這是毋庸置疑的。」在採用12小時勞動的地方，不久便會達到採用10小時勞動便能保持勞動者健康那樣的界限。而10小時勞動，不久又會達到不能不縮短到8小時勞動的階段。因此，要想靠制定標準勞動日來調和勞資的利害，終究是不可能的事。

第四篇

資本的蓄積

第一章 單純的再生產

第一節 剩餘價值的再生產

一、剩餘價值的轉變過程

剩餘價值如何生產出來，換句話說，貨幣如何成為資本，關於這一層，我們已經討論過了。但是，剩餘價值一旦生產出來，之後又如何呢？它在不斷的剩餘價值再生產過程即資本的生產過程上，呈現怎樣的面貌呢？關於這個問題，我們還不知道。接下來，在本書第一部「剩餘價值的生產」的最後，我們所要研究的，就是這剩餘價值一旦生產出來，如何出現於剩餘價值再生產上，而且發生什麼樣的結果。

要使生產出來的剩餘價值出現於剩餘價值再生產上，其間必須經過一連串冒險的轉變過程。剩餘價值成為剩餘生產物而生產出來以後，還須把那價值實現為貨幣。就是生產出來的商品，還須被販賣出去，轉化為貨幣。在這實現的路上，剩餘價值與其他一切價值一樣，有的遇到愉快的冒險，有的遇到悲痛的冒險。今天實現為非常高的價格，明天又實現為非常低的價格。還有一種情況，連什麼價格也不能實現出來。具體呈現剩餘價值的商品，有的在沒有上市以前，已經發現購買者；有的在店頭擺了幾年，還是乏人問津。

再則，剩餘價值在經過這種冒險而終能實現為貨幣之後，也還須經歷一種轉變，就是它的分配。第一，有一種以商

品的最後販賣（販賣給消費者）爲業的商人，參與剩餘價值的部分分配，把它作爲商業利益而納入荷包。同時在另一方面，對於土地（在此商品未成爲商品而出現之前所利用的土地）的所有者即地主，不能不支付地租；對於借來的貨幣，也要支付利息。這些東西，都是從剩餘價值當中支付出去的；扣除了這些部分之後，剩下的便成爲利潤（產業利潤或企業利益），而歸於資本家。馬克思說：

> 「生產剩餘價值的，換句話說，直接從勞動者汲取無償勞動而使它固定爲商品的資本家，誠然是剩餘價值的最初占有者，但絕不是最終所有者。他必須把這剩餘價值，與那些在社會的生產全體上盡著其他功能的資本家及地主一同分配。因此，剩餘價值分成各種不同的部分。剩餘價值的這些片段，歸於各種範疇的人們所有，形成利潤、利息、商業利潤、地租等互相獨立的各種形態。」

可是剩餘價值的這種轉變，並不是我們這裡的問題。有一部分，屬於剩餘價值的實現領域，馬克思把它放在《資本論》第二卷裡論述，我們則在本書第二部裡研究。另一部分，形成剩餘價值的分配問題，馬克思把它放在《資本論》第三卷裡論述，我們則在本書第三部裡研究。我們在本篇裡的問題還是剩餘價值的生產，即是剩餘價值一旦生產出來，如何作用於剩餘價值的再生產上。

> 「於是我們在一方面，假定生產商品的資本家，

照那價值販賣商品；再則，不問他復歸於商品市場的
事情，換句話說，關於資本在流通歷程的內部所採取
新的諸形態，或關於這些形態裡所包含再生產的具體
諸條件，都一概不問。在另一方面，我們又把作為生
產者的資本家，看做全部剩餘價值的所有者（或者不
如看做參與剩餘價值分配者的代表）。」

原來在研究關於剩餘價值上的原則時，把如上的各種現象
一一考慮，只會把考察弄得錯綜複雜，對於那本質的結論，並
不會有任何影響。所以在這裡，暫時置之不問。

二、剩餘價值的再生產

無論在什麼樣的社會裡，都不能中斷消費生活，所以生
產必須不斷地反覆持續進行。換句話說，必須不斷地實行再生
產。「生產過程，不問其社會的形態如何，必須是連續的。換
句話說，必須是週期地、不斷地重新透過同樣的諸階段。一個
社會，不能停止消費；同樣，也不能停止生產。所以從不斷關
聯及不斷更新的流動方面觀察起來，每個社會的生產過程，同
時是再生產過程。」

無論在什麼樣的社會裡，要使生產持續不斷地進行，換句
話說，要進行再生產，除了消費資料之外，還須不斷地生產一
定量的生產資料。「任何社會，如果不持續將它的生產物之一
部分再轉化為生產資料或新的生產要素，便不能持續生產，因
而便不能進行再生產。只要別的因素沒有變化，社會如果不用
同種同量的新物品去補充一定的期間例如一年中所消費的生產
資料（即勞動工具、原料和助成材料等），便不能以同一的規

模再生產或再保存它的財富。」

　　在資本主義社會裡也是一樣，但在資本主義社會裡，不僅需要不斷地再生產消費資料及生產資料，而且需要不斷地再生產剩餘價值。因爲不斷地再生產剩餘價值這件事，是資本主義生產存續上不可或缺的條件。資本若不持續再生產剩餘價值，便不能成爲資本而存續。

　　而「在資本主義生產方法之下，勞動過程不過是價值增殖過程的一個手段；同樣，再生產也不過是把墊支價值作爲資本，即作爲自行增殖的價值來再生產的一個手段。」它在本質上，是剩餘價值的再生產過程，是不斷的價值增殖過程。而這樣生產出來的「剩餘價值，在作爲資本價值週期的附加量之意義上，在作爲處於過程中的資本的週期的果實之意義上，獲得由資本而生的所得（revenue）的形態。」換句話說，剩餘價值一旦生產出來，就成爲資本家的收入而歸於資本家的手裡。

　　資本家可以任意處分這種收入。他可以把全部當作消費（也就是生活費），也可以把全部重新編入資本之中。他還可以把一部分當作生活費，把其餘的一部分當作追加資本，使它重新參與剩餘價值的生產過程。譬如說，現在有一個資本家，使用100,000圓資本於一種生產中，每年獲得20,000圓剩餘價值作爲自己的收入，他在這個情況如何處分他的收入呢？首先有兩種不同的可能處置。一種處置是把那20,000圓，全部當作生活費；另一種處置是，全部追加、編入於資本之中。還有一種處置是可能的，就是不採取這兩個極端的任何一個，只把一部分例如10,000圓，當作生活費，剩下的10,000圓追加、編入於資本之中；多數資本家採用後一種。

在剩餘價值全部被當作生活費的情況，資本的大小不變，因而它的再生產，只要別的因素沒有變化，也是以和以前同一的規模來完成。所以馬克思把它叫作「單純的再生產」。反之，在剩餘價值全部或一部分被追加編入於資本之中的場合，資本將增大，它再生產的規模也將擴大。所以馬克思把它叫作「擴大著的再生產」或「擴大了的再生產」。如後面所說，後一個場合，就是資本的蓄積。

第二節　單純的再生產

一、工資由勞動者生產出來

單純的再生產，如上所說，不外是生產過程以同一的規模來反覆進行的事情。因此，關於單純的再生產，沒有其他可以特別討論的重要事項。然而即使以這種單純的反覆來進行，也已經在資本主義生產上給予一連串新的特徵了。

現在假定有一個靠自己的勞動而賺得10,000圓金錢的人，他把這10,000圓作為資本而投入他自己的生產中。又假定在這10,000圓當中，支出9,000圓為不變資本，支出1,000圓為可變資本，即工資；而且由這個生產，產出價值11,000圓的生產物，依照那價值販賣出去，以貨幣的形式取得1,000圓剩餘價值。再假定把這剩餘價值1,000圓，全部當作他的生活費。這個時候，它的再生產過程，只要別的因素沒有變化，便以和從前一樣的規模進行，即進行單純的再生產。換句話說，和從前一樣，支出9,000圓為不變資本，支出1,000圓為可變資本，在

這個範圍內，和從前沒有什麼兩樣。

　　但是這裡卻出現一種和從前不同的新狀況。就是這個場合的可變資本，與以前的可變資本，其性質是不同的。在前一個生產中，作爲可變資本而支出的1,000圓，與那不變資本9,000圓，都不是由該企業所使用的勞動者的勞動裡產生，乃是由他自己過去的勞動所獲得。可是在後一個場合，即在實行單純的再生產的場合，這個可變資本，顯然是由前一個生產過程裡該企業所使用的勞動者所生產。勞動者在前一個生產過程裡，不僅把9,000圓不變資本的價值移轉、保存於那生產物中，而且重新由他們的勞動，生產了2,000圓新價值；其中有1,000圓，就是這次作爲可變資本即工資而支出的。

　　倘若把資本主義生產當作限於一次的生產過程來看，工資好像是由資本家的荷包裡預先付出來的。而且如上面的例子，實際上也許就是這樣。可是把它作爲再生產過程來看時，即使以單純的再生產（至於擴大了的再生產，那就更不用說）來進行，也已經是由勞動者以他自己所生產的東西的一部分（如上所述）來支付他的工資了。在這個意義上，把勞動者所領得的工資，視爲他對於自己所生產的東西應得的一部分，是很得當的。勞動者的工資，是在前一個生產過程裡由勞動者所造出來的。

二、全部資本由勞動者生產出來

　　把資本主義生產作爲再生產過程來看時，勞動者的工資（可變資本），一般是由勞動者生產出來的，這在前面已經說

過；再把這個再生產過程就一定的期間來看時，便可以知道，不變資本也是由那生產裡所使用的勞動者生產出來的。

試就前面的例子來考察一下。現在假定每一次生產期間是半年。這個時候，作為資本家的他，於每一個生產過程獲得1,000圓剩餘價值，因而每年獲得並消費2,000圓剩餘價值，在5年後獲得並消費與原資本相等的價值10,000圓。就是在5年後，他把最初所有的金額全部消費於他的生活之中；然而，他還依舊領有10,000圓資本。

這依舊存在著的資本價值，就分量來說，與原資本相同；但它的由來，卻是完全兩樣的。最初的10,000圓資本，不是由該生產所使用的勞動者之勞動生出來，乃是由資本家即那所有者自己的勞動造出來。然而他於5年之間，已消費了等於這原資本價值的10,000圓。因此，倘若在這消費了的10,000圓之外，還有別的10,000圓，那一定是由勞動者的勞動造出來。這樣，不僅可變資本，甚至不變資本，因而全部資本，不管它最初從哪一方面發生，在經過一定的期間以後，也是由單純的再生產作用，完全變成勞動者所生產的東西。

如上所述，勞動者不僅生產可變資本（即工資），亦不僅生產剩餘價值，而且替資本家生產全部資本。所以馬克思在《資本論》第一卷第七篇第二十一章「單純的再生產」的最後，這樣說道：

> 「所以資本主義生產過程，當作關聯的過程觀察起來，換句話說，當作再生產過程觀察起來，便不只生產商品、不只生產剩餘價值，而且生產並再生產資

本關係自身，即一方面生產並再生產資本家，另一方面生產並再生產工資勞動者。」

第二章　擴大的再生產

第一節　資本的蓄積

一、剩餘價值的資本化即資本的蓄積

資本家把全部剩餘價值用作消費，這種事是很少的。資本家經營生產的根本動機，在於盡可能地獲得大量的剩餘價值。要想盡可能地獲得大量的剩餘價值，通常必須盡可能地運用大量的資本。所以資本家在通常的情況，至少總是把他所獲得的剩餘價值的一部分，再轉化爲資本，也就是資本家通常會從事擴大的再生產。爲這擴大的再生產，把剩餘價值重新轉化爲資本，編入於資本之中，這件事就是資本的蓄積。馬克思說：

> 「把剩餘價值當作資本，換句話說，把剩餘價值再轉化爲資本，這便叫作資本的蓄積。」

這個過程不難說明，試想前一章的例子。照前一章的例子來說，10,000圓資本的使用者，一年獲得2,000圓剩餘價值。所以，倘若把這2,000圓不用來作生活費而追加於原資本當中，那麼他的資本，在一年後便增爲12,000圓。而這12,000圓資本，假定用同一的生產條件來運用，則一年產出2,400圓剩餘價值。倘若這2,400圓又追加於資本當中，那麼他的資本，便增爲14,400圓，一年產出2,880圓剩餘價值。假使這

2,880圓，又追加於資本當中，那麼他的資本，在3年後便增為17,280圓，一年生出3,456圓剩餘價值。假定這3,456圓又追加於資本當中，則他的資本在4年後便成了20,736圓。於是在4年後，他的資本因這種蓄積的結果，便達到本來數額的2倍以上了。

在上面的說明中，為便於計算，是假定把全部剩餘價值作為資本而蓄積起來的。其實，剩餘價值是全部蓄積起來，還是一部分蓄積起來，這一件事，對於我們這裡的問題，並無影響。同樣，那剩餘價值怎樣蓄積起來，是追加於舊的資本中呢？還是形成新的資本呢？這件事對於我們這裡的研究，也不重要。紡紗工廠的所有者，可以利用他的剩餘價值，拿去擴張他的工廠，設置更多的機器，雇用更多的勞動者，購入更多的原料；也可以利用他的剩餘價值，拿去設置新的紡紗工廠，或者開辦種類完全不同的其他事業，例如機器製造工廠或煤礦等。可是不管他把剩餘價值拿去怎樣使用，他的生產總是擴大起來，他的剩餘價值總是被蓄積而為資本的。

二、日本資本蓄積的實際狀況

我們在這裡，看一看日本資本蓄積的實際狀況，想來不無參考價值。要想從一切方面去考察從資本主義生產的搖籃期（明治初年）直到今日的進展狀態，在這個場合是不可能的；所以這裡，只就那適宜期間中的重要產業來考察一下。

資本蓄積的基礎，如上所述，在於生產上的剩餘價值，因而在於利益；所以我們首先要考察日本的重要產業，在最近的幾年間如何增大它們的利益。下面所揭載的數字，是日本主要

的股份公司，在1915年至1919年這5年間所獲得的利益。

	年分	公司數	利益（單位千日圓）	對資本年利率
紡棉紗業	1915	11	1,668	28.6%
	1916	11	35,741	58.3%
	1917	11	66,344	93.1%
	1918	12	115,782	112.5%
	1919	12	187,233	122.2%
製糖業	1915	7	13,222	24.0%
	1916	7	23,214	39.1%
	1917	7	35,939	53.2%
	1918	7	25,398	33.2%
	1919	7	56,869	71.4%
煤及煤油業	1915	5	8,768	14.9%
	1916	5	13,172	21.6%
	1917	6	17,599	28.2%
	1918	6	30,198	40.9%
	1919	6	41,675	51.9%
海運業	1915	5	26,946	45.4%
	1916	5	62,830	65.9%
	1917	5	116,280	138.2%
	1918	5	189,377	176.5%
	1919	5	105,740	84.1%
造船業	1915	6	3,180	17.4%
	1916	6	8,563	35.7%
	1917	6	41,641	129.0%
	1918	6	57,992	167.5%
	1919	6	57,468	103.7%

在以上各重要公司之外，還有關於十七、十八種生產部門合計約50家公司，與在1915年至1919年這5年間所獲得的利益，若把它們合算起來表示，則大約如下：

年分	利益（單位千日圓）
1915	136,088
1916	266,406
1917	459,053
1918	623,971
1919	611,128
合計	2,096,646

就是5年間的利益總計，達到近21億圓。這5年間，是日本產業界受了歐洲大戰的影響而獲得特別良機的時期。因此，像海運業那樣，在1918年所得的利益，竟達到實收資金的176%。固然，像這樣的事情是稀有的現象；但是有一件事，總可以由此明顯看出，就是在一年間獲得超過全資本額的利益，並非不切實際的想像。而且這種現象，並不限於海運業。我們看了這種現象，也可以知道，資本這種東西，一旦置於有利的條件之下，便能發揮非常偉大的增殖力了。

這些利益，被分配為董事酬勞、股東紅利、各種基金、債款償還金、公積金、以及後期滾存金等；其中，屬於公積金的部分，顯然是資本蓄積的一個要素。所以，只要看一看各公司的公積金，便可以窺知資本蓄積的一端。下表就是1913年至1919年之間，在約莫50個公司裡所增加公積金的各年度

總計。

年分	公積金總計（單位千日圓）
1913	120,955
1914	147,340
1915	164,258
1916	250,065
1917	305,472
1918	550,450
1919	695,317

　　產業界景氣擴張所伴隨的利益增加，如何反映於資本蓄積的增大，只要看上述公積金從1916年起突然快速增加，就可以知道。

　　以上是透過公積金的增加，窺見資本蓄積傾向的一端；但各公司運用資金的增加，更直接地顯示這種傾向。現在，且把1902年至1918年之間，股份公司、兩合公司、無限公司等被一切生產部門所運用的資本總額合計如下：

年分	資本總額（單位千日圓）
1902	878,763
1907	1,114,227
1910	1,481,401
1912	1,756,610
1913	1,983,232

年分	資本總額（單位千日圓）
1914	2,068,786
1915	2,167,724
1916	2,434,073
1917	4,778,373△
1918	7,381,640△

（有△印的，包含名目資本；其他全是實收資本。）

三、資本蓄積的基礎條件

　　這樣看來，剩餘價值是成爲資本家的收入，成爲資本家的利益，再轉化爲資本，再蓄積爲資本的；但是要使這一旦成爲貨幣而被資本家獲得的剩餘價值轉化爲資本，首先必須使它轉化爲適當的商品。舉一個例子，假定這裡有一個紡紗業者，他把他所生產的棉紗販賣出去，除了最初所投入的資本價值之外，現在還獲得貨幣形態的一定量的剩餘價值。他想把這剩餘價值與原資本合在一起，轉化爲新的資本。可是這種事情，只有在一種場合，即那種可以被他的生產用作生產要素的商品，能夠在市場上獲得相當於上述資本增大的分量，才是可能的。要使剩餘價值成爲追加資本，必須有追加的原料（就這個場合來說是棉花）、追加的勞動工具（例如機器）、及維持那增大了的勞動力所必要的追加生活資料存在不可，最後還必須有追加的勞動力存在不可。就是要使資本的蓄積能夠進行，必須預先具備那擴大生產所必要的物質前提條件。

　　紡紗業者，可以在商品市場上求得他所需要追加的生產設

施。為什麼呢？因為不僅在紡紗業，就算在棉花栽培業、機器製造業、煤礦等，也一樣能夠生產剩餘價值，因而能夠產出剩餘生產物。

如今不針對歸於各個資本家手裡的剩餘價值年額來考察，而就資本家階級全體所占有的剩餘價值的年總額來考察，便生出如下的原則。就是剩餘價值（不論是全部或一部分），若非剩餘生產物（不論是全部或一部分）由生產資料及勞動者所消費的生活資料而成，便不能轉化為資本。馬克思說：「用一句話來說，剩餘價值若非體現它的剩餘生產物預先含有新資本的物質成分，便不能轉化為資本。」

「現在要使這些物質成分在事實上成為資本而作用，資本家階級便需要一種勞動的追加。倘若對於已經在使用中的勞動者之搾取，在外延上（在時間上）或在內含上（在效率上），已經無法增進，那就必須採用追加的勞動力。」這追加的勞動力，追加的勞動者，從哪裡可以得到呢？關於這一件事，資本家一點也不必擔心。「因為在資本主義生產之下，勞動者階級是成為依存於工資的階級而再生產出來；他們通常的工資，不僅足以維持他們的生存，而且足以確保他們的增殖。勞動者階級，每年供給各種年齡的追加勞動力，資本只需使這些勞動力與那已經在年生產中所含的追加生產資料合成一體，剩餘價值的資本化便完成了。」總而言之，資本家只需以工資的形式把維持勞動者生存所必要的東西提供給勞動者便行了；至於那擴大他生產所必要的追加勞動者，是由勞動者階級自己增殖起來的。

第二節　影響資本蓄積的各種因素

一、資本家的節欲

　　在以上的說明中，為便於計算，是假定把全部剩餘價值蓄積起來；可是如前面所說，在事實上，多半是把一部分當作資本家的生活費，只把其餘一部分蓄積起來。而這消費的（用作資本家的生活費）剩餘價值部分，就是人們所視為狹義收入（廣義的收入是全部剩餘價值）的東西（馬克思在他的「資本蓄積論」中所說的「剩餘價值分成資本和收入」，就是這種意義上的收入）。

　　資本家把多少剩餘價值用於消費，把多少轉化為資本，可以由他任意決定。假定剩餘價值的分量是一定的，那麼它的消費部分越少，蓄積便急速地增大，它的消費部分越多，蓄積便緩慢地進行。而對於資本家，蓄積是越多越好的。

　　意義雖然不同，資本家也與勞動者一樣，是終身隸屬於資本的。他不僅在私人生活上（例如因家族成員增加等），不能不常常謀求剩餘價值增大，因而謀求資本增大（只要其他的因素不變），而且在競爭上，也不能不努力於此。因為大家都想盡可能地把他的生產物廉價地生產出來，在這種關係上，一定的生產部門中企業的設備及經營所必要的資本額，是與日俱增的。資本家在這個場合，若不能補充這種必要的資本增大，便必然地要在競爭場裡失敗。

　　譬如說，為維持今日某一生產部門中一企業的競爭能力所必要的最小投資額是2萬圓，而這種必要的最小投資額到了5

年之後，因採用新的勞動方法或更大規模的新機器等，而增大
到5萬圓。倘若最初用2萬圓開始那企業的資本家，因怠於蓄
積剩餘價值的緣故，到了5年之後，不能投入5萬圓，只能投
入3萬圓，恐怕他會因不能與別人競爭而歸於破產。

　　所以做資本家的人，有盡可能地蓄積大量剩餘價值，盡可
能地把大量剩餘價值轉化為資本的必要。可是在那裡，自然又
有一定的界限存在。

　　資本家的生活，也與勞動者的生活一樣，有歷史的社會的
一定標準。超過這個標準，太過奢侈的生活，便會被人視為浪
費者，而喪失信用。可是過於吝嗇，只不過和他身分相應的生
活，也會被人認為他營業不振，不能獲得普通的收益，因而喪
失信用。因此，他就不能不從他的剩餘價值當中，支出和他身
分相應的生活費。所以資本家所消費的剩餘價值部分，具有一
定的範圍。這個範圍，比起勞動者的工資來，自然能夠伸縮自
如得多。但就一定的社會、一定的時代來說，大體上是有一定
界限的。

　　總而言之，資本家越能節欲，越能節省那剩餘價值的消
費，則他的資本蓄積便越能增大；可是資本家剩餘價值消費的
節省，有一定的界限，他只能在這個界限所許可的範圍內蓄
積。

二、勞動者的節欲、勞動力的追加及其他

　　資本家節省越多，蓄積的範圍便越大。但是如上所述，他
的節省有一定的界限。幸而對於資本家，此外還有對於蓄積範
圍有很大影響的各種因素。我們已經說過對於剩餘價值的分量

有影響的一切因素（勞動力的搾取程度、勞動的生產力等），只要別的因素有變化，亦會影響蓄積的範圍。接下來，我們只在這些因素當中，舉出幾件「提供蓄積上以新角度」的主要因素來說一說。

其中最重要的因素，就是勞動者的節欲，即勞動者生活經費的節省。勞動者生活經費越節省，對於勞動者的支付越減少，則剩餘價值率（勞動力的搾取程度）便越增大，只要資本家的消費沒有變化，那可以蓄積的剩餘價值部分也就越增大，這是很明白的。因此，使勞動力價值減低的一切作為及使勞動者的工資降低到勞動力價值以下的一切作為，都有助於資本的蓄積。

其次，還有一件重要的事情，就是勞動力的追加。每次擴張營業，都不能不支出大額的不變資本，這一件事，對於資本家是極不利的事（因為不變資本不能產出什麼剩餘價值）；可是在大工業中，這種情形，卻因採用大規模的機器而日益嚴重。然而這裡，也有一種對於資本家有利的事情。那就是不用怎樣追加不變資本，只要追加可變資本，因而追加勞動力，也能擴大生產到某種程度。資本家可以靠追加可變資本，使勞動者從事額外勞動或夜工。在這個情況，既沒有添置新機器的必要，又沒有建設新工廠的必要。在不變資本中，只需增加原料及助成材料便行了。

可是還有一種產業，例如採礦業，沒有購買任何原料的必要；又有一種產業，例如農業，只須投入種子及肥料的代價那樣很少的資本。這些都是向土地採取原料的產業；在這種產業中，要增大生產物的分量，因而增大剩餘價值的分量，差不多

只須追加勞動力或勞動量，這是常見的事。例如在礦山中，差不多無例外地實行勞動的晝夜輪流制，便是這個緣故。

總而言之，勞動力的追加或勞動量的追加，使生產出來的剩餘價值分量增大，因而變成助長資本蓄積的一個重要因素。

最後，科學的發達，也助長資本蓄積。資本對於科學的發達本身，雖沒有什麼直接的關係，但是因科學的發達促進勞動生產力而產生的一切果實，卻全歸於資本家的手裡。勞動的生產力一增進，則生產物的價值便減低，勞動力的價值便低落，而相對剩餘價值便增大。同時，勞動的生產力一增進，一般生產物的價值一減低，則資本家便能以和從前同一分量的貨幣支出，購買比從前更多量的生活資料乃至享樂資料，或能以比從前更少量的貨幣支出，購買和從前同一分量的這些東西。這樣一來，資本家即使消費和從前一樣的剩餘價值部分，也能比從前蓄積得更多，若比從前消費得少些，則他所能蓄積的還要多些。

根據以上所說的情形，也可以知道：資本這個東西，絕不是具有固定大小的東西，乃是具有可以不斷伸縮大小的，它是可以因消費上及生產上的各種因素而不斷伸縮的。而對於資本蓄積有影響的因素，並不限於上述的那些。此後到了第二部裡所要敘述的流通上的因素（例如資本週轉的速度），也對它有影響。我們在這裡，只不過窺視它的一端罷了。

第三章　資本蓄積所伴隨的現象

第一節　勞動力需求的增加

一、資本的構成

　　接下來，我們必須考察一下：這種資本的蓄積，即資本主義蓄積，一般有什麼樣的作用，對於勞動者階級的存在給予什麼樣的影響。但是在沒有進行這種考察以前，首先還有說明資本的構成這一概念的必要。因為這種構成一有變化，蓄積上的各種結果也會跟著變化。那麼所謂資本的構成，是怎麼一回事呢？馬克思關於這一點，如次說道：

　　　　「資本的構成，應當理解為二重意義。從價值方面來看，它是由資本分成不變資本（即生產資料的價值）與可變資本（即勞動力的價值，換句話說，就是工資的總額）的比率來決定。從作用於生產過程內部的材料方面來看，一切資本都分成生產資料與活的勞動力。這個構成，是由一方所使用的生產資料分量與另一方使用生產資料所必要的勞動量之間的比率來決定。我把前者稱為資本的價值構成，把後者稱為資本的技術構成。這兩個構成之間，有密切的交互關係。我為表示這個關係，把資本的價值構成——從它依資本的技術構成來決定而且反映那技術構成諸變化的方面來看資本的價值構成，稱為資本的有機構成。我簡單說資本的構成時，常常是指這個有機構成。」

這個資本的構成即有機構成，自然因各個生產而有多少的不同。但是我們可以按照各生產部門別，把它平均起來，由此知道各生產部門的平均構成；還可以把各生產部門的平均構成，合計平均起來，由此知道社會總資本的平均構成。馬克思說：

> 「投於一定生產部門的許多個別資本，各有多少不同的構成。由這些資本的個別構成之平均，可以知道這個生產部門中總資本的構成。最後，由合計各生產部門的平均構成而得之總平均，可以知道一國的社會資本之構成。」

二、勞動力需求增加及工資上漲

資本的構成，是隨著生產技術的發展而變化。例如新採用的機器，是使資本的構成發生變化之重要因素；這會使投於生產資料的不變資本增大，同時，投於勞動力的可變資本相對地減少，這是我們已經知道的。可是這裡，首先考察資本的構成沒有這種變化而進行蓄積的場合來。也就是下述的場合，即必要的生產資料（不變資本）增大到2倍時，它所適用的勞動力（可變資本）也增大到2倍，像這樣子，兩個構成部分，以同一的比例而增大。

現在假定這裡有100,000圓的資本，以$\frac{3}{4}$（即75,000圓）作為不變資本，以$\frac{1}{4}$（即25,000圓）作為可變資本。再假定資本的所有者，從資本所得的剩餘價值當中，以20,000圓追加於

原資本中。這個情況，倘使沒有發生什麼變更資本構成的因素，那麼這個新追加的資本，也就以同一的比率來劃分，以$\frac{3}{4}$（即15,000圓）編入不變資本，以$\frac{1}{4}$（即5,000圓）編入可變資本。於是總資本，便由90,000圓不變資本和30,000圓可變資本構成；不變資本和可變資本，各增大2成。

可是這個情況，要把新追加的資本作為資本、即作為生產剩餘價值的價值來運用，必定要有和它相應的勞動力。以這個情況來說，必定要勞動力，也就是勞動者增加2成；只有在獲得這2成增加的勞動力時，上述的20,000圓追加資本，才能變成資本。

以上是就個別的資本來看；同樣的事情，也可以就社會的總資本、社會的資本來說。總之，只要資本的構成沒有變化，對於勞動力的需要也就隨著資本蓄積增大而增加。而資本蓄積增大，只有在這新需要的勞動力，亦即也就是勞動者，由社會增殖出來、供給出來的場合，才有可能實現。

在資本的構成沒有變化而進行蓄積的場合，如上所說，對於勞動力或勞動者的需要，以和蓄積的速度相同之比例而增大；資本的蓄積越急速進行，這種需要便越急速增大。因此倘若這種蓄積照原來的樣子進行，對於勞動力或勞動者的需要，便遲早要超過他們的供給，以致工資不能不因此上漲。也就是「因為每年所使用的勞動者多於前一年，所以遲早不能不達到一個界限，在這個界限，蓄積的欲望開始超過通常的勞動供給，以致引起工資上漲。」而「這種怨言，在十五世紀全期和十八世紀前半期，可以在英國聽見。」即使在日本，最近的歐

戰期間也一樣地發生這種情形。

可是，工資上漲絕不會動搖資本主義生產的根本。馬克思關於這一層，如次說道：

> 「然而這些多少有利於工資勞動者所藉以維持並增殖的狀態，對於資本主義生產的根本性質，並沒有什麼影響。單純的再生產，不斷地再生產資本關係自身，即一方面再生產資本家，另一方面再生產工資勞動者；同樣，規模擴大著的再生產（即蓄積），也再生產規模擴大著的資本關係，即一方面再生產更多的資本家或更大的資本家，另一方面再生產更多的工資勞動者。勞動力這東西，必須不斷地成為價值增殖工具而合併於資本，不能從資本分離出來；它對於資本的隸屬，只不過被購買勞動力的個別資本家的變化所隱蔽著罷了；這種勞動力的再生產，實際上成為資本自身再生產的一個要素。」

總之，工資上漲不外是資本主義生產發展的結果；這種現象是因進行資本蓄積而產生的。要使蓄積能夠進行，必須有活的追加資本即追加的勞動力或勞動者不可。工資上漲，是資本蓄積的結果；所以工資上漲多少，就是表示資本蓄積增大多少。

馬克思對於這一點，很鄭重地說道：

> 「由於資本蓄積而生的勞動力價格上漲，實際上只不過表示勞動者自身所鑄成的黃金鎖鍊，因其巨大沉重，准許自己的緊張稍微放鬆一點罷了。在關於這個問題的爭論裡，多半忽略了一個根本問題，即資本主義生產特徵的性質。在資本主義生產之下，購買勞

動力，並不是爲了靠它的服務或它的生產物來滿足購買者個人的欲望。他的目的，在於增加自己的資本價值。換句話說，在於生產一種包含比他所付代價更多勞動量的商品，因而這種商品，包含一個價值部分，不要他出什麼費用，並且經過販賣而實現出來。生產剩餘價值或賺錢，是這個生產方法的絕對法則。勞動力，只有在它把生產資料作爲資本而保存起來，把自己的價值作爲資本而再生產出來，並且以無償勞動供給追加資本的來源這樣的情況下，才變成能販賣的東西。

　　因此，在勞動力販賣的條件中，不論對於勞動者的有利程度如何，總包含不斷再販賣勞動力的必要，與更加大規模地再生產財富爲資本的事實。」

三、工資上漲的界限

　　如上所說，工資是隨著資本蓄積的增大而上漲。可是這個上漲，自然有一定的限度。因爲「如前面所述，工資的性質，常以由勞動者方面供給一定量的無償勞動（剩餘勞動）爲前提」。如果不能供給這個無償勞動，則資本家的利益便不能產生，資本家雇用勞動者的意義便要完全失去。所以工資上漲，至多只能停在一種使勞動者所提供的無償勞動（剩餘勞動）減少若干的程度，絕不能使無償勞動乃至於餘價值歸零的情況。

　　這樣看來，工資因蓄積的增大而上漲的場合，有兩種現象是可能的。第一種現象是，工資雖上漲而蓄積的進行不受阻礙。因爲剩餘價值率即使低落，只要資本能因蓄積而增大，則所生產的剩餘價值總量，也會增大。這是不足爲奇的事，亞

當史密斯也這樣說道：「即使利潤低落，資本不但可以繼續增加，甚至可以比從前增加得更快。……利潤小的大資本，通常比起利潤大的小資本增加得更快。」這個情況，剩餘勞動（無償勞動）的減少，絕不會妨害資本支配的擴大。第二種現象是，因工資上漲使資本家的利益刺激鈍化，蓄積便衰歇。這個情況蓄積是減退了，但是同時使工資上漲的原因也減退了。就是比起勞動力的供給，蓄積的需要遲純了。因此，工資又降低到可以使資本的增殖欲滿足的程度。這樣，「資本主義生產過程的機制，自行除去它一時造出的障礙。」

在這裡，我們可以看見有償勞動（必要勞動）與無償勞動（剩餘勞動）之間特殊的交互作用。馬克思把它概括起來，如次說道：

「倘若勞動者階級所供給的、資本家階級所蓄積的無償勞動的分量，增加非常之快，非用有償勞動異常的追加，便不能轉化爲資本，在這種場合，工資一定會上漲，只要別的因素沒有變化，無償勞動也會照此比例減少。但是一到了這個減少觸及那種滋養資本的剩餘勞動不再能供給標準分量的限度時，便發生一個反作用。就是收入中轉化爲資本的部分便減少，蓄積便開始遲滯，工資上漲的趨勢便受阻礙。總之，勞動價格上漲，受限於一個不但不與資本主義制度的基礎相牴觸，而且能夠確保資本主義制度擴大的再生產的界限內。」

工資就在這樣一定的界限內上下變動；而這個變動，在資產階級經濟學者的眼裡，卻看成勞動者人口的變動。據他們

說，因為勞動者人口急速增加，以致勞動力的供給增大，所
以工資低落；又因為勞動者人口由於某種因素而減少，以致勞
動力的供給減少，所以工資上漲。就是他們陷入一種錯誤，完
全和人們相信「太陽環繞地球，地球則靜止不動」那種錯誤一
樣。事實已經在前面論述明白，「使資本過剩的，不是勞動力
或勞動者人口絕對或相對增殖的減少；反之，使那受人榨取的
勞動力不足的，是資本的增大」；又「使資本不足的，不是勞
動力或勞動者人口絕對或相對增殖的擴大；反之，使那受人榨
取的勞動力過剩的，是資本的減少。」

第二節　可變資本的相對減少

一、生產力的增進與資本構成的變化 —— 可變資本的相對減少

在前一節說明中，是假定資本的構成沒有變化而進行蓄積
的場合來考察的。可是在實際上，資本構成的變化，是蓄積的
進行中遲早必然要發生的事情。換句話說，資本的構成沒有變
化而進行資本增加的場合，不過是資本蓄積進展過程的「特殊
階段」，但不久「這個過程便會超過這種階段而前進」。所以
我們還要再進一步就這個場合來考察一下。

資本的構成，有「從作用於生產過程內部的材料方面」來
看的「技術構成」，與「從它依資本的技術構成來決定而且反
映那技術構成諸變化的」價值方面來看的「價值構成」。這是
我們已經知道的。可是這種「從材料方面」來看的資本的技術

構成，就是「所使用的生產資料分量與使用生產資料所必要的勞動量」兩方面之量的比例，所以它隨著勞動生產力的增進而變化，是很明白的。所謂勞動生產力的增進，就是說進步到能夠用比從前更少量的勞動量，把和從前同一量或比從前更多量的生產資料，轉化爲生產物。換句話說，就是一個勞動者在一定時間內所消化的原料、所使用的勞動工具或其他東西，比從前增大了。因此，生產力一經增大或變化，則由生產資料與勞動量結合而成的資本之技術構成，也當然要發生變化。就是所運轉的生產資料分量，比起所使用的勞動分量增大；所使用的勞動分量，比起所運轉的生產資料分量減少。

技術構成上的這個變化，馬上會反映到它的價值構成上去。就是資本的技術構成中生產資料分量的相對增大與勞動分量的相對減少，變成不變資本（即用於生產資料中的資本部分）的相對增大及可變資本（即用於勞動力中的資本部分）的相對減少，而表現於資本的價值構成上。譬如說，「用百分率來計算，例如一種資本，最初有50%投於生產資料，50%投於勞動力；後來因勞動生產力增進的結果，變成以80%投於生產資料，以20%投於勞動力的情形。」

不過價值構成上的這個變化，它的比例並不一定準確地與技術構成上的變化相同。例如生產資料的分量加倍，勞動的分量減半，但不一定因此不變資本便加倍，可變資本便減半。爲什麼呢？

因爲勞動的生產力增進，勞動所運用的生產資料分量增大一定量時，生產資料的價值，並不是以一種與它的分量之增大同樣比例增大的。「例如在十八世紀初期，投於紡紗業的資

本價值，不變部分為 $\frac{1}{2}$，可變部分為 $\frac{1}{2}$；但在今日，比例便不相同，即不變部分為 $\frac{7}{8}$，可變部分為 $\frac{1}{8}$。可是在另一方面，被一定量的紡紗勞動消費於生產中的原料和勞動工具等的分量，在今日與十八世紀初期相比，竟達到幾百倍的程度。」這樣，「不變資本與可變資本間差異的增進，比起不變資本所轉化的生產資料與可變資本所轉化的勞動力之間，在量的差異之增進，要小得多；前一個差異雖與後一個差異一同增進，但其增進的程度是較小的。」

　　總之，勞動生產力的增進，會引起資本構成的變化，會引起可變資本的相對減少。

　　可是這勞動生產力的增進，在另一方面，又是資本蓄積增大的結果。勞動生產力的增進，擴大剩餘價值的生產，成為資本蓄積增大的原因，這是我們已經知道的，在這裡沒有再次說明的必要。原來這兩者有密切的交互作用關係，後者（資本蓄積增大）又可以做前者（勞動生產力增進）的原因，而且已成為它的原因。

　　原來商品生產這件事，是以生產資料歸私人所有為條件的。然而勞動社會的生產力發達，是以大規模的協作，換句話說，以廣大的勞動場所、大量的原料及勞動工具為前提（關於這一層，請參看前篇「協作、分工、機器」）。這樣巨大的生產資料歸私人所有並運用，只有在資本家私人的手裡蓄積了相當充分資本的情況才可能。所以資本蓄積達到某一定的程度，常常成為使勞動生產力達到某一定程度的前提條件。在資本主

義生產之下，勞動生產力的增進，因增大剩餘價值的生產，而成爲資本蓄積增大的原因。而資本蓄積增大，又因擴大生產的規模，而成爲增進勞動生產力的有力原因。資本蓄積增大與勞動生產力增進，便這樣互爲因果，互相幫助地發展起來。

總而言之，資本蓄積增大，伴隨著勞動生產力增進；所以資本蓄積增大，也伴隨著勞動生產力對於資本的構成上所生的結果。就是隨著資本蓄積增大，可變資本是相對地更加減少。

二、資本的蓄積與資本的集中

在這裡，我們有考察資本蓄積一般的進行形態的必要。因爲它直接對於可變資本的相對減少有重大關係，間接在資本主義生產的命運上具有重要作用。

資本的蓄積（Akkumlation des Kapitals），一般是採取如下的兩個形態進行的，那就是蓄積（Koncentration）與集中（Zentralisation）。

所謂資本的蓄積，就是說一群生產資料和勞動者，聚集於一個中心點而爲有機的活動。換句話說，就是指多數生產資料和勞動者，在一個資本家或結合成爲一個的（即成爲一個單位的）資本家的指揮統制之下結合起來。再從另一方面來說，就是成爲單位的各資本，各自保持獨立而增大起來。現在假定這裡有ABCD四個資本，A以A'A''A'''的樣式增大，B以B'B''B'''的樣式增大，C以C'C''C'''的樣式增大，D以D'D''D'''的樣式增大，這就是資本的積聚。用淺顯的例子來表示，便好像ABCD四個雪球，各在雪中滾轉一樣，那滾轉次

數越多，雪球便越大；資本的蓄積，便像這個樣子增大起來。

　　任何個別的資本，都是生產資料或大或小的蓄積。而與它照應的、附隨於它的，則有或大或小的「勞動者軍」存在。一般所謂產業發展，就是工廠擴大、使用勞動者增加、生產物增多等等；這不外是資本的蓄積增進了的意思。而在這種意義上的蓄積，「直接立足於蓄積上，或者可以說與蓄積同一。」

　　其次，與這資本蓄積不同的資本集中，又是怎麼一回事呢？原來資本主義生產，是從一種超過中世紀手工業所必需的資本額蓄積到某種最低限度以上的資本出發的。因而資本主義生產，從最初起，便有許多個大小不等的資本，這些資本各自獨立地隨著產業的發展而提高它的蓄積程度。「同時，原資本的嫩枝，從母樹分離出來，成為新的獨立資本而作用。在這個場合，資本家家族內部的財產分配，特別演著重要的劇目。因此，資本家的數目。也隨著資本蓄積的增進而或多或少地增加了。」這許多資本，都成為獨立的資本，互相競爭，互相排斥。然而這種排斥的反面，又有一種互相吸引的作用。這個吸引作用戰勝排斥作用時，幾個獨立的資本便結合成一個資本。而這種結合的過程，又有兩種。一種是幾個資本互相競爭的結果，競爭失敗的資本被競爭勝利的資本所吞併；另一種是幾個資本為對付第三者，造出一個強大的勢力，自動地進而合併。無論在哪一種，都是幾個資本集結成一個資本，使向來資本的單位數減少，使更強大的資本代之而起。用前面的雪球例子來說，便好像A和B合在一起，C和D合在一起；在這個場合，ABCD四個單位，便減為AB及CD兩個單位。但因為A雪球和B雪球相合而成AB雪球，C雪球和D雪球相合而成CD雪球，所

以數目雖然減少，各個雪球的分量卻變得更大，握有更強大的力量。這就是資本的集中；這種集中越進行，巨大的資本便越歸於少數資本家的手裡。同時在另一方面，沒有資本的人的數目也就更為增加。馬克思關於這一層，有如下的說明：

「社會總資本這樣分散成為許多個別的資本，或社會總資本的各部分互相排斥，又遇到各部分間互相吸引的反作用。這後一個現象，已經不是和蓄積同一意義、生產資料及勞動支配的單純蓄積，乃是既成諸資本的蓄積，揚棄資本個別的獨立性，資本家剝奪資本家，多數小資本轉化為少數大資本。這個過程，只是以已經存在且作用中的資本於分配上的變化為前提；因此，它的作用範圍，不受社會財富的絕對增加或蓄積的絕對界限所限制。在這一點，是與前一個過程（指蓄積而言）不同的。正因為一方面多數人喪失資本，所以另一方面一個人所掌握的資本膨脹得很大。這就是嚴格意義的集中，它與蓄積及積聚不同。」

為什麼要實行這種名為集中的特殊作用呢？馬克思這樣說道：

「資本這種集中（即資本吸引資本）的法則，這裡無法詳述；簡單地提一些事實就夠了。營業上的競爭，由提供廉價商品來達成。商品的廉價，只要別的因素沒有變化，是依勞動生產力的大小來決定；而勞動生產力的大小，又是依生產規模的大小來決定。因此，大資本勝過小資本。我們還記得：資本主義生產方法的發展，使那在標準的條件之下經營一個事業

所必要的個別資本的最低限量擴大了。因此，小資本便爭先恐後地流入大產業還只是零散地發生的生產領域，或大產業還沒有充分得勢的生產領域裡。在這種生產領域裡，競爭非常激烈，與相對抗的資本數目成正比例，與其大小成反比例。這種競爭，常以許多小資本家的沒落告終；而他們的資本，有一部分移轉於勝利者的手裡，有一部分歸於消滅。除此之外，還有一種全新的勢力，隨著資本主義生產的發展而出現，那就是信用制度。這種制度，最初是偷偷摸摸地耐心做著蓄積的謙遜助手，憑著那看不見的線索，將分散於社會表面上的大小分量的零星資金，引入個別資本家或集合資本家的手裡。但是不久，它就變成競爭戰中新的可怕武器，最後且轉化為助長資本集中的龐大社會機構。

　　集中的兩大槓桿──競爭及信用，是按照資本主義生產及蓄積發展的比例而發展起來的。再加上，蓄積發展，增加那可以集中的材料，即個別的資本；同時，資本主義生產的擴大，一方面造出社會的欲望，另一方面造出巨大的產業企業（經營這種企業，必須預先有資本集中存在）的技術手段。所以個別資本相互吸引與集中的傾向，在今日，比過去任何時代都要強烈。集中運動相對的擴大和能量，雖然在某種程度，由資本既得財富的大小和經濟機構的優越來決定，但是集中的進行，絕不依賴於社會財富的積極增大。而這件事實，正是使集中特別從那不過是擴大規模的再生產的別名的集積區別出來的特徵。集中。可以憑僅僅改變既存資本的分配，改變社會資本成分量的配置來實現。在這個情況，某一個人的手裡能夠掌握龐大的資本，乃是另一方面從許多個人的手裡撤去資本的結果。就一定的營業部門來說，到了投放那裡面的一切資本相合而成單一的資本時，集中便達到

那最極限了。就一定的社會來說，到了社會的總資本統一於單一的資本家或單一的資本家公司的手裡時，集中才達到那同一的最極限。」（註：可參考《資本論》第一卷，人民出版社，頁722，第二、三段。）

由單純的蓄積而生的資本增大，不過是緩慢進行的；但是集中卻能一舉造成巨大的資本。集中的結果，能夠從新展開很偉大的作用，這是我們眼前便可以看得到的事實。馬克思說：「倘若一定要等待蓄積達到能夠用若干個別的資本去鋪設鐵路，則世界至今也許還沒有鐵路出現。反之，集中透過股份公司，轉瞬間便將鐵路完成了。」由集中結合起來的資本，能夠發揮一種新的偉大力量；這種力量，在它個別存在的時候是看不到的。照辯證法的用語說起來，它不僅發生量的變化，而且發生質的變化了。

如上所說，資本（個別的資本）的增大方式，有積聚和集中兩種；但是它們在蓄積上所造成的影響，只有大小緩急之差，並沒有本質的不同。積聚就是蓄積的意思，那是不待言的。「集中使產業資本家能夠擴大他們經營的規模，藉以補充蓄積的作用。」也就是兩者都成為資本蓄積的進行形態。無論就哪一種形態來看，隨著它的進行，都會發生下述的情形：生產規模更加擴大，勞動生產力更加增進，不變資本累進地增大，可變資本相對地減少。馬克思說：「不論經營的規模擴大，是蓄積的結果還是集中的結果；也不論集中是以『併吞』的強制手段來實行也好（在這個場合，某些資本變成對其他資本的占壓倒優勢的引力中心，破壞後者的個別凝聚性，吸引那

些個別分散的小規模資本），或者不用既成的或形成中的許多
資本的合併，而是以設立股份公司那種較溫和的方法來實行也
好，總之，在經濟上的作用，並沒有什麼不同。企業規模擴
大，到處構成更廣包地去組織許多人的總勞動的出發點，構成
更廣包地去發展許多人的物質動力的出發點，換句話說，構成
這樣的一個出發點——使那依習慣來經營的個別生產過程，更
加轉化爲有社會結合和科學規劃的生產過程。」（註：可參考
《資本論》第一卷，人民出版社，頁723-724。）就是兩者都
是「以可變資本爲犧牲，去擴大不變資本，由此減少勞動的相
對需要」的。

然而可變資本的相對減少，卻以一種不能和蓄積比較的速
度進行。不僅那些在蓄積的進行中新生的資本，比起它的分量
來，只雇用更少的追加勞動者，而且在蓄積同時，還進行舊資
本的革命。當使用一定的勞動工具時，倘若其間發生勞動工具
的改善或進步，則那種改善了的勞動工具，便要取代舊有的勞
動工具，即舊資本轉化爲生產力更大的生產資料；結果，便是
「更加排擠從前所使用的勞動者」。所謂過剩人口的現象，實
在是這種作用的產物。

第三節　過剩人口

一、勞動者的過剩化——資本主義生產方法的人口律

據那有名的馬爾薩斯（Thomas Robert Malthus, 1766-
1834）《人口論》所說，人口過剩這件事，是基於不可避的

自然法則而生，也就是人類的食物（生活資料）只能以1－2－3－4－5……這種算術級數的比率增加，可是人口卻以1－2－4－8－16……那種幾何級數的比率增殖。「人口在沒有受限制時，以幾何級數的比率增加，但是食物只不過以算術級數的比率增加。」因此，倘若對於人口的增殖不加以限制，則窮困和飢餓，對於一部分國民必然難以避免。而受害於這種窮困和飢餓的，就是勞動者階級。馬爾薩斯乃至馬爾薩斯的追隨者，實在是如此主張的。

這樣，「馬爾薩斯基於他的偏見，認爲過剩人口不是由於勞動者的相對人口過剩，乃是由於絕對的人口過剩」。他這種主張的錯誤，現在已漸漸爲人所知了。事實上，人口和食物（生活資料），並沒有照馬爾薩斯所說那樣的比率增加。不僅如此，其實今日的「過剩人口」，是資本關係自身所產生的。「每個特殊的歷史的生產方法，具有它自身的特殊人口律，只對於那特定的歷史是適用的；抽象的人口律，只能存在於那種不受人類歷史干涉的動植物裡。」

「特殊的資本主義的生產方法，和它適應的勞動生產力的發展，以及由此而生的資本有機構成的變化——這些因素，不只和蓄積的進行或社會財富的增大同步調，而且以不能比較的速度進行。爲什麼呢？因爲單純的蓄積即總資本的絕對擴大，伴隨著構成總資本的個別要素之集中；追加資本的技術革命，伴隨著原資本的技術革命。所以，不變資本對於可變資本的比率，是跟著蓄積的進行而變化。假定這個比率最初是1對1，後來它便會漸次變成2對1、3對1、4對1、

5對1、7對1等等；所以隨著資本的增大，轉化爲勞動力的部分，已不復是總價值的$\frac{1}{2}$，只是它的$\frac{1}{3}$、$\frac{1}{4}$、$\frac{1}{5}$、$\frac{1}{6}$、$\frac{1}{8}$，如此越來越少；反之，轉化爲生產資料的部分，則爲$\frac{2}{3}$、$\frac{3}{4}$、$\frac{4}{5}$、$\frac{5}{6}$、$\frac{7}{8}$，如此越來越多。因爲勞動的需要並不是由總資本的大小來決定，乃是由可變資本部分的大小來決定，所以它不像前面所假定的那樣，按照總資本的比例而增進，反而隨著總資本的增大而累進地減少。勞動的需要，與總資本的分量相比，相對地減少，而且隨著這種分量的增大而加速地減少。

　　總資本一經增大，它的可變部分，即倂入總資本的勞動力，也一定會跟著增大；但這種增大的比率，是不斷遞減的。蓄積在一定的技術基礎上成爲單純的生產擴大而發生作用的那種間歇時間縮小了。爲了吸收一定數目的追加勞動者，甚至爲了繼續使用——舊資本不斷轉形的結果——那些已經從業的勞動者，也需要總資本的蓄積加速增進：但不僅如此，這種蓄積及集中的增進本身，又變成資本構成中的新變化——即與不變資本部分相比的可變資本構成的減少，更被促進了——的一個來源。隨著總資本的增大而更急速進行的可變資本部分的這種相對減少，在另一方面，採取一種相反的外觀而出現，好像勞動者人口的絕對增殖，常比勞動者的雇傭手段即可變資本的增長，進行得更急速些。但在事實上，資本主義的蓄積，是按照自己的能力及範圍的進展，不斷地生產一種相對（即與資本的平均增殖需求相比）過多的、因而過剩的勞動者人口的。」（註：可參考《資本論》第一卷，人民出版社，頁725-726。）

　　但絕不是說無論什麼樣的個別資本，一律同樣地發生上述那樣構成上的變化，在某一種情況，可以不變更一定的技術構成而增大資本。在這種情況，資本按照它的增大比例，來採用追加勞動力。在另一種情況，資本的總價值不增加，僅僅使舊資本以更具生產力的形態再生起來，因而資本的構成發生變化。在這種情況，受雇勞動者的數目，無論在相對意義上或絕對意義上，都是減少。這是兩個極端的情況；在這兩個極端的情況之間，還有單憑集中的作用、只變更資本的構成、不變更資本總量的情況，和隨著資本總量增大而引起資本構成變化的情況，以至於由這些中間的各種變化複合而成的無數相異的情況。但無論就哪一種情況來看，結果不是解雇已經使用的勞動者，便是縮小他們的雇用範圍。馬克思說：

　　　　「隨著已經作用的社會資本量的增大，及其增大程度的上升，即隨著生產規模的擴大，及在工作中的勞動者數目的增加，因而又隨著他們的勞動生產力的發展，隨著財富的一切來源越廣大且越充實，則資本對於勞動者更大的接納伴隨著更大的排斥，其規模也擴大起來；資本有機構成及其技術形態的變動也更加急速，而同時地或輪流地受到這種變動影響的生產領域數目也增加起來。因此，勞動者人口，在一方面產生資本的蓄積，同時在另一方面不斷地更加產出使他們自己成為相對過剩人口的手段。」這就是「資本主義生產方法獨特的人口律」。（註：可參考《資本論》第一卷，人民出版社，頁727-728。）

　　馬克思在《資本論》中，為證明這種事實起見，從英國的國情調查裡，採用了顯示許多產業部門內受雇勞動者數目相對

減少及絕對減少（這是常有的事）的各種例證；現在，我根據考茨基的《馬克思經濟學說》，「從最新的調查裡」舉出顯示受雇勞動者數目隨著生產擴大而絕對減少的兩個例證。

第一個例證，是1861年至1871年英國棉花製造業中的統計，數字如下：

	1861年	1871年
工廠數	2,887	2,483
紡錠數	30,387,467	34,695,221
蒸氣織機數	399,992	440,676
職工數	456,646	450,087

照這個統計看來，紡錠增加了4,307,754個，蒸氣織機增加了40,684架；但是受雇勞動者，卻從456,646減少到450,087人，即總共減少了6,559人。再則。工廠數也是減少的，表示資本集中的進行。

第二個例證，是更近的（1882年至1907年）德國綢緞機織業及麻布機織業中的統計，數字如下：

綢緞機織業		1882年	1907年	增減
小型企業	企業數	39,500	8,272	減31,228
	職工數	57,782	12,823	減44,959
中型企業	企業數	412	346	減66
	職工數	4,902	5,650	增748
大型企業	企業數	69	240	增171
	職工數	13,580	48,719	增35,139

麻布機織業		1882年	1907年	增減
小型企業	企業數	71,915	14,275	減57,640
	職工數	91,039	18,949	減72,090
中型企業	企業數	404	265	減139
	職工數	5,226	5,214	減12
大型企業	企業數	73	180	增107
	職工數	7,543	28,177	增20,634

（這裡以職工在6人以下者為小型企業，職工在6人以上50人以下者為中型企業，職工在50人以上者為大型企業。）

照這個統計看來，在1882年至1907年這25年之間，處在再生產部門中的小型企業，合計減少88,868個，即減少$\frac{8}{10}$，小型企業的勞動者則減少117,049人。反之，大型企業卻從合計142個增加到420個，它的勞動者則從21,123人增加到76,896人。但是若就它的全部即小型、中型、大型企業合計，則它的勞動者最後減少了60,540人（小型企業大幅度減少，大型企業漸次增加，這顯示集中或累積的進行）。

在以上的說明中，是假定「受雇勞動者數的增減，嚴格地與可變資本的增減一致」的，即假定可變資本一增大，受雇勞動者數便馬上跟著增加的，在這種假定之下，進行我們的考察，尚且看見勞動者過剩；但是事實並不一定是照這個假定進行的。就是可以有一種情況：可變資本雖增大，而受雇勞動者數卻不見增加。不僅如此，還可以有一種場合，受雇勞動者數，反隨著可變資本的增大而減少。而這種場合存在越多，便更加助長勞動者「過剩化」。

　　譬如有一位企業家，使用1,000名勞動者，他們的勞動日是10小時，一日（10小時）的工資是2圓。假定他現在想在這個經營裡投入追加資本。這個場合，他可以用擴張營業的場所，置備新的機器，雇入更多勞動者的方法來達成，也可以靠延長已經使用的勞動者之勞動時間來達成。假定採用後一個方法，把勞動時間延長5小時。並依舊照10小時2圓的勞動價格支付工資。這個時候，一日的工資變成3圓，可變資本增加$\frac{5}{10}$，但受雇勞動者的數目，卻與從前無異。與其雇用更多的勞動者來增加勞動量，不如延長勞動時間或增進勞動效率來增加勞動量。後一個辦法，對於任何資本家，都是有利的事。因爲資本家所應支出的不變資本之數額，在後一情況，是以更緩慢的速度增大。

　　以上所說。是由延長勞動時間所助長的勞動者過剩化；同樣的結果，也可以因勞動效率的增進而發生。像現在這樣，勞動時間在法律上已有限制的時候，效率增進，在這一點上實有很重要的意義。所謂勞動效率的增進，就是在等長的時間內搾出更多量的勞動；在增加生產物這一點上，與勞動時間的延長相同。可是要得到這種效率較高的勞動，便不能不付出較高的工資。長時間的勞動，需要較多的生活費來恢復體力；照同樣的意義，效率較高的勞動，也需要較多的生活費。這是就任何國家的事例來看都可以明白的。因此，當採用效率較高的勞動者時，有一種情況，可變資本雖然增加，而受雇勞動者數卻沒有增加；再則，可變資本如果是一定的，則受雇勞動者數還要減少；因而產生更多的過剩勞動者。

　　隨著資本蓄積的進行，資本家便更積極地想用原來勞動者的數目（即不增加勞動者的數目）來增加勞動量。「因為在使用較多勞動者的場合，投入的不變資本，是與那活動中的勞動分量成比例而增大的；在使用較少勞動者的場合，這種不變資本的增加是較緩慢的。」同時，反對這種傾向的勞動階級的力量，也漸次減退。因為資本的蓄積，使一些勞動者從生產裡「脫離」出來，變成過剩的人口；這些人天天想求得職業，因而與就業中的勞動者競爭，威脅就業中的勞動者。因此，就業中的勞動者，只得以延長勞動時間或增進勞動效率的形式，更加從事過度的勞動。這樣，就越助長勞動者的過剩化；過剩勞動者的隊伍，更加膨脹。

二、產業預備軍

　　馬克思對於這樣被產出、被助長的勞動者過剩人口，給了「產業預備軍」一個名稱。他說：「勞動者的過剩人口，是蓄積或資本主義基礎上財富發展的必然產物，同時又變成資本主義蓄積的槓桿，而且變成資本主義生產方法的存在條件之一。這種過剩人口，形成一種可以自由利用的產業預備軍，完全絕對地隸屬於資本之下，好像資本以自己的費用養成的一樣。這種過剩人口，替資本變動無常的增殖需求，造出一種隨時可供搾取的人力資源，而與現實的人口增長限制沒有關係。」相對於這種成為過剩勞動者群的預備軍，馬克思把就業中的勞動者群，叫作「現役軍」（或「現役勞動者軍」）。

　　這種產業預備軍，不僅是資本主義生產方法的必然產

物，而且是資本主義生產方法「決定存亡的條件」。

蓄積越進行，以及伴此而起的勞動生產力越發展，則資本的伸縮運動，便越激烈且廣大。「這不僅因為那作用資本的伸縮性增大，不僅因為那把資本作為伸縮自在的一個構成分子而包含著的絕對財富增加，也不僅因為信用在每次受到特殊的刺激時，立即使這財富非常大的部分以追加資本的形式受生產支配。它還起因於生產過程自身的技術條件（即機器、運輸工具及其他東西），容許剩餘生產物急速地轉化為追加的生產資料，以極大的規模進行。」（註：可參考《資本論》第一卷，人民出版社，頁729。）而這個運動，終於變成周期的東西，變成循環的東西。它以產業平均的景氣開始，其次急速地提升景氣，經濟大好，突然達到生產的大擴張，引起景氣過熱。接著發生恐慌，產業陷於衰退；然後市場又有適當的擴大，漸次吸收過剩的生產物，因而再行恢復景氣，重新開始更大規模的景氣循環。在這景氣上揚期間，大量用作生產資料的社會財富，或是突然湧入市場已擴大了的舊生產部門中，或是突然湧入因舊生產部門發展而新開發的生產部門中。同時在另一方面，又不能沒有大量可以運用這些生產資料的勞動力，來供給這些生產部門。而且這種供給，必須馬上就有，還要「不傷害其他領域的生產規模」，即不減少其他生產部門中所使用的勞動者。要如何，憑什麼，可以達到這個目的？不用說，不能等待勞動者人口的自然增殖。所謂景氣好的時期，最長也不過持續幾年，短則不過數月。可是新養成一個勞動者，至少也要18年或20年；每年自然增殖能供給的新勞動者是有限的。在這種情況，能夠擔負這種突然任務的，實在只有產業預備軍。

　　所以資本主義生產，爲應付這種情況，必須有這種預備
軍。資本主義生產，人爲地造出過剩勞動者人口，因此常常準
備著這種預備軍。急速的生產擴大一開始，便從這預備軍中召
集必要的勞動兵，把他們編入現役軍中；到了景氣好的時期一
過去、景氣差的時期一開始，便又使他們復歸於預備軍。不斷
準備著過剩的勞動者人口這一件事，成了維持資本主義生產不
可或缺少的條件。馬克思說：

　　　　「因此。當勞動者一旦看破這樣的祕密 —— 爲
什麼他們勞動越多，他們替別人生產的財富越多，他
們的勞動生產力越增進，竟使他們做一個資本價值增
殖工具的功能也以同樣的比例而越趨於不安定；當他
們一旦發現他們自己相互間的競爭強度完全以相對過
剩人口的壓力；因而當他們一旦力求用工會及其他方
法去組織就業者與失業者之間有計畫的合作，藉以打
破或削弱資本主義生產這種自然律對於他們階級的
破壞性影響，就遭遇資本及其阿諛者（資產階級經濟
學者）大聲叫喊，斥此爲侵犯所謂『永久』而且『神
聖』的供需律。」（註：可參考《資本論》第一卷，
人民出版社，頁737。）

第二部

剩餘價值的實現

第一篇

資本的循環

第一章　資本的循環

第一節　貨幣資本的循環

一、資本循環的三個階段

　　我們在前面的研究，以闡明剩餘價值的生產即資本的生產世界為主；關於流通，不過在理解剩餘價值的生產必要之範圍內加以考察罷了。可是如前面所說，資本主義生產的目的，在於資本家以貨幣的形式獲得剩餘價值，必須把在生產過程裡所生產的剩餘價值，經由販賣而實現為貨幣。因此，我們的研究，接下來便隨著那當然的理路發展，進一步對於剩餘價值的實現世界即資本的流通世界，作全面的闡述。

　　資本的循環運動，是採取三個階段而進行的，這一層，我們已經在本書第一部（闡述《資本論》第一卷的內容）裡討論過了。而這些階段，據第一部所說明，構成如下的系列：

　　「第一階段：資本家成為購買者，出現於商品市場和勞動市場。他的貨幣，換成商品。換句話說，通過G（貨幣）─W（商品）這一流通交易。」

　　「第二階段：資本家用購買的商品實行生產，發揮資本家作為商品生產者的功能，他的資本經歷生產過程，結果得到一種價值比生產諸要素價值還更大的商品。」這就是說，形成「商品……商品＋〔商品〕」這一階段。

　　「第三階段：資本家成為販賣者而復歸於市場，將他的商

品換成貨幣。換句話說，通過W（商品）－G（貨幣）（嚴格地說起來，是W'－G'即商品＋〔商品〕－貨幣＋〔貨幣〕）這一流通交易。」

這種循環運動，用一連串公式表示出來，便成了下面這樣（點線是表示生產過程）：

$$\overbrace{}^{第二階段}$$
$$\underbrace{貨-商}_{第一階段}\cdots\cdots\underbrace{商+〔商〕-貨+〔貨〕}_{第三階段}$$

我們要想了解剩餘價值的實現，首先必須對這「資本的循環過程」作更進一步的討論不可。馬克思在這裡說道：「關於上述的第一階段及第三階段，在第一卷（即本書第一部）裡所討論的，只限於爲理解第二階段所必要的範圍內，即資本的生產過程上所必要的範圍內。因此，資本在各種階段之下所採取的、在反覆進行那循環過程中有時保存有時放棄的種種形態，在第一卷裡是不加考慮的。這些形態，現在變成我們的研究對象。」

在第一階段「貨－商」裡，作爲資本而被投入的一定量貨幣，轉化爲同價值的一定量商品；但這個商品，不能單由普通的商品而成。「使一般商品流通的這個過程，同時變成個別資本獨立循環中具有特定功能一節的，首先不是這個過程的形態，乃是它的材料內容。換句話說，就是貨幣所換得之商品的特殊使用性質。這個商品，一方面代表生產資料，另一方面代表勞動力。」這就是說，貨幣在這個場合，是轉化爲商品生產的「物的因子」即生產資料與「人的因子」即勞動力的；用一個公式來表示，

便成了「貨—商 $\left\{\begin{array}{l}\text{勞 動 力}\\\text{生產資料}\end{array}\right\}$」。換句話說，「貨—商」是分作「貨幣—勞動力」與「貨幣—生產資料」的；這兩個轉化，「各屬於完全不同的市場，一方面屬於嚴格意義的商品市場，另一方面屬於勞動市場」。

總之，這個貨幣向勞動力及生產資料——總括起來說是生產要素——的轉化，不外是那成爲貨幣的資本價值，要以資本的資格產生剩餘價值而採取的必要的變裝，不過是同一的資本價值僅僅變更了它的存在形態；兩者（即成爲貨幣的資本價值與成爲生產要素的資本價值）在本質上都是充當資本的東西，都是生產剩餘價值的價值。所以馬克思，把前者即採取貨幣形態的資本價值，叫作貨幣資本；把後者即採取生產要素形態的資本價值，叫作生產資本。當「貨—商 $\left\{\begin{array}{l}\text{勞 動 力}\\\text{生產資料}\end{array}\right\}$」這一過程了結時，購買者不僅可以支配生產某種有用品所必要的生產資料及勞動力，還可以支配比償還這勞動力的價值所必要的還更多的勞動量，同時還可以支配這種勞動量實現上即被客體化上所必要的生產資料。換句話說，他可以支配那生產具有比生產諸要素價值還更大價值的物品所必要的諸因子，即生產包含剩餘價值的商品量所必要的諸因子。這樣一來，他以貨幣形式投入的價值，如今便採取一種使它可以實現爲生產剩餘價值（在商品形態中）價值的實物形態。換句話說，上述的價值，如今採取生產資本的形態而存在，在這種形態之下，它具有可以成爲造出價值及剩餘價值的東西而作用的能力。如今這個生產資本的價值，等於「勞動力＋生產資料」的價值，等

於被換成勞動力及生產資料的「貨」。「貨」是與生產資本同一的資本價值，只是那存在形態不同而已。它是在貨幣狀態或貨幣形態中的資本價值，換句話說，是貨幣資本。

所以，資本循環過程的第一階段即「貨－商」這一階段，是貨幣資本轉化爲生產資本的階段。這就是說，貨幣首先成爲資本價值的第一次擔當者而出現，接著，勞動力及生產資料，成爲資本價值的第二次擔當者而出現，以代替貨幣；這個轉化交替，便是資本循環過程的第一階段。

貨幣資本，只有貨幣功能（關於貨幣功能，當研究貨幣時，我們已經討論過了），此外不能有別的功能。「這個貨幣功能之所以成爲資本功能，只因爲它在資本的運動上具備一定的作用。就是履行這個功能的階段與資本循環的其他諸階段之間存有聯絡的結果。」譬如就當前的場合來說，貨幣換作勞動力及生產資料，貨幣資本轉化爲生產資本。而生產資本，則處於能夠生產剩餘價值的狀態，「潛伏地、可能地、預先包含著資本主義生產過程的結果」。因爲處於這種聯絡之下，所以那個貨幣才能充當資本，成爲貨幣資本。

用作貨幣資本的貨幣，有一部分，在了結「貨－商$\left\{\begin{array}{l}\text{勞動力}\\\text{生產資料}\end{array}\right.$」這一交易行爲、完成作爲貨幣資本的功能時，便馬上失去充當資本的性質，變成單純的貨幣，變成只不過盡著單純的貨幣功能的東西。那用來購買勞動力的一部分，就是這樣的東西（至於拿去購買生產資料的一部分，則可能由販賣者的手馬上變爲資本，也可能只用作單純的貨幣，不能一概而論）。「貨幣－勞動力」，從資本家方面看來，是購買勞動力

這一商品，但從勞動力的所有者即勞動者方面看來，卻是販賣勞動力這一商品。也就是說，它從勞動者方面看來，是「勞動力－貨幣」，就是「商品－貨幣」。勞動者把這樣得來的貨幣，爲購買他生活上所必要的商品（消費資料）而支付出去。因此，他的勞動力那種商品的流通，在這個情況，採取「商品（勞動力）－貨幣－商品（消費資料）」的形態，就是構成單純的商品流通的形態。「貨幣在這個場合，不過成爲單純的流通工具，成爲商品對商品交換的單純媒介者而作用罷了。」

「貨幣－勞動力」是「使那以貨幣形態投入的價值，在現實上轉化爲資本（即轉化爲生產剩餘價值的價值）之本質的條件」。因而它是貨幣資本轉化爲生產資本之根本要素，同時是資本主義生產方法的一般特徵。「這絕不是因爲購買勞動力，規定著供給比收回勞動力的價格或工資所必要還更多勞動的一個購買契約（換句話說，規定著供給剩餘勞動的購買契約，這剩餘勞動的供給，是投入價值的資本化之根本條件，或是──換一個說法──剩餘價值生產的根本條件）那樣的理由。不如說是從『貨幣－勞動力』這種形態上這樣看，總之是在工資形態之下以貨幣購買勞動的結果。」固然，以貨幣購買勞動這件事，是在資本主義經濟以前的貨幣經濟裡也可以看見；「貨幣很早便已經成爲所謂勞務的購買者而出現了」。但是「要使以販賣自己勞動或領取工資的形式來進行自己勞動力的販賣，不以孤立的現象，而以商品生產社會的標準之前提條件來表現，因而使貨幣資本能以社會的規模來達成這裡所考察的「貨－商 $\left\{\begin{array}{l}\text{勞 動 力}\\\text{生產資料}\end{array}\right.$」的功能，那必須有一個可以分解生產資料與勞

動力本來的結合之歷史過程存在」。這就是說，必須有許多
人在歷史的過程上漸次從生產資料分離，成為所謂自由的勞動
者，在社會的一方形成龐大的階層。奴隸的買賣，在形式上也
是商品買賣。但是奴隸階級若不存在，貨幣便不能有這個功
能。有了奴隸階級存在，貨幣才能用於購買奴隸。同樣，單憑
貨幣存在於購買者即資本家的手裡這一件事實，也不能使「貨
幣—勞動力」成為可能。要使「貨幣—勞動力」能夠在社會普
遍通行，必須有和它相應的工資勞動者階級存在。換句話說，
「貨幣—勞動力」這個轉化，是以「在社會規模上的工資勞動
者階級之存在」為前提。因此，它是資本主義生產方法的一般
特徵。

　　以上是關於第一階段的考察。

　　在第二階段「商（勞動力及生產資料）……商 ＋
〔商〕」裡，作為生產資本的勞動力及生產資料（作為商品買
進來的），為著完成它的功能，走入生產過程，消費於生產過
程中，成為具有更大價值即具有包含剩餘價值的價值之新生產
物（不能不作為商品賣出去的）而出現（「商 ＋ 〔商〕」中
的「商」表示原價值部分，「〔商〕」表示剩餘價值部分）。
這就是說，流通先要中斷，接著進行生產，所投入的資本價
值，暫時退出流通過程，透過生產過程；結果，便成為更大的
價值即包含剩餘價值的價值而出現。「然而資本的流通雖中
斷，但它的循環過程依舊是繼續的，因為它從商品流通的範
圍，一轉而入於生產範圍。」

　　第一階段裡從貨幣形態轉化為生產要素形態的一定量資本

價值，在這個階段裡，詳細點說，在屬於這個階段的生產過程裡，如何增大它自己，即如何生產剩餘價值？這在本書第一部裡，我們已經詳細地考察過了，所以不在這裡的考察範圍內。這裡成爲問題的，僅僅是採取生產要素形態而走入生產過程的資本價值，憑著透過生產過程，成爲包含剩餘價值的價值，即成爲「孕育剩餘價植的商品」而出現這一件事。這個商品的價值，等於生產資本的價值即原價值與新附加的剩餘價值之和，那是很明白的。馬克思把這在商品的形態上負擔子價值即剩餘價值的資本價值，叫作商品資本。他說：「在充當已經達成價值增殖的資本價值所採取的、從生產過程本身裡直接發生出來的、功能的存在形態的資格上，商品變成商品資本。」（註：可參考《資本論》第二卷，人民出版社，頁45。）

因此，資本循環的第二階段，是生產資本轉化爲商品資本的階段，即生產資本的商品資本化的階段。

在第三階段「商＋〔商〕—貨＋〔貨幣〕」裡，上述的「孕育剩餘價值的商品」，即在商品的形態上包含剩餘價值的價值，轉化爲同價值的（因而包含剩餘價值）貨幣（「貨＋〔貨〕」中的「貨」，表示原價值部分，「〔貨〕」是表示剩餘價值部分）。換句話說，生產出來的商品被賣出去，因而先前投入的貨幣，成爲更多的貨幣而回到資本家的手裡。「處在商品形態之下，資本必須盡商品的功能。構成這種資本的諸物品，最初便是爲市場而生產出來的，必須販賣出去，轉化爲貨幣。就是必須透過『商品—貨幣』這個階段。」作爲資本來看的商品，即商品資本，完成這個功能；這就是資本循環的第三階段。

　　於此，商品資本的這個功能，「變成一切商品生產物共通的功能。這就是說：它是轉化爲貨幣的功能，是被販賣的功能，是透過『商品—貨幣』這流通階段的功能。」這個商品功能之所以特別成爲資本功能、這個商品之所以特別成爲資本，那是因爲它在資本的運動上有一定的作用。就是因爲它帶著一種使命，必須把先前在生產過程裡所孕育的剩餘價值實現出來。換句話說，這個「商品，只因爲在它的流通開始以前，已經由生產過程的內部具備了資本性質，所以才能成爲資本而作用」。因此，它是一種資本，是商品資本。

　　商品資本，是轉化爲「貨＋〔貨〕」，即轉化爲超過先前所投入的貨幣；這不外乎因爲它自己具有超過先前所投入的價值，即包含剩餘價值的緣故。馬克思說：「在第一階段裡，資本家從嚴格意義的商品市場及勞動市場上，取得使用物品；在第三階段裡。他把商品投還於市場，但只投還於一個市場，即嚴格意義的商品市場。但是他憑自己的商品，從市場裡取得比最初投入於市場還更多的價值，這一件事實，畢竟不外是他投入比自己最初從市場裡抽出的還更多的商品價值於市場的結果。他投入價值『貨』，取得同價值的『商』。如今他投入『商＋〔商〕』，抽出同價值的『貨＋〔貨〕』。」（註：可參考《資本論》第二卷，人民出版社，頁49。）

　　「商＋〔商〕—貨＋〔貨〕」這個轉化一經進行，那原資本價值與剩餘價值便一起實現，對於兩者便構成一個共同的轉化過程。但這個過程，對於兩者，在流通上的意義是不相同的。這就是說，對於原資本價值（所投入的資本價值），是在

是在流通上的第二次轉形，是向貨幣形態的復歸；對於新生出來的剩餘價值，是最初的流通階段，是在流通上最初的轉形。馬克思關於這一層，如次說道：「憑著『商＋〔商〕－貨＋〔貨〕』的執行，投入的資本價值與剩餘價值兩者乃實現出來。這兩者的實現，在依『商＋〔商〕－貨＋〔貨〕』表現的商品總量的販賣——或分作幾次販賣，或一次販賣出去——上，會合一起。但這所謂『商＋〔商〕－貨＋〔貨〕』的同一流通過程，在如下的意義上，對於資本價值與剩餘價值，並不相同。這就是說，這個過程，對於資本價值與剩餘價值分別是不同的流通階段，即分別是兩者在流通內所應通過的轉型序列中相異的段落。剩餘價值『〔商〕』，是在生產過程的內部才生成的；它採取商品形態而出現於商品市場上，是最初的經驗。也就是商品形態，是剩餘價值的最初流通形態，因而『〔商〕－〔貨〕』這個交易，是它最初所經驗的流通行為，即最初的轉型。這個轉型，還須由相反的流通行為或相反的轉型『〔貨〕－〔商〕』來補充。然而在同一流通行為『商＋〔商〕－貨＋〔貨〕』裡，資本價值『商』所經驗的流通，情形便與這不同。這個流通行為，從資本價值的立場看來，就是『商－貨』（『商』等於生產資本，即等於最初投入的『貨』）的流通行為。資本價值，以『貨』的形態，以貨幣資本的形態，開始了最初的流通行為。它由『商－貨』這個交易，復歸於同一的形態。換句話說，資本價值，透過（一）『貨－商』及（二）『商－貨』這兩個互相對立的流通階段，復歸於可以重新開始同一循環過程的形態。剩餘價值最初所經驗的、從商品形態向貨幣形態的轉化，從資本價值看來，是復

歸於本來的貨幣形態，是再轉化爲本來的貨幣形態。」（註：可參考《資本論》第二卷，人民出版社，頁50-51。）總之，這樣看來，「同樣的流通行爲『商＋〔商〕—貨＋〔貨〕』，從資本價值（它是以貨幣的形式投入的）來說，是第二次完結的轉型，是向貨幣形態的復歸；但從剩餘價值（它是和資本價值一起爲商品資本所負擔的、而且藉商品資本轉化爲貨幣形態而一同實現的）來看，卻是從商品形態轉化爲貨幣形態（『商—貨』）的最初轉型，是最初的流通階段。」

如前面所說，資本循環的第三階段，是商品資本完成它資本功能的階段；商品資本，在這個情況完成二重功能。第一是使原資本價值復歸於貨幣形態，第二是使剩餘價值實現出來。因此，商品資本的實現形態即貨幣形態，在這個場合，也具備二重作用。一方面，成爲最初以貨幣形式投入的價值的復歸形態，同時另一方面，又成爲新加入流通當中的剩餘價值的第一次轉化形態。總之，資本循環的第三階段，就是商品資本向貨幣形態的轉化階段。

這個階段一經結束，資本的一個循環過程便即結束，資本便這樣被實現爲資本。剩餘價值，就在這樣資本的進程之下，被實現出來。

二、貨幣資本的循環

資本的循環過程，由如上的三個階段而成。再以比較明細的一連串公式表示，便成了下面這樣：

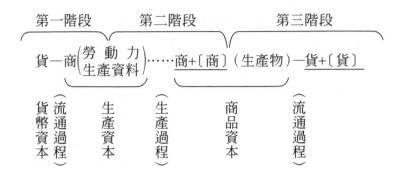

馬克思關於這一點，如次說道：

> 「資本在這個場合，表現爲通過一系列互相關
> 聯、互爲條件之轉化的一個價值，即表現爲通過代
> 表各總過程之各階段轉型的一個價值。這些階段當
> 中，有兩個屬於流通過程，一個屬於生產過程。無論
> 在哪一個階段裡，資本價值，都採取一種伴隨著相異
> 特殊功能的相異形態。最初所投入的價值，在這個運
> 動的内部，不僅保存它自己，而且還發育增大。到最
> 後階段結束時，這個價值，復歸於總過程開始時所具
> 有的形態。因此，這個總過程，成爲循環的過程。」
> （註：可參考《資本論》第二卷，人民出版社，頁
> 60。）

　　資本如上所說，在它的循環過程上，採取貨幣資本、生
產資本、商品資本三個形態。這些形態，是資本爲了具體地產
出剩餘價值而必須採取的轉化形態；只有採取這種轉化形態
而循環的資本，才能眞正在這個世上產出剩餘價值。但是在稱
爲資本的東西當中，也有不採取這種轉化形態而獲得剩餘價值

（嚴格地說，是參與剩餘價值的分配）、增大自己的，就是商業資本及生利資本。於是馬克思，把那採取上述三個階段或三個轉化形態而使它自己實現爲資本的資本（所謂眞的資本），與這些資本相區別，叫作產業資本（Industrielless Kapital, Industrial Capital）。因此，貨幣資本、生產資本、商品資本這三個資本形態，就是產業資本的三個外表不同之形態，是產業資本爲了達成它的資本功能、在循環過程中、輪流採取的三個外表不同的形態。馬克思說：

> 「資本價值在流通階段內部所採取的兩個形態，是貨幣資本及商品資本的形態；在生產階段內部所採取的形態，是生產資本的形態。在總循環的過程中逐一採取這些形態又逐一拋棄這些形態，而且在每次採取其中一個形態時都達成和它相應的功能。這樣的資本，就是產業資本（這裡所謂的產業，應當解釋爲這個資本涉及採取資本主義經營的一切生產部門這樣的意義）。
> 因此這裡所謂貨幣資本、商品資本、生產資本這些名稱，並非表示互相獨立的資本種類，即並非形成互相獨立分離的營業諸部門之內容的功能。這些資本形態，只不過表示產業資本依序所採取功能上特殊的諸形態而已。」

商業資本，不通過生產過程，採取「貨－商－貨 ＋〔貨〕」這種純粹在流通上的轉化形態，而使它自己增大；生利資本，直接採取「貨－貨＋〔貨〕」這種轉化形態或流通形態，而使它自己增大。這件事情，我們已經在本書第一部裡提及了。這兩種資本的歷史起源在於盜掠或詐取，因而這兩種資

本與當時的道德觀念不相容，這些我們也已經在前面討論過了。然而商業資本及生利資本，到後來產業資本成立時，便來分擔產業資本的功能，參與產業資本所產出剩餘價值的一部分分配了（詳細情形，留到本書第三部討論）。就是這兩種資本，如今成為產業資本的部分代理者，成為在產業資本的基礎之上，使自己實現為資本的附屬者而出現了。所以馬克思關於這一層，有如下的論述：

> 「不僅剩餘價值或剩餘勞動的占有，即使它的生產，同時也是資本的功能，從這一方面來看，產業資本是資本的唯一存在形式。因此，產業資本給予生產以資本主義的性質，它的存在包含資本家與工資勞動者的階級對立。與這種資本支配社會生產的程度成比例，勞動過程的技術和社會的體制發生革命，因而社會經濟的歷史類型也發生革命。那些在產業資本發生以前、在已經屬於過去或現在正趨於衰滅的社會生產狀態之中出現的別種資本，不僅隸屬於產業資本之下、依從產業資本來變更它們自己功能的機制，而且只在產業資本這個基礎上運動，因而與這個基礎同生共死。那種以充當特殊的營業部門的負擔者的功能，在今日還與產業資本並存著的生利資本及商業資本，不外是產業資本在流通過程內部有時採取有時拋棄的各種相異的功能形態，因社會的分工而獨立化並片面地發展了的存在形式。」（註：可參考《資本論》第二卷，人民出版社，頁66。）

在產業資本的循環裡，如前所述，最初以貨幣形式投入的資本價值，後來再成為貨幣（但成為更多的貨幣）而歸來。於

是資本家可以再把它作為貨幣資本而投入去。換句話說，這個
情況，貨幣資本復歸於可以再成為貨幣資本而作用的形態。所
以馬克思把這種從貨幣資本出發而復歸於貨幣資本的過程，叫
作「貨幣資本的循環」。他說：

> 「這樣，在循環過程的最後，資本價值重複採取
> 進入循環過程當時的形態。因此，資本價值可以重新
> 以貨幣資本的形態，開始並透過同一過程。正因為這
> 個過程的開始形態與最後形態，是貨幣資本的形態，
> 所以我們把這種形態的循環過程，叫作貨幣資本的循
> 環。」

產業資本的循環，成為貨幣資本的循環。「因為在貨幣形
態上的產業資本或成為貨幣資本的產業資本，形成總過程的出
發點和復歸點。」

貨幣資本的循環，在以下兩點，與後面所述的生產資本
循環及商品資本循環那兩個循環相區別。第一，這個循環的兩
極，是由貨幣形態而成。第二，在生產資本循環及商品資本循
環裡，終點的價值，不一定比起點的價值大；反之，在這個循
環裡，終點的價值，常常比起點的價值更大。「因此，貨幣資
本的循環，是產業資本循環最片面的、因而最適切和最典型的
現象形態；產業資本的目標及其動機——價值增殖（獲利和蓄
積），由此一目瞭然地表現出來，就是被為高價出售而購買的
形態表現出來。」

假使那復歸於貨幣形態的資本價值，再被流用為貨幣資
本，再投入同一循環過程時，與它的「子體」剩餘價值分離，

僅自己單獨投入，則在這種情況，便是實行單純的再生產。反之，倘若它帶著全部或一部分剩餘價值而投入，則在那種情況，便是實行擴大的再生產。

但是，無論哪一種情況，先前以貨幣的形式、以貨幣資本的形式投入的資本價值，在上述循環過程的最後，總是成為更多的貨幣，帶著新的剩餘價值而歸來的。因此，貨幣資本循環運動的反覆，變成具有無限的價值增殖運動。而這個情況，「生產過程，不過表現為獲利上的一個不可避免之中間過程，一個必然的惡」。

第二節　生產資本的循環

一、單純再生產的情況

資本（以下說資本時，若沒有特別聲明，都是指產業資本），不斷地反覆進行著前述那樣的循環運動。因此，倘若我們把視線轉向構成前述循環的另兩個轉型的生產資本和商品資本，觀察一下便可以知道，生產資本和商品資本也進行著循環；在資本循環的反覆進行中，當然也包含著生產資本的循環及商品資本的循環。為便於理解起見，用一個公式把它表示出來，便是下面這樣（在下面的公式裡，第一次循環裡的「貨—商⋯商＋〔商〕—貨＋〔貨〕」，與第二次循環及第二次以後的循環裡的「貨—商⋯商＋〔商〕—貨＋〔貨〕」，價值相等與否，暫且不論）。

照這個公式看來，「於循環的第二次反覆之際，在貨幣資

本的第二循環完畢以前，已經出現『商…商＋〔商〕—貨＋〔貨〕.貨—商』這一循環（生產資本的循環）。」「另一方面，在生產資本的第二循環完畢以前，已經透過『商＋〔商〕—貨＋〔貨〕.貨—商…商＋〔商〕』（簡略地說是『商＋〔商〕…商＋〔商〕』）這第一循環，即商品資本的循環。」

先就生產資本的循環來觀察一下。

生產資本循環的「一般公式」，如前面所見，是「商……商＋〔商〕—貨＋〔貨〕.貨—商」。

資本家把他購入的商品，即充當生產資本的勞動力及生產資料，在生產過程（點線……表示生產過程）裡作為生產的消費，由此生產新的具有更大價值的商品。生產這種具有更大價值的商品，就是「生產資本的功能」；這樣一來，生產資本的功能便完成，生產資本便轉化為商品資本。其次，這個商品資本，轉化為貨幣。而貨幣再作為貨幣資本而投入去，與必要的勞動力及生產資料去交換，由此再現出生產資本。這個過程，就是生產資本的循環。

圖解（由右至左）：

- 貨幣資本的第一循環：貨—商…商＋〔商〕—貨＋〔貨〕.貨—商
- 生產資本的第一循環
- 商品資本的第一循環

- 貨幣資本的第二循環：貨—商＋〔商〕—貨＋〔貨〕.貨—商…商＋〔商〕
- 生產資本的第二循環
- 商品資本的第二循環

- 貨幣資本的第三循環：商…商＋〔商〕—貨＋〔貨〕.貨—商

「關於這個循環形態，有兩件一目瞭然的事實。

（一）在第一形態『貨……貨＋〔貨〕』裡，作爲生產資本功能的生產過程，使貨幣資本的流通中斷，只成爲它的兩個階段即『貨—商』與『商＋〔商〕—貨＋〔貨〕』之間的媒介者而出現；反之，使這個情況中斷的，倒是產業資本的總流通過程，是這個資本在流通範圍內所經歷的全運動。因此，這個運動，只是充當作爲起點而開始循環的生產資本，與作爲終點而在同一形態（再開始的形態）之下終結循環的生產資本之間的媒介。嚴格意義的流通，不過表現爲週期地更新，因而不斷地再生產的媒介。

（二）總流通，表現成一種與貨幣資本循環情況所具的形態相反的形態。貨幣資本循環中的總流通（價值決定這件事，暫且不論），是『貨—商—貨（貨—商.商—貨）』。如今它（價值決定這件事，同樣暫且不論」）卻成爲『商—貨—商（商—貨.貨—商』，因而成爲單純的商品流通形態。」（註：可參考《資本論》第二卷，人民出版社，頁75-76。）

於此，如在前揭的公式裡所看見，生產資本的循環，從它的第一循環起，便已經與貨幣資本的循環不同，以資本循環的反覆爲必要，在其中包含再生產過程。換句話說，生產資本的循環，常常就是再生產的意思。

這個場合，在先行的資本循環（以目前的場合來說，是第一次循環）裡所實現的剩餘價值，是否重新加入貨幣資本之中，因而是否加入生產資本之中，基於這個因素，再生產的性質便會不同，循環的性質也會不同。馬克思關於這個問題，如次說道：

「第一循環（資本的第一次循環，因而是貨幣資本的第一循環），以『貨＋〔貨〕』終結，而這個『貨＋〔貨〕』，與最初的『貨』一樣，可以重新成爲貨幣資本而開始第二循環；所以『貨＋〔貨〕』中所含的『貨』與『〔貨〕』，是繼續走著同一的道路呢？還是各自走著不同的道路呢？這個問題，目前還沒有考察的必要。這樣的考察，只有到了進一步研究第一循環的更新時，才有必要。但是在考察生產資本的循環時，這個問題是必須確定的。因爲生產資本第一循環的性質就要取決於這一點，而且因爲生產資本中的『商＋〔商〕－貨＋〔貨〕』，表現爲由『貨－商』來補充的流通的第一階段。上記的公式，代表單純的再生產，是代表規模擴大了的再生產，是繫於這個問題的決定如何的。循環的性質，是依照這個問題的決定如何而不同的。」（註：可參考《資本論》第二卷，人民出版社，頁76-77。）

假使剩餘價值的全部，資本家拿去做個人的消費，不是重新用作貨幣資本，則在這種場合。便是實行單純的再生產。反之，倘若剩餘價值的全部或一部分，重新編入貨幣資本當中，用作貨幣資本，則在那種場合，便是實行擴大的再生產。在前述資本循環反覆的一般公式及生產資本循環的一般公式裡，第一次循環（資本的第一次循環）中的「貨」（因而又是「商…商＋〔商〕－貨＋〔貨〕」）與第二次循環及第二次以後的循環中所出現的「貨」（因而又是「商…商＋〔商〕－貨＋〔貨〕」）價值的異同，換句話說，剩餘價值的出路如何，是暫時放在考察範圍外；可是現在，卻不能不明確地把它表示出來了。

　　在單純再生產的情況，生產資本的循環（「商……商 ＋ 〔商〕－貨 ＋〔貨〕. 貨－商」，即「商……商 ＋〔商〕－貨 ＋〔貨〕－商」）的「明細形態」，便是下面這樣：

$$商\begin{pmatrix}勞動力\\生產資料\end{pmatrix}\cdots\cdots\left\{\begin{array}{c}商\\+\\〔商〕\end{array}\right.-\left\{\begin{array}{l}貨-\ 商\begin{pmatrix}勞動力\\生產資料\end{pmatrix}\\+\\〔貨〕-〔商〕（消費資料）\end{array}\right.$$

　　就是在這個情況，剩餘價值跳出資本的流通，而「走著一條分離的道路」；生產資本，以和從前同一的價值量而存在，因而其他的條件若沒有變化，便以和從前同一的功能而開始下一次的循環。

　　現在，如果分析考察把這個循環系列，把生產過程裡體現於商品產物「商 ＋ 〔商〕」中的資本價值與剩餘價值，分別地觀察，則在這個場合，兩者便各自構成如下的轉化系列：

$$資本價值\quad 商-貨-商\begin{pmatrix}勞動力\\生產資料\end{pmatrix}$$
$$剩餘價值\quad 〔商〕-〔貨〕-〔商〕（消費資料）$$

　　前者是一個從商品資本轉化爲貨幣資本，再從貨幣資本轉化爲生產資本的過程，所以不用說，是完全成爲資本的流通。可是後者，便與這個不同。

　　在後者「〔商〕－〔貨〕－〔商〕」裡，因爲它的前半「〔商〕－〔貨〕」是商品資本的貨幣形態化，所以屬於資本的流通內；但是它的後半「〔貨〕－〔商〕」，便不屬於資本的流通內了。「〔貨〕－〔商〕」表示用貨幣（即資本家爲獲

得嚴格意義的商品或者爲服侍他自己一身或他的一家而支出的貨幣）從事一連串的購買。這些購買，是在各種不同的時期分散地進行。因此，貨幣暫時採取一種預備供不時消費的準備貨幣或蓄藏貨幣的形態。這是因爲流通中斷了的貨幣，採取蓄藏貨幣這種形式而存在。這個貨幣成爲流通工具（也一樣地包含著充當蓄藏貨幣的暫行形態）而盡的功能，不是採取貨幣形態（貨）的資本流通。因爲這樣的貨幣，不是被投入，而是被支出。在「〔商〕—〔貨〕—〔商〕」裡，貨幣只不過成爲鑄幣而作用罷了。這個流通的目的，不外是資本家的個人消費。

於是，當作資本家所得的流通來看的「〔商〕—〔貨〕—〔商〕」，走入資本的流通內，只是行於「〔商〕」爲「商＋〔商〕」（即採取商品資本功能形態的資本）的價值部分這個範圍內；但是一到了這個流通採取「〔貨〕—〔商〕」的形式，即透過「〔商〕—〔貨〕—〔商〕」的整個形態而獨立化時，便不再進入資本家所投入的資本運動裡了（雖然它本來是從這個運動裡生產出來的）。因此，只有在資本存在，以資本家存在爲前提，而資本家存在，又以資本家消費剩餘價值爲條件，這樣的範圍內，上述的流通才與資本運動發生關聯。這是與實行擴大再生產的情況不同的重要點。

二、擴大再生產的情況

如果被實現爲貨幣之剩餘價值的全部或一部分，不是由資本家拿去做個人消費，而是拿去重新投入貨幣資本當中，則這個情況，便是實行擴大的再生產。而這個情況中生產資本循環的「明細形態」，便如下面這樣：

（甲）剩餘價值的全部被投入貨幣資本中的情況

$$
商\begin{pmatrix}勞動力\\生產資料\end{pmatrix}\cdots\cdots\left\{\begin{array}{c}商\\+\\〔商〕\end{array}\right.-\left\{\begin{array}{c}貨\\+\\〔貨〕\end{array}\right>-\ 商1\begin{pmatrix}勞動力\\生產資料\end{pmatrix}
$$

（乙）剩餘價值的一部分被投入貨幣資本中的情況

$$
商\begin{pmatrix}勞動力\\生產資料\end{pmatrix}\cdots\cdots\left\{\begin{array}{c}商\\+\\〔商〕\end{array}\right.-\left\{\begin{array}{c}貨\\+\\〔貨〕\end{array}\right.\left\{\begin{array}{c}〔貨〕1\\+\\〔貨〕2-〔商〕2\end{array}\right.\begin{array}{l}>-\ 商1\begin{pmatrix}勞動力\\生產資料\end{pmatrix}\\\\（消費資料）\end{array}
$$

【註】「商1」表示比起點中的生產資本「商」更大的生產資
本（這種生產資本的價值，由原資本價值與新投入的剩
餘價值之和而成）。「〔貨〕1」表示新投入貨幣資本
中的剩餘價值部分，「〔貨〕2」表示資本家拿去做個
人消費的剩餘價值部分，「〔商〕2」表示與「〔貨〕
2」相交換的消費資料。

就是在這個情況，生產資本變成以一種比從前更大的價值
量而持續存在著，因而別的條件如果沒有變化，便以更大的功
能而開始進行下一次的循環。

在實行這種擴大再生產的情況，剩餘價值也是轉化爲勞動
力及生產資料，即轉化爲生產資本；所以剩餘價值的轉化系列
「〔商〕－〔貨〕－〔商〕」，也就與實行單純再生產的情況
不同，而走入資本的流通中。固然，在只有剩餘價值的一部分
投入貨幣資本中的情況，它的轉化系列，是分裂地走入資本的
流通中。但無論是它的一部分或全部投入於貨幣資本中，在走

入資本的流通中這一點，總沒有什麼兩樣。

　　在前舉的公式中，假定實現爲貨幣的剩餘價值「〔貨〕」（是全部還是一部分，在這裡不成問題），一經實現，便馬上追加投入於舊的流通資本價值「貨」當中，因而馬上引起生產過程的擴大，即發生擴大的再生產；但是在現實上，卻不一定是照這樣進行的。爲什麼呢？因爲生產過程的擴大，是由技術來決定，不是可以任意用若干金額來進行。如果增加勞動力，便不能不也一樣地增加機器和原料。製紙業者，不能只追加原料而不增加職工和機器。因此，在那種可以新追加流用爲貨幣資本的金額上，自然存有一定的最低限度。馬克思關於這一層，如次說道：

　　　　「轉化爲金子（貨幣）的剩餘價值『〔貨〕』，是否能夠即刻追加於流通資本價值中，由此與資本『貨』相結合，變成『貨 ＋ 〔貨〕』的分量而走入循環過程裡，這一點是以各種與『〔貨〕』的單純存在無關的因素爲轉移的。如果要把『〔貨〕』用作第二個獨立營業（這是可以與第一個營業一起開設的）中的貨幣資本，它必須具有這種營業中所需要之最低限度的大小；倘使沒有，便不能作爲這種目的來使用。又如果要把它用於擴張原有的營業，則生產資本材料諸因子間的關係與其相互間的價值比例，也一樣地要求『〔貨〕』具有一定的最低限量。作用於這個營業中的一切生產資料，不單有質的相互比例，而且有一定的量的相互比例，即有一個比例的大小。構成生產資本諸因子間的這種材料之比例，與這種比例所負擔的價值比例，決定爲要使『〔貨〕』能夠轉化爲追加的生產資料及勞動力雙方（或只轉化爲生產資

料）而成爲生產資本的增殖額度，即爲了這個目的對於『〔貨〕』所必需的最低限量。例如紡紗業者，如果不同時獲得梳刷機和預紡機，便不能增加紡錠的數目。至於棉花及工資的支出增大，也是擴張這種營業所必需的，那是更不用說了。」（註：可參考《資本論》第二卷，人民出版社，頁96。）

因此，實現了的剩餘價值，有時也有這樣的情形：雖以化作資本爲目的，但經過原資本的幾次循環，還不能不把它蓄積在那裡，就是有一段時間採取蓄藏貨幣的形態。馬克思把置於這種狀態之下的剩餘價值，叫作「潛在的貨幣資本」。這是因爲它處在這種狀態之下：不久可以成爲貨幣資本而作用，但還沒有成爲貨幣資本而作用。馬克思說：「這樣，剩餘價值硬化爲蓄藏貨幣，且以這個形態而構成潛在的貨幣資本。爲什麼說它是潛在的呢？因爲它還不能成爲資本而作用，仍保持著貨幣形態。」

這樣，剩餘價值往往置於一種以資本化爲目的但還不能成爲資本而流通的狀態，即置於蓄藏貨幣的狀態；而這種採取蓄藏貨幣形態的剩餘價值，又有一種使資本的循環圓滑進行而作爲「準備金」的作用。「它對於資本的循環過程，不具有『商……商1』的形態，換句話說，走入這個循環過程之中，但並不會擴大資本主義再生產。」就是在這樣的時候：「『商＋〔商〕—貨＋〔貨〕』這個過程（已經生產出來的商品之販賣）被延長到正常的限度以上，因而商品資本的貨幣形態化變成異常遲滯，或者在這個轉化完成之後，例如貨幣資本所須轉化的生產資料之價格上漲到循環開始時的水準以上」（註：可

參考《資本論》第二卷，人民出版社，頁98。）——即到了這樣的時候，它是暫時地替代循環中貨幣資本的職務的。但是它並不是用作追加資本，只是用作既經流通的資本之暫時代用物，因而它自己不是產生剩餘價值的，所以它不是已經資本化了的東西。

最後，在整體上關於生產資本的循環，還有一點需要注意，就是在那裡潛伏著一個招致恐慌的重要作用。如在前揭的公式裡，已經能夠看到：生產資本的循環，只要「商＋〔商〕－貨＋〔貨〕」這個轉化（已經生產出來的商品之販賣）無滯礙地進行，便能容易達成，便能進行再生產。然而在「商＋〔商〕－貨＋〔貨〕」裡，購買商品的人，不是各個消費者，而是商人（以批發商人為主）；在商人的手裡，必須再販賣那商品。因此，不能因為「商＋〔商〕－貨＋〔貨〕」這個轉化平安無事地完成，便斷定那個商品已販賣出去，或許還停滯在市場上也說不定。然而從產業資本家的立場看來，這件事情暫時在他的資本循環上是沒有關係的。只要「商＋〔商〕－貨＋〔貨〕」這個交易能夠好好完成，那麼他的生產資本循環，便能平安無事地完成，再生產便能照常進行。結果，往往誘發生產過剩，引起恐慌。馬克思關於這一層，有如下的論述：

　　「從資本價值循環的持續這一點來看，又從資本家消費剩餘價值這一點來看，『商＋〔商〕－貨＋〔貨〕』這交易，都只包含『商＋〔商〕』轉化為貨幣，即販賣出去這件事。自然，『商＋〔商〕』之所

以被購買，只因爲它具有使用價值，可以利用於某種消費，不問是生產的或是個人的。但是即使『商 ＋〔商〕』仍持續流通，例如在購買棉紗的商人手裡，而這件事實，對於生產棉紗而把它賣給商人的紡紗業者之個別資本循環的持續，暫時沒有影響。這個循環的整個過程，與它無關地繼續進行。以這個過程爲條件的資本家及勞動者的個人消費，也同樣地繼續進行。這在危機的考察上，是一個要點。

　　『商 ＋〔商〕』一經販賣而轉化爲貨幣，便可以再轉化爲勞動過程以至再生產過程的現實因子。因此，這個商品是最後的消費者所購買，或是想再販賣它的商人所購買，在這個問題上，並無直接影響。資本主義生產所造出商品量的大小，是由生產的規模與想要不斷擴大它的欲求來決定，不是由需求供給即應當滿足的欲望之預定範圍來決定。能夠做大規模生產的直接購買者，除了其他生產領域中的產業資本家，只有批發商人。即使從再生產過程裡釋出的商品，在現實上還未歸於個人的或生產的消費，而這個過程，就一定限度內來說，也能以同一或更大的規模來進行。商品的消費，並未包含在生產商品的資本循環中。例如，棉紗一經販賣出去，暫時不管販賣出去的棉紗變成怎樣，而它所代表的資本價值循環，總可以重新開始。只要生產物賣得出去，從資本家的生產者立場看來，便算萬事都在順利進行了。他所代表的資本價值循環，不會發生中斷。而這個過程擴大時（這種擴大，包含消費生產資料的擴大），資本的這種再生產，也可能伴隨著勞動者方面個人消費（即需求）的擴大，因爲個人的消費，是被生產的消費所誘發、所媒介的。於是可能發生這樣的場合：剩餘價值的生產，以及資本家的個人消費，均會增大，再生產的整個過程，變得極其旺盛，同時，大部分商品好像已經

消費，但實際上，那些商品並沒有販賣出去，依舊保存在再販賣者的手裡，因而事實上還停留在市場上。如今商品陸續流入市場，最後便明白，先前流入的商品，不過好像是被消費吸收罷了。各商品資本，互相競爭，欲在市場占一位置。爲了要販賣較晚流入市場的商品，於是以較低價值來販賣。先前流入的商品還沒有賣完的時候，付款期限已經到了。這樣，商品所有者，必須宣布無法付款，或者爲了盡付款義務，以任何價格販賣。這個販賣，與現實上的需求狀態，一點也沒有關聯；它僅僅與付款的需要有關聯，換句話說，與把商品轉化爲貨幣的絕對必要有關係。然後危機襲來。這個恐慌，不是因個人消費的需求直接減退，而是因資本對資本的交換、資本的再生產過程減退而形成的。」（註：可參考《資本論》第二卷，人民出版社，頁88-89。）

第三節　商品資本的循環

一、商品資本的循環

商品資本循環的「一般公式」，如在前面的資本循環反覆公式中所見，是「商 ＋〔商〕－貨 ＋〔貨〕．貨－商……商 ＋〔商〕」，即「商 ＋〔商〕－貨 ＋〔貨〕－商－商 ＋〔商〕」。

資本家把生產出來的商品（其中體現著原有資本價值與剩餘價值）販賣出去，由此轉化爲貨幣。他用這貨幣（因這貨幣當中包含起初實現了的剩餘價值與否，有的實行單純的再生產，有的實行擴大的再生產）購買再生產所必要的勞動力及

生產資料。接下來，他把這勞動力及生產資料消費在生產過程中，由此再得到具有比他所消費的更大的價值而且必須販賣的商品——商品資本。這個過程，就是商品資本的循環。

在這個場合，也與在生產資本循環的場合一樣，其間包含著再生產過程，所以由於實行單純再生產或是擴大再生產，循環的進行便有多少的不同。也就是在實行擴大再生產的場合，終點的「商＋〔商〕」（商品資本），常常大於起點的「商＋〔商〕」（商品資本）。這裡仿效前面生產資本循環場合的公式，較詳細地表示出來如下。（「商1」是作為價值上由原資本價值與新投入作為追加資本的剩餘價值之和而成的東西，「〔商〕1」是表示新伴隨它而生的剩餘價值部分。又「〔貨〕—〔商〕」及「〔貨〕2—〔商〕2」，是表示資本家「個人消費」的剩餘價值）。

（一）單純再生產的情況

$$\begin{Bmatrix}商\\+\\〔商〕\end{Bmatrix} - \begin{Bmatrix}貨\\+\\〔貨〕\end{Bmatrix} \begin{matrix} - 商 \begin{pmatrix}勞\ 動\ 力\\生產資料\end{pmatrix} \\ - 〔商〕（消費資料） \end{matrix} \cdots\cdots \begin{Bmatrix}商\\+\\〔商〕\end{Bmatrix}$$

（二）擴大再生產的情況

（甲）剩餘價值的全部被投入的情況

$$\begin{Bmatrix}商\\+\\〔商〕\end{Bmatrix} - \begin{Bmatrix}貨\\+\\〔貨〕\end{Bmatrix} >- 商1\begin{pmatrix}勞\ 動\ 力\\生產資料\end{pmatrix} \cdots\cdots \begin{Bmatrix}商1\\+\\〔商〕1\end{Bmatrix}$$

（乙）剩餘價值的一部分被投入的情況

$$\begin{Bmatrix} 商 \\ + \\ [商] \end{Bmatrix} - \begin{Bmatrix} 貨 \\ + \\ [貨] \end{Bmatrix} \begin{Bmatrix} [貨]1 \\ + \\ [貨]2-[商]2（消費資料） \end{Bmatrix} 商1\begin{pmatrix} 勞\ 動\ 力 \\ 生產資料 \end{pmatrix} \cdots\cdots \begin{Bmatrix} 商1 \\ + \\ [商]1 \end{Bmatrix}$$

　　比起前面兩個循環，這個循環的特徵，主要是在於下述這一點：它的起點和終點，如上所見，常常由包含剩餘價值的資本價值，即已經增殖的資本價值而成。換句話說，這個循環的特徵是，以已經增殖的資本價值開始，以已經增殖的資本價值終結。固然，已經增殖的資本價值成為循環的終點而出現，這在貨幣資本循環「貨……貨＋〔貨〕」裡，又在實行擴大再生產的生產資本循環「商……商1（原資本價值＋編入的剩餘價值）」裡都可以看見。但是它成為起點而出現的事，在那些情況是看不見的。不用說，就是在那些情況，當循環反覆進行的時候，前一個循環的終點「貨＋〔貨〕」或「商1（原資本價值＋剩餘價值）」，也有成為後一個新循環的起點的。但是在那個情況，它不是以已經增殖的資本價值之資格而開始新的循環的，乃是成為一個單純的投入資本價值，成為從此非增殖不可的資本價值，即單純成為新的「貨」或「商」，而開始循環的。換句話說，它不是成為已經增殖了的資本價值而出現；資本價值的這種經歷，已經消失，只成為一個新的單純資本價值而出現。但在商品資本的循環裡，完全與此相異。在這個循環裡，做那起點的「商＋〔商〕」，是已經增殖了的資本價值（在商品形態之下增殖了的資本價值），即是包含著必須

再實現為貨幣的剩餘價值,所以能夠開始進行作為資本的那個循環。「『商 +〔商〕』,在做單純『商』(即資本價值的單純商品形態)的資格上,絕不能開始一個循環。」因此,在這個循環裡,做起點的商品,「雖在循環以同一的規模更新的情況,也必須以『商 +〔商〕』來表示」,必須是已經增殖了的資本價值。這是與前述兩個循環不同的主要點;其他一切的特徵或特質,都可以說是從這裡衍生出來的。

二、商品資本循環的特性

於此,商品資本的循環,具有一個特殊的性質。

在這個循環中,原資本價值及剩餘價值(也就是生產物總價值)直到被消費為止的運動過程,是這個循環成立的前提條件,從頭到尾地被包含著。個別的情況姑且不論,就平均來說,剩餘價值的一部分,成為資本家的所得而用於個人的消費,另外的一部分,則成為追加資本而與原資本價值合併,加入生產過程。也就是充當商品資本「商 +〔商〕」的總價值,在這個情況轉化為貨幣之後,便「分裂為資本運動與所得運動」,「分配」為「(資本家)個人的消費基金」與「再生產基金」,一部分落到「個人的消費」,一部分落到「生產的消費」。而這「生產的消費」,又由生產資料的消費與勞動力的消費而成,所以其中,又當然包含「勞動者個人的消費」。「生產的消費,當然包含勞動者個人的消費。因為勞動力這東西,就一定的限度內來說,是勞動者個人消費不斷的產物。」總而言之,這個過程,在商品資本的循環中,與在生產資本的循環中不同,是從頭到尾地被包含著的。

　　所以現在，如果使這循環起點的「商 ＋〔商〕」代表社會總資本的總生產物（那是可以全爲商品資本的），那麼這個循環便成爲表示社會總資本如上的運動，由此可以知道生產物的總價值，在社會之中究竟如何被處理了。因此，馬克思關於這一層，如次說道：

　　　「正因爲『商 ＋〔商〕……商 ＋〔商〕』這一循環，在其進行的內部，以採取『商（＝ 勞動力 ＋ 生產資料）』形態的別的產業資本存在爲前提，而且生產資料包括其他各種資本（即以上例來說，是機器、煤、油等），所以才理所當然地變成這樣的情形：這個循環，不應當僅僅作爲一般的循環形態，換句話說，僅僅作爲各個產業資本（除了最初投入的場合）所能考察的一個社會的形態，因而僅僅作爲一切個別產業資本所共通的運動形態來觀察，而且應當作爲個別諸資本的總計（即資本家階級的總資本）的運動形態來觀察（在這總資本的運動裡，各個產業資本的運動，不過表現爲互相交錯、互爲條件的部分運動）。例如，當我們考察在某一國於一年間所產出商品生產物的總額，而分析其中有一部分代替一切個別營業中的生產資本，另有一部分歸爲各種階級的個人消費，在那種運動中，『商 ＋〔商〕……商 ＋〔商〕』，是當作社會資本及其所生產的剩餘價值或剩餘生產物的運動形態而觀察的。社會資本等於個別諸資本（包括股份資本及國家資本——就政府使用生產的工資勞動於礦山鐵路等，而盡產業資本家功能的場合來說）的總額，而社會資本的總運動，等於個別諸資本的運動數量之總和，這件事絕不成爲排除下述事實的理由。就是這樣一件事實：作爲互相隔絕的個別諸資本之運動

來看的這個運動，與那把它作爲社會資本總運動的一部分，在那種角度之下來觀察的情況，因而使它與社會資本的其他各部分運動關聯著來觀察的情況所看見的，會有不同的現象；而且這樣觀察起來的運動，使許多需要解決的問題得到解決。那種解決，不是由個別的某資本循環的考察而生，倒是應當作它的前提。

『商＋〔商〕……「商＋〔商〕』是唯一這樣的一個循環，在這樣的循環中，使原來投入的資本價值，只構成運動起點之價值的一部分，而且由此把這個運動從最初就表現爲產業資本的總運動。這個運動，包含兩個方面的運動：一方面是代替生產資本的生產物部分的運動，另一方面是平均地說，一部分當作所得而支出，一部分當作蓄積的要素而使用的，剩餘生產物部分的運動。當作所得來看的剩餘價值的支出，既然包含在這循環當中，那麼個人的消費，也就包含在這當中。這種個人的消費，還因起點的『商』（商品）成爲某種使用品而存在那種理由，而包含於上述的循環中。但是在資本主義生產方法之下所生產出來的各物品，不管從它的使用形態上看來，或是可以充作生產的消費也好，或是可以充作個人的消費也好，或是可以充作雙方的消費也好，總之都是商品資本。『貨……貨＋〔貨〕』，只是表明價值方面，換句話說，作爲全過程目的所投入資本價值的增殖；『商……商（商1）』，只是表明當作伴隨著生產資本分量的不變或增大（蓄積）的再生產過程來看的資本生產過程。『商＋〔商〕……商＋〔商〕』，在起點便已經指示出資本主義商品生產的特色，它從最初便包含生產的消費與個人的消費兩者，而生產的消費與其所含的價值增殖，不過表現爲這個循環運動的分支。最後，因爲『商＋〔商〕』可以採取一種不得再走入任何生產過程的使用形態而存在，所以由各生產物部

分來表現的『商＋〔商〕』的種種價值部分，按照把『商＋〔商〕……商＋〔商〕』視爲社會總資本的運動形態，還是看做各個產業資本的獨立運動，而必須占領不同的位置，這是從最初便明白的事實。由這一切特質，可以推知這第三循環已經超出單純個別資本互相孤立循環的範圍。」（註：可參考《資本論》第二卷，人民出版社，頁112-114。）

商＋〔商〕……商＋〔商〕』，構成魁奈（Quesnay, 1694-1774）《經濟表》的基礎；他不採取『商……商』（生產資本的循環），而採取這個形態，而和『貨……貨＋〔貨〕』（由重商主義所堅持的個別隔絕的公式）相對立，就證明他的見識偉大而且正確。」

第二章　資本的流通

第一節　資本流通的交錯

一、與單純商品流通的交錯

在資本的循環過程中，包含著生產過程，這是不用再說了。但是，專從流通上來看時，資本是採取「貨幣—商品—貨幣」形態而流通的，這一層我們已經知道了。同時，單純的商品之流通採取「商品—貨幣—商品」形態而進行，這種流通被稱為單純的商品流通，這一層，我們也已經知道了。

於此，雖在資本主義社會，不是只生產作為資本的商品，除了作為資本的商品流通，同時還生產單純的商品，也有單純的商品流通。因此，這兩個流通往往是互相交錯進行的，這件事情很容易理解。譬如，有一個產業資本家的製粉業者，為生產澱粉去販賣，購入生產上所必要的馬鈴薯（生產資料）。這在他看來，就是貨幣資本的生產資本化。可是在這個情況，他所購入的馬鈴薯，卻不一定都要是資本主義生產的生產物。不管是什麼生產方法的生產物，只要它是馬鈴薯就可以。於是，假定他向單純商品生產者的農夫購入馬鈴薯。這樣，他的資本，便形成「貨幣—商品」的轉型，即資本流通的第一轉型。可是這個交易，從買方的他看來，固然是「貨幣—商品」，但從賣方的農夫看來，卻是「商品—貨幣」。其次，農夫把所得的貨幣，拿去購買他生活上所必要的商品例如醫

油，形成「貨幣─商品」的交易。而製粉業者，又把他所生產
的澱粉販賣出去，形成「商品─貨幣」的交易。也就是這個場
合，「貨幣─商品─貨幣」的流通（資本的流通）與「商品─
貨幣─商品」的流通（單純的商品流通），在前半是互相交錯
的。同樣，資本流通的後半「商品─貨幣」，可以是單純的商
品流通的後半「貨幣─商品」。這樣看來，資本的流通與單純
的商品流通，往往互相交錯。馬克思關於這一層，如次說道：

　　　　「在資本主義生產方法已經發展而且盛行的時
　代，在『貨─商（勞動力＋生產資料）』這個流通階段
　裡，構成生產資料的諸商品的一大部分，它自身又是
　別人運用的商品資本。所以從販賣者方面看來，便是
　實行『商＋〔商〕─貨＋〔貨〕』（商品資本的貨幣資
　本化）。但是這不是絕對適用的。相反地，在產業資
　本成為貨幣或商品而作用的流通過程的內部，這種資
　本成為貨幣資本或商品資本而通過的循環，同時與在
　商品生產範圍內各色各樣的社會生產方法之下來進行
　的商品流通（單純的商品流通）相交錯。不管商品是
　由立足於奴隸制度上的生產所生產出來的，或是由農
　民（中國的農民或印度的佃農），由公社（荷屬東印
　度），由國營生產（如俄國史初期所實行基於農奴制
　的生產），由半開化的狩獵民，或由其他所生產出來
　的也好，總之，在這些生產方法之下的商品及貨幣，
　當它到了與代表產業資本的商品及貨幣相接觸的時
　候，便也走入產業資本的循環裡，也走入商品資本所
　負擔的剩餘價值──在那剩餘價值被當作所得而支出
　的範圍內──的循環裡，就是它走入商品資本循環的
　兩個部門內。作為它來源的生產過程之性質如何，沒
　有什麼關係；它成為商品而作用於市場上，成為商品

而走入產業資本的循環裡，又走入產業資本所負擔的剩餘價值的流通內。」（註：可參考《資本論》第二卷，人民出版社，頁126-127。）

二、資本流通相互的交錯

資本的流通，往往與單純的商品流通互相交錯著，同時它們自身也是互相交錯進行的，這在資本主義社會裡是不證自明的道理。

例如煤礦主販賣煤「商品─貨幣」，在他看來，是他的商品資本的貨幣形態化，是他的資本流通「貨幣─商品─貨幣」的第二階段「商品─貨幣」；但從購買煤而把它用於「生產的消費」的製鐵業者看來，卻是他的貨幣資本的生產資本化，是他的資本流通「貨幣─商品─貨幣」的第一階段「貨幣─商品」。同樣，煤礦主購買他生產上所必要的生產資料之過程「貨幣─商品」，可能是別的資本家資本流通中的「商品─貨幣」。固然，這個情況，煤礦主所購入的生產資料，不一定要是資本主義生產的產物，即「嚴格意義的商品資本」，這在前一小節已經討論過了。但是在資本主義社會裡，商品的大部分是資本主義生產的產物，是充當「產業資本的功能形態」。因而資本家作爲生產資料而購入的商品，在多數情況大抵是資本主義生產的產物；那種交易，大抵是指資本流通相互交錯而說的。

這樣，在資本主義社會裡，生產資料的購買，大抵是指資本流通相互的交錯；但是「至於『貨幣─勞動力』即勞動力的

購買，絕不是表示資本諸轉型的交錯」。勞動力自然是商品，但不是商品資本。勞動力不是資本家的商品，而是勞動者的商品。勞動者把它賣給資本家，獲得貨幣，用那貨幣，購買自己生活上所必要的商品。也就是勞動力的購買或販賣這種交易，在勞動者方面看來，是形成單純的商品流通「商品－貨幣－商品」的。因此，那絕不是表示資本流通相互的交錯，不如說是表示資本流通與單純的商品流通的交錯。在這意義上而言，資本流通是以它與單純的商品流通之交錯為必要而不可或缺的。

第二節　流通期間及流通費用

一、流通期間

　　資本的循環過程，如我們已經詳細得知，由三個階段——即一個生產階段與兩個流通階段而成，資本依序透過這些階段，因而把它自身實現為資本。所以，資本在必要的若干期間停留於這些階段。資本停留於生產階段（換句話說是生產領域）的期間，叫作資本的生產期間；資本停留於流通階段（換句話說是流通領域）的期間，叫作資本的流通期間。「我們已經得知，透過生產領域與流通的兩個階段之資本運動，以時間的順序而進行。資本逗留於生產領域的期間，即是資本的生產期間；逗留於流通領域的期間，即是資本的流通期間。因而資本完成循環的全部期間，等於生產期間與流通期間之和。」

　　現在依資本循環的一般公式把它表示出來，如下：

資本的循環期間，如上所見，由生產期間與流通期間而成。生產期間，又由「資本存在於勞動過程內的期間」即「勞動期間」，與「資本的存在形態（未完成生產物的形態）不存在於勞動過程內而委之於自然過程支配的期間」──這期間亦可以叫作自然期間──這兩個期間而成。不過關於這個問題，在後面還要論述，所以在這裡不再論及。

流通期間，如前文所見，由貨幣資本的生產資本化與商品資本的貨幣形態化這兩個期間而成。「在流通領域的內部，資本通過兩個互相對立的階段『商品─貨幣』及『貨幣─商品』（不管哪一個在先）。因而資本的流通期間，也分裂為兩個部分，就是商品轉化為貨幣所需要的期間，與貨幣轉化為商品所需要的期間。」「資本停在流通領域內部的期間，成為商品資本及貨幣資本而作用。資本所通過的兩個流通過程，總之是從商品形態轉化為貨幣形態的過程，與從貨幣形態轉化為商品形態的過程。」

貨幣資本轉化為生產資本的期間，就是資本家購買生產資料及勞動力的期間。所以馬克思把它叫作「購買期間」。又，商品資本轉化為貨幣形態的期間，就是資本家販賣生產出來的商品的期間。所以馬克思把它叫作「販賣期間」。因而流通期間，是由購買期間與販賣期間而成的。

　　「『商品—貨幣』（即販賣），是資本轉形中最
困難的部分，所以在一般的情形之下，它占著流通期
間的大部分，這由單純的商品流通之分析，我們已經
知道了。價值成爲貨幣而存在時，處於隨時可以轉化
的形態。但是在它成爲商品而存在的場合，若非預先
轉化爲貨幣，便不能具有直接交換的可能性與隨時可
用的形態。可是講到資本流通過程中『貨幣—商品』
這個階段，問題是：即轉化爲可以充作一個特定的投
資中生產資本的一定要素之諸商品，有時市場上沒有
生產資料存在，有時必須在此後生產出來，有時必須
仰賴於遠方市場，或者通常的供給有些不足，或者價
格發生變動。總之，這裡有許多情況；這些情況，在
單純的形態變換『貨幣—商品』裡雖然看不見，但會
使流通階段這個部分的時間或長或短。」（註：可參
考《資本論》第二卷，人民出版社，頁143。）

　　在流通期間即購買及販賣的期間中，不僅有購買及販賣自
身的行爲，而且包含著種種行爲，因而又需要種種費用。接下
來，且就這流通上的費用來考察。

二、流通費用

　　資本流通上的費用即流通費用，據馬克思說有三種：第一
是「純粹的流通費用」，第二是「保管上的各種費用」，第三
是「運輸上的各種費用」。

（一）純粹的流通費用

　　資本純粹的流通費用，就是指資本的「單純的價值轉
型」，換句話說，爲購買及販賣本身而需要的（因而在商品價

值的形成上沒有什麼關係）費用。這種費用的第一種，是購買或販賣行為即買賣行為本身直接所要的費用。資本家，不論在他的資本流通「貨幣－商品」裡購買生產要素也好，或是在「商品－貨幣」裡販賣生產出來的商品也好，要進行那個交易，便要有持續一定時間的勞力支出。這個勞力支出，不管是由因此而被他雇入的專任工資勞動者來擔當也好，或是由以此為特殊事業的商人來擔當也好，都沒有什麼關係。不論由哪一種人來擔任，要做這件事情都少不了一定的費用，因為他們必須依此來得到他們的生活費。這種費用絕不是參與商品價值形成的，決沒有提高商品的價值。這與下述的事情一樣：「地主所使用的收租員或銀行的外務員，他們的勞動（因而他們的費用）對於他們所徵收的地租或放在袋裡拿到別的銀行去的金錢之價值量，連一毛錢都不會增加」。這完全是「不生產的支出」。這種費用，最後不能不從資本家所收得的剩餘價值中付出。因而就資本家方面來說，這種費用越大越不利。

假使資本家叫工資勞動者來擔當這個買賣的責任，那麼他就非把這個費用作為追加資本而支出不可。然而這個費用或這個資本部分，如前所說，並不形成什麼價值。因此，從投入資本全體看來，這一部分越多，價值生產的比率便越減少，生產功能的範圍便越縮小。

純粹的流通費用的第二種，是簿記上所要的費用。在購買或販賣中。「在實際的買賣之外，簿記是要支出勞動時間的。加上，被客體化了的勞動，如筆、墨、紙、桌子和事務所費用等，也屬於簿記費用。也就是在這個簿記的功能裡，一方面要支出勞動力，另一方面要支出勞動工具。」關於這件事，完全

與在前一個情況所說的一樣。

　　純粹的流通費用的第三種，是因貨幣的使用而生的費用。要做賣買，自然必須有貨幣，然而貨幣這東西，也與一般商品一樣，是社會勞動被客體化了的東西，生產它要支出勞動時間。而貨幣的需求，隨著資本主義生產的擴大而更加提高。同時，貨幣的使用期間一久，便有一部分會耗損，便有替換的必要。這種費用，從社會的立場來看，都是「形成流通費用」。而這個費用，並沒有參與任何商品價值的形成，這與前述各種情況相同。

　　總而言之，「單純起因於商品轉型的一切流通費用，對於商品沒有附加什麼價值，這是一般的法則。這樣的流通費用，不過是價值的實現上或從一種價值形態轉變爲別種價值形態上所伴隨的費用。投於這些費用中的資本（包含它所支配的勞動），屬於資本主義生產所伴隨的空費範圍內。這種費用，必須從剩餘生產物中收回，而且從全資本家階級的立場看來，這便是從剩餘價值或剩餘生產物中劃出的一個扣除。這恰與勞動者購買他的生活資料所需的時間，對於他是損失的時間，是同樣的意思。」

（二）保管上的各種費用

　　在資本流通的費用中，還要算入商品（資本的生產物）保管上及運輸上的各種費用。因爲這些也屬於流通過程，實行於流通期間。但是這些費用，與前述純粹的流通費用性質不同，是參與商品價值形成的。馬克思關於這一層，如次說道：「由價值的單純轉型，由觀念地考察了的流通而生的流通費用，不

是商品價值的形成要素。作爲這種流通費用而支出的資本，對資本家而言，不過是從用於『生產支出』的資本中劃出的單純扣除。然而以下所要考察流通上的諸費用，卻與以上所說的性質不同。這些流通費用，可以從生產過程裡發生，這些生產過程不過在流通中繼續進行，因而不過被流通形態隱蔽了自己的生產性質。在另一方面，從社會的角度看來，它雖是活的勞動或被客體化了的勞動的單純費用，是不生產的支出，但依同樣的理由，從各個資本家看來，是可以形成價值，可以增加商品的販賣價格。」（註：可參考《資本論》第二卷，人民出版社，頁154。）

先就保管上的各種費用來看。「生產物這東西，當它成爲商品資本而存在，停留於市場的期間，換句話說，當它已出生產過程但未入消費過程的期間，形成庫存商品。」就不能不保管。「不論庫存生產物的社會形態如何，爲保管它，需要保藏生產物的建築物、容器及其他東西的費用，還要有防止有害影響而必須支出的生產資料及勞動 —— 依生產物的性質而分量不同 —— 的費用。」再從資本的立場，換句話來說，「爲使商品資本成爲庫存商品而停留於市場上，需要店鋪、貯藏所、倉庫等建築物，因而需要投入不變資本。還有，爲使商品入庫，也須支付勞動力的代價。此外，商品會損壞，並且會受有害的自然因素影響，爲保護此等商品，必須投入追加資本，一部分投在勞動工具上，另一部分投在勞動力上。就是資本採取商品資本，因而又採取庫存商品這種形態而存在的時候，生出一種可以算入流通費用的費用，因爲它不屬於生產範圍。」（註：可參考《資本論》第二卷，人民出版社，頁156。）這種費用，

就是資本的流通費用中保管上的費用。

　　那麼這些費用，爲什麼與前述的純粹的流通費用不同，特別參與商品價值的形成呢？馬克思關於這一層，如次說道：「由庫存商品的形成而生的流通費用，如果僅僅起因於使現存價值從商品形態轉化爲貨幣形態所需要的時間，換句話說，如果僅僅起因於生產過程一定的社會形態（即生產物作爲商品而生產出來，並且必須轉化爲貨幣這一事實），那麼此等費用，便與前面第一節（就本書來說，同爲本小節）所列舉流通上的諸費用，完全具有同一的性質。在另一方面，商品的價值在此處之所以保存或增殖，是因爲使用價值 —— 即生產物自身 —— 置於需要資本支出的一定條件之下，而且加了種種動作，這些動作使追加勞動對於使用價值發生作用。但是商品價值的計算，關於這個過程的簿記，以及買賣上的交易等，對於商品價值所據以存在的使用價值，並不發生作用，只是關係於商品價值的形態而已。縱然，這裡無意中形成的庫存商品所伴隨的這些經費，僅由轉型的停滯與必要而生，但它因如下的事實，而與第一節（就本書來說，同爲本小節）所列出的各種經費相區別。就是這個情況的經費，不是以價值轉型爲目的而花費的，乃是以保存價值 —— 這價值存在於作爲生產物的、作爲使用價值的商品之內，因而只能藉保存生產物、即保存使用價值自身而保存著 —— 爲目的而花費的。使用價值，在這個情況，既沒有增殖，又沒有提高價值，反而減少了。但是這種減少受著限制，因而保存了使用價值。就是存在於商品之中的投入價值，在這個情況也沒有增進。但是有新的勞動 —— 包含被客體化了的勞動與活的勞動這兩者 —— 附加在這上面。」（註：可參考

《資本論》第二卷，人民出版社，頁156-157。）「這種流通費用，到某一程度為止，加入於商品的價值中，因而使商品價格上漲。」

（三）運輸上的各種費用

還有，資本的生產物──商品，為了成為商品資本而作用，大多需要輸送。「商品的流通，換句話說，事實上商品的空間活動，畢竟需要運輸。」為了輸送商品，還需要種種的費用。這種費用，就是運輸上的各種費用。

運輸上的各種費用也是參與商品價值的形成，使商品價格上漲。馬克思關於這個問題，如次說道：「生產物的分量，不因運輸而增大。即使生產物的自然性質因運輸而變化，除掉若干場合，不是什麼預期的效果，而是不可避免的禍害。但是物品的使用價值，必須經由物品的消費才能實現；而物品的消費，就必須使物品移至消費者容易接近購買的位置，因而運輸業的追加生產過程成為必要。因此，投於運輸業中的資本，對於輸送的生產物是有附加價值的，一部分是由於運輸工具的價值移轉，一部分是由於因運輸勞動的價值追加。」

這種「由運輸而追加於商品上的價值絕對量，在其他的條件沒有變化下，與運輸業中的生產力成反比，與運輸的距離成正比。」

第二篇

資本的週轉

第一章　影響資本週轉的各種因素

第一節　資本的週轉

一、資本的循環與資本的週轉

資本價值不管以什麼樣的存在形態投放下去，當它循環的時候，總是透過貨幣資本、生產資本、商品資本這3個形態；而且剩餘價值確實是在這樣的進程之下孕育並實現；同時資本價值的運動目的，如此才能完成；這些，在前篇已經討論過了。「資本主義生產的決定目的」，這樣看來，「是在於增殖投入價值；不管這個價值以獨立形態即貨幣形態投放下去，或是以商品形態投放下去，而其價值形態在投入商品的價格中只具有觀念上的獨立性，在這一點，都沒有什麼不同。無論在哪一個情況，投入資本價值，於其循環之中，都要透過種種的存在形態。不管它採取怎樣的形態，常是同一的資本價值，這件事實，可以憑資本家的帳簿或在計算貨幣的形態上確定。」（註：可參考《資本論》第二卷，人民出版社，頁171。）

當資本循環進行時，產生兩個形式：就是「（一）投入價值成為資本價值而作用並且已經增殖，與（二）投入價值的過程結束之後，又復歸於開始那過程時的形態」。資本的循環，常常包含這樣的兩個形式。

那麼所謂資本的週轉，是怎麼一回事呢？資本的週轉，同時也是指資本的循環。「資本的週轉，常常以採取貨幣或商

品形態的資本價值之投入開始，而且必須使循環的資本價值，以投入當時的形態復歸。」但是資本的循環，並不是就指資本的週轉。資本的循環，「不當作單獨的現象，而當作週期的過程來觀察」的時候，方才成為資本的週轉。馬克思說：「由個別的資本家投於某種生產部門的總資本價值，一經完成那運動的循環時，便得復歸於最初的形態，並得重新反覆同一過程。為著使價值成為資本價值而永久存在並達成自我增殖起見，必須反覆這種同一的過程。各個循環，不過是資本歷程中不斷反覆的一段落或一時期。在『貨……貨＋〔貨〕』的期間結束，資本再取得貨幣資本的形態，重新透過包含再生產過程或價值增殖過程的一系列轉型。在『商……商』的期間結束，資本再取得生產要素的形態，是循環更新的前提條件。不當作單獨的現象，而當作週期的過程來觀察的資本循環，就是資本的週轉。」換句話說，所謂資本的週轉，不外是不斷反覆來看的資本循環。因此，在資本循環反覆的地方，自然就有資本的週轉。

二、資本的週轉期間及週轉次數

　　完成資本一個循環的期間——即循環期間，由資本的生產期間與資本的流通期間之和而成，這已在前篇討論過了。因而資本的週轉期間，亦當由資本的生產期間與資本的流通期間之和而成。馬克思說：「這個週轉的持續期間，由資本的生產期間與流通期間的總和而定，這總期間便形成資本的週轉期間。因此，它成為一種尺度，可以用來測量總資本價值從這一循環期間到下一循環期間的中繼期間，測量資本生命過程上的週期

性，或測量同一資本價值自己增殖過程或生產過程實行更新、反覆的期間。」

測量資本的週轉次數，以一年爲單位。這是由於一種自然的原因，即「作爲資本主義生產之母國的溫帶地區所生最重要的農產品，是一年一次的生產物」。因此，現在「假定以U表示週轉期間的測量單位即一年，以u表示特定資本的週轉期間，以n表示週轉的次數，那麼便成了 $n = \dfrac{U}{u}$。例如，假定週轉期間是3個月，那麼便成了 $n = \dfrac{12}{3} = 4$，資本一年週轉4次。假定u等於18個月，那麼便成了 $n = \dfrac{12}{18} = \dfrac{2}{3}$，資本一年只不過是週轉期間的 $\dfrac{2}{3}$。」

「從資本家的立場看來，所謂資本的週轉期間，就是他爲增殖價值及以原來的形式收回那價值而不能不墊付資本的期間。」因而那週轉期間越快，則於一定的期間，以一定的資本價值，越能獲得更多的剩餘價值。所以在資本家方面。會盡可能地縮短資本的週轉期間。接下來，我們將考察哪些因素，會影響資本的週轉。

第二節　固定資本與流通資本

一、固定資本與流通資本

前面已經說過，資本在單次的週轉中，有一個期間停留於生產界，有一個期間停留於流通界。因此，左右資本週轉速

度的因素，也有兩種：一種關於生產期間，另一種關於流通期間。

關於生產期間或通過生產期間而影響資本週轉的因素，第一是固定資本與流通資本的關係。

我們在研究資本循環時，常常假定不變資本在一次的生產過程裡把它的全部價值移轉於生產物，依這樣的假定而進行考察。然而這不過是為研究便利所作的假定，實際上，作為不變資本的生產資料中，有一種東西固然是照這樣子在一次的生產過程裡把它的全部價值移轉於生產物，但另有一種東西，卻可以利用於多次的生產過程，因而把它的價值一部分一部分地移轉於生產物之上。關於這件事情，已經在本書第一部第二篇裡研究過了，重述如下：

「生產資料的價值，如前所說，是再現於生產上的；可是價值移轉的方式，因生產資料而有種種不同。有一種生產資料，在勞動過程中，失去獨立形態。原料和助成材料，便屬於這一種。另一種生產資料，在勞動過程中，維持著獨立形態。以紡紗的例子來說，被紡的棉花失去它的形態，而紡錠卻維持著它的形態。前者於每一次生產過程中，移轉它價值的全部於生產物，而後者只不過移轉它價值的一部分。譬如說，這裡有一架價值1,000圓的機器，它在一般的情形下，以1,000日磨損殆盡，那麼各勞動日，便有1圓價值自這機器移轉於各勞動日所造成的生產物之上。」

作為資本來看的一切生產要素之中，在一次生產過程裡便失掉從前的獨立使用形態而移轉全部價值於生產物的東西，

馬克思稱它爲流通資本（Zirkulierendes Kapital, Circulating Capital）或流動資本（Flussiges Kapital, Fluid Capital）；在一次生產過程裡還保持從前的獨立使用形態，只不過移轉一部分價值於生產物上的東西，馬克思稱它爲固定資本（Fixes Kapital, Fixed Capital）。

我們已經知道，生產資料凡有兩種，即勞動工具與勞動對象。而勞動工具，在一次的生產過程裡還保持從前的使用形態，只不過移轉部分價值於生產物。因此，所謂固定資本，就是指勞動工具（或體現於勞動工具中的資本部分）。反之，勞動對象，卻在一次的生產過程裡完全失了從前的獨立使用形態，而移轉全部價值於生產物。因此，勞動對象（或體現於勞動對象中的資本部分），就是充作流通資本的。

那麼勞動力──與生產資料同爲生產要素之一──屬於哪一種資本呢？換句話說，關於充作不變資本的生產資料，已如上述；其次，充作可變資本的勞動力，又如何呢？充作可變資本的勞動力，不但把它的價值移轉於生產物上，而且還造出、附加新的價值，在這一點，它與充作不變資本的勞動工具及勞動對象，都是不同的。可是它在一次的生產過程裡失掉使用價值的全部，把全部價值移轉於生產物上，在這一點，它與勞動對象完全相同。因此，勞動力在這個場合，也是屬於流通資本的。

這樣看來，流通資本之中，嚴格地區別起來，還可以分爲可變流通資本（勞動力）與不變流通資本（勞動對象）。可是可變流通資本與不變流通資本的區別，對考察資本週轉，並不

重要。①

二、固定資本及流通資本的週轉

那麼生產過程中這種固定資本與流通資本的關係，對於資本的週轉，給予什麼樣的影響呢？

如前所述，充作固定資本的資本部分，是在一次生產過程裡移轉它價值的一部分於生產物，所以比起充作流通資本的資本部分來說，全體停留於生產期間要長得多。換句話說，固定資本部分的生產期間長，流通資本部分的生產期間短。

因此，固定資本的週轉，比流通資本的週轉要慢得多；流通資本的週轉，比固定資本的週轉要快得多。例如流通資本以3個月收回，固定資本以5年才完全收回。所以，「固定資本所必需的週轉期間，包含流通資本的幾次週轉。在固定資本週轉一次的期間，流通資本已週轉幾次。」

這樣看來，流通資本可以在較短期間完成週轉，並重新開始週轉；而固定資本，可以在流通資本的每一次週轉中收回它的一部分，於流通資本的幾次週轉之後方才完成一次週轉，並重新總括起來投放於下一次週轉。因此，固定資本比起流通資本越大，則平均起來它的週轉期間便越長；反之亦然。

---

① 一般經濟學中的固定資本與流通資本的區別及用法，和馬克思不同。馬克思的區別反用法是關於生產過程的。而亞當史密斯以來的一般經濟學者，流通資本指的是流通過程（即資本循環過程中的購買與販賣）的資本，與生產過程無關。

譬如說，這裡有100,000圓的資本，其中$\frac{1}{2}$即50,000圓投於固定資本，其他$\frac{1}{2}$即同樣50,000圓投於流通資本。又假定固定資本的週轉需要10年，流通資本部分每年週轉2次。這時，此資本的每年週轉額，是「50,000圓÷10 ＋ 50,000圓×2 ＝ 5,000圓 ＋ 100,000圓 ＝ 105,000圓」即一年完成它的一次週轉而有餘。換句話說，它的平均週轉期間還不到一年。可是現在假定這100,000圓的資本，在同樣的條件之下，以它的$\frac{4}{5}$即80,000圓投於固定資本，以剩下的$\frac{1}{5}$即20,000圓投於流通資本。這個時候，它的每年週轉額，便變成「80,000圓÷10 ＋ 20,000圓×2 ＝ 8,000圓 ＋ 40,000圓 ＝ 48,000圓」即以兩年還不能完成它的一次週轉。換句話說，它的週轉期間持續兩年以上。

第三節　生產期間及流通期間

一、勞動期間

在整個生產期間，固定資本與流通資本的結合關係，相對地影響資本的週轉，已如上述。其次，在生產期間影響資本週轉，還有第二個因素，就是基於該資本所生產的生產物性質之生產期間（勞動期間及自然期間）的長短。先論勞動期間。

所謂勞動期間，是指在一定的生產部門裡為完成生產物所必需的勞動日數之合計而言。譬如說，在某種機器的生產中，

要完成它，以每天10小時的勞動需要100日，那麼這個生產的勞動期間便是100日（1,000小時）。反之，假定在某種玩具的生產中，要完成它，同樣以每天10小時的勞動，只需要1天，那麼這個生產的勞動期間便是1天（10小時）。

勞動期間的長短對於資本週轉的影響，主要是流通資本的週轉。例如就可以使用20年的蒸氣機（固定資本）來考察一下。不管這個蒸氣機把它的價值每天移轉於那可分的勞動過程之生產物棉紗也好，或是每100日間移轉於那連續100日的生產行為（即不可分的勞動過程）之生產物例如某種機器也好，對於全部價值移轉完畢的期間，因而對於它的週轉期間，並無任何影響。現在假使為考察的便利，暫時忽視它的流通期間，那麼只有一點不同：在前一個情況（棉紗），它的價值每天收回一點，在後一個情況（機器），每100天收回較大的一塊。至於完全收回那價值，兩者都需要20年，在這一點並無不同。

但是在流通資本方面，這個關係便不同了。原來在生產期間之中，不但包含著這勞動期間，而且包含著下列的自然期間；也有生產部門並不需要自然期間的。可是無論在哪一個場合，勞動期間延長，必然引起生產期間延長。因而又引起週轉期間延長。就是勞動期間越長，流通資本的週轉費時便越久。

此外，勞動期間延長，同時須增加投入資本。因為勞動期間越長，勞動力及勞動對象即流通資本，越在勞動過程之中成為未完成的生產物而堆積著停留著。譬如拿前例來看，在棉紗製造中，流通資本每1天週轉1次；在機器製造中，只能每100天週轉1次（在這個場合，與前面一樣，假定忽視流通期

間）。現在假定工資是每天支付的，那麼製造棉紗的資本家，只要準備1日份的工資便行，但製造機器的資本家，卻須準備100日份的工資。這不僅就勞動力，即就勞動對象來說也一樣。這樣說來，在流通資本方面，勞動期間越長，越需要大量的投入資本。

二、自然期間

「勞動期間，常常是生產期間。換句話說，就是資本留放在生產領域內的期間。但是反過來，資本停留於生產過程內的期間，卻不一定都是勞動期間。」

非勞動期間的生產期間也是有的。在生產期間內，因勞動過程的中斷而形成的期間，便屬於這一種期間。但這不是指基於勞動力自身的自然限制──睡眠、飲食和休息等──之勞動過程中斷期間。那樣的中斷期間，不如說是包含在勞動期間當中。我們這裡所討論的勞動過程中斷期間，是與勞動過程期間相互獨立而存在，是「從生產物及生產自身的性質而來的中斷」的期間。就是指生產物以尚未完成的形態「受自然過程支配」的期間；在這個期間，未完成的生產物，「須受物理、化學、或生理的諸變化」，以成為完成的生產物。我們假定把這叫作自然期間（馬克思自己對此並沒有另外給予總括的名稱）。

例如製造葡萄酒，在取得葡萄汁之後，即在一定的勞動期間之後，還須一段時間先使它醱酵，其次還須放置一段時間。在塗物製造或陶器製造中，需一段時間使生產物乾燥。這些醱酵期間、放置期間、乾燥期間，雖不是勞動期間，卻是生產期

間的一部分，這就是自然期間。像農產物和林產物，是有長遠自然期間的例子；在農產物中，從播種期到收穫期，勞動過程幾乎是中止的。在林產物中尤其如此，從那種子或樹苗種下以後，直到可以採伐而成為木材的生產物為止，需要幾十年的歲月，那些期間就是完全委之於自然過程的。「因此，以上一切的場合，投入資本的生產期間，由兩部分構成：其一是資本存在於勞動過程內的期間，其二是資本的存在形態——未完成生產物的形態——不存在於勞動過程內而受自然過程支配的期間。」

生產期間既然由勞動期間與自然期間構成，那麼自然期間的長短當然會影響生產期間的長短，因而會影響週轉期間的長短。也就是只要別的因素沒有變化，則自然期間越長，資本的週轉便越慢；自然期間越短，資本的週轉便越快。

三、流通期間（販賣期間及購買期間）

以上考察的固定資本與流通資本的關係、勞動期間的關係、自然期間的關係，都是在生產期間會影響資本週轉的諸因素。然而如前面屢次所說，資本週轉期間，由生產期間與流通期間而成。因此，決定流通期間長短的各種因素，也可以影響資本週轉，自不待言。

資本的流通期間，依資本的一般公式便可以明白，由購買期間與販賣期間而成。再以公式把它表示出來，則如下：

$$
\begin{array}{c}
（生產期間）\\
貨－商……商 ＋〔商〕－貨＋〔貨〕\\
\underbrace{購買期間}\qquad\underbrace{販賣期間}\\
（流通期間）\qquad（流通期間）
\end{array}
$$

因此，流通期間的長短，全依這兩個期間的長短決定。

這兩個期間當中，「相對地說來最具決定性的」是販賣期間，就是在生產過程裡新生產出來的商品（商品資本）轉化為貨幣（貨幣資本）的期間。大體是「依這期間的相對大小如何，流通期間，以至週轉期間，或延長，或縮短。」

使販賣期間發生差異的一個原因，是生產場所與販賣市場的距離如何。因為商品生產出來之後迄於到達市場之間，資本不能不停在「商品資本的狀態」。可是講到決定販賣期間長短的原因，還有一個重大的原因。在資本主義社會裡，許多情況是商品到達市場之後，還不能不等待購買它的人。因而這個期間，資本也還被束縛在商品資本的狀態。販賣期間，大體是由以上兩件事情決定它的長短。

購買期間，是成為資本的貨幣（貨幣資本）轉化為可用於生產的商品（生產資本）的期間，產生影響的原因之一，也是市場的距離如何。市場的距離如何，不僅影響販賣期間，也影響購買期間。其他的原因，還有購買的商品之供給時期、供給分量、選擇時間等。

無論是販賣期間或購買期間哪一個情況，它的延長，都會引起流通期間全體的延長，因而引起週轉期間的延長。

第二章　資本週轉對於剩餘價值的實現所造成的影響

第一節　對於資本投入大小所造成的影響

一、週轉期間與資本投入的大小

我們在前一章裡，已經研究關於影響資本週轉的各種因素。接下來，我們須就資本週轉「對於資本的價值增殖所造成的影響」，因而對於實現剩餘價值所造成的影響，來研究一下。

資本的週轉期間如何，在價值增殖上面，因而在剩餘價值的實現上所造成的重要影響，第一有它與資本投入的關係，第二有它與年剩餘價值率的關係。在本節裡，且先就前一種關係來看。

資本的週轉期間越長，投入資本的分量便越大，不管它期間長是基於生產期間或流通期間。基於生產期間的情形，在前一節已大略講過。接下來，再總括地說一說。

現在假定這裡有一個資本過程：它的勞動期間是9星期，完全沒有自然期間，因而生產期間與勞動期間一致。為了考察的便利，假定這個情況的資本，專由流通資本構成，那9星期需要的總資本價值是9,000圓，每星期的支出是1,000圓。其次，假定它的流通期間是3星期，則它週轉期間就是「生產期間9星期+流通期間3星期 = 12星期」。

　　這個時候，「經過9星期之後，投入的生產資本，轉化為商品資本。可是它現在有3星期停留於流通期間內。所以非等到第13個星期開始的時候，新的生產期間才能再行開始。而生產會有3個星期（即全週轉期間的$\frac{1}{4}$）停止。」也就是「生產每3個月停止3星期，因而一年間停止12星期（＝3個月＝年週轉期間的$\frac{1}{4}$。」

　　那麼要使這個生產不致停止，應當怎麼辦呢？只能有兩個方法。

　　第一個方法是縮小生產的規模，使總資本價值9,000圓支撐到12個星期，即每星期支出750圓。但是生產規模的這種縮小，在競爭的關係上，多半是不可能的。因為大規模生產比起小規模生產來說，在許多情況，能夠較廉價地生產。

　　所以如果上述第一個方法不可能，那麼便只有採用第二個方法，即採用增加投入資本的方法。就是現在不是投入9,000圓，而是投入12,000圓。這個時候，於9星期的生產期間轉化為生產物的9,000圓，可以在這與被新創造附加的若干剩餘價值一同成為商品資本而停留於流通過程的3星期之間，用新追加投入的3,000圓進行第二次生產，直到先前的9,000圓與新的剩餘價值一同再取得貨幣形態而復歸於手頭的時候為止，可以無滯礙地繼續進行生產。

　　總而言之，週轉期間越長，如上所述，具有一定生產規模的資本過程，便更需要大量的投入資本。

　　以上分析也就是表示：資本的週轉期間越長，在實現一定量的剩餘價值上，更需要大量的投入資本。

二、追加資本與資本的週轉

如上所述，週轉期間延長，需要追加投入的資本；但在這週轉中，必須注意以下的事實。我們再拿前例來考察一下（以下的考察，都是忽視信用制度的）。

第一，原資本9,000圓的功能與追加資本3,000圓的功能，在第二次週轉以後便變成互相交錯了。

在第一次12星期的週轉期間，「為9星期的第一次勞動期間而投入9,000圓資本的週轉，結束於第13星期之初。3,000圓的追加資本，在最後3星期盡其功能，而開始第二次9星期的勞動期間。」

但是一進入第二次週轉期間，「在第13星期之初，9,000圓便流回來。它是處於一種能夠開始新的週轉的狀態。可是第二次勞動期間，已經以3,000圓的追加資本於第10星期開始了。依同一的資本，在第13星期之初，已經完成勞動期間的$\frac{1}{3}$，3,000圓已經從生產資本轉化為生產物了。要使第二次勞動期間結束，便只需6個星期，所以可以走入第二次勞動期間生產過程的金額，不過是9,000圓的流回資本的$\frac{2}{3}$，即6,000圓。從最初的9,000圓當中游離出3,000圓的金額，與3,000圓追加資本在第一次勞動期間中有同樣的作用。在第二次週轉期間的第6星期末，第二次勞動期間結束。投於這勞動期間的9,000圓資本，在3星期後，即在第二次12星期的週轉期間的第9星期末，又流回來。在那流通期間的3星期中，3,000圓游離了的資本現出作用。這樣，在第二次週轉期間的第7星期，即從最初

計算起來，在第19星期，又開始9,000圓資本的第三次勞動期間。」

接著，在第三次週轉期間，「在第二次週轉期間的第9星期末，有9,000圓資本重新流回。可是第三次勞動期間，早已在第二次週轉期間的第七星期開始了，並且已經經過了6個星期。也就是屬於第三次勞動期間的，只剩下3個星期。因此，流回的9,000圓之中，走入生產過程的份額，不過是3,000圓。第四次勞動期間，占著這次週轉期間所剩的9星期。就是從最初計算起來。在第37個星期，同時開始第4次週轉期間與第5次勞動期間。」（註：可參考《資本論》第二卷，人民出版社，頁288-289。）

這樣看來。「9,000圓資本的功能，與在9星期的第一次勞動期間結束新追加的3,000圓資本 —— 在第一次勞動期間結束的時候，爲不致引起中斷而開始第二次勞動期間的資本 —— 的功能，在第一次週轉期間的情況，是明確區別的，或者至少是可以這樣區別的，但在第二次週轉期間進行中，便變成互相交錯的了。」

在追加投入的資本之週轉中，應當注意的第二件事實是，當進行以上那樣的週轉時，資本的一部分必須反覆地處於閒置狀態。

試拿前例來看。資本家如果不欲生產中斷，那麼對於需要9,000圓的生產過程，必須準備12,000圓不可。但是那3,000圓的追加資本，是到了起初9星期的勞動期間結束，3星期的流通期間開始的時候，才成爲必要的，所以在未到那期間的時候，不能不毫無作用地閒置著。可是那3星期的流通期間一

經過，即一到了第12星期末，那9,000圓便收回來，但這時已經進入第2次勞動期間，所以需要的是對於剩下6星期的6,000圓。因而其餘的3,000圓，又不能不處於閒置狀態。這樣，在追加投資的生產中，一定額的資本必須反覆地處於閒置狀態。[①]

第二節　對於年剩餘價值率所造成的影響

一、可變資本的週轉與剩餘價值的年總額

資本的週轉對於價值增殖，因而對於實現剩餘價值所造成的影響，第二個，我們必須舉出可變資本的週轉對於年剩餘價值率所造成的影響。

我們早已知道，投入資本分爲不變資本（生產資料）與可變資本（勞動力），但產出剩餘價值的，完全是基於後者即可變資本的作用。因而在一次週轉中所實現的剩餘價值率（即剩餘價值與可變資本的比率）如果是一定的話，那麼一年間所實現的剩餘價值總量，自然是因可變資本的週轉越快而越大。接下來，我們試作一具體的考察。

[①] 固然，資本處於閒置狀態，這種事在別的情況也會有。資本家爲了一定勞動期間的生產，準備一定的資本，把其中一部分用於原料及助成材料等不變流通資本。另一部分用於勞動力的可變流通資本；像這些東西，尤其是勞動力，不一定要在生產之初一次購入，可以應需要才購入。因而其間，資本的一部分，也得處於閒置狀態。

　　為避免考察的煩雜起見，這個情況也假定全部資本專由流通資本構成，同時「更進一步，假定流通資本專由那可變部分構成」。「換句話說，與這可變部分相合而行週轉的不變流通資本，暫且不論。」這樣的考察方法，在這以前也曾屢次採用，對於理論的結果，並無影響。

　　假定這裡有專由可變資本構成的甲乙兩個資本。並且假定甲資本為5,000圓，乙資本為50,000圓構成，而它們的剩餘價值率都是100%。其次，再假定1年由50個星期構成，為完成1次週轉，甲資本5,000圓需要5個星期，乙資本50,000圓需要50個星期。就是在1年間，甲資本可以完成10次週轉，而乙資本只能完成1次週轉。這個時候，情形如何呢？

　　這個時候，甲資本以為5,000圓的投入資本價值，每年獲得50,000圓的剩餘價值；乙資本以50,000圓的投入資本價值，每年一樣地獲得50,000圓的剩餘價值。也就是僅僅因週轉期間的不同，便使5,000圓資本所獲得剩餘價值的年總額與50,000圓資本所獲得剩餘價值的年總額相等。

二、年剩餘價值率

　　剩餘價值的年總額對於投入可變資本總額的比率，便叫作年剩餘價值率。馬克思說：「一年間所生產出來的剩餘價值總量對於投入可變資本的價值總額之比例，我們叫作年剩餘價值率。」因而就以上的情況來說，甲資本的年剩餘價值率就是1,000%，乙資本的年剩餘價值率就是100%。

　　這種年剩餘價值率的不同，如上所說，完全是由可變資本週轉期間的不同而生。「倘若我們更詳細地來分析年剩餘價值

率，便可以知道，這種年率等於以可變資本的週轉數（這與全部流通資本的週轉數相一致）乘以投入可變資本於一個週轉期間內所生產的剩餘價值比率而得的積。」

以一整年的時間來看，甲資本家所投入的資本價值，乙資本家所投入的資本價值，都是50,000圓。在甲這一方面。每次投入5,000圓，把50,000圓分作10次投入，在乙那一方面，把50,000圓一次投入，雙方只有這一點不同，至於每年投入總額50,000圓，那是沒有什麼不同的。因而從一整年的投入資本總額這一點來說，剩餘價值都是50,000圓對50,000圓，是同樣的比例。然而從投入資本來看，甲有5,000圓便行，乙須得50,000圓。那麼為什麼前者有5,000便行，後者須得50,000呢？——那不待言，是因為週轉期間大不相同。

在甲資本家方面，不過需要5星期的週轉期間，所以在第5星期末，先前投入的5,000圓資本，重複流回到他的手裡，他可以以此馬上又進入第二次週轉期間。這樣，他可以用5,000圓的投入資本，依序於一年中經營10次的生產過程。但是在乙資本家方面，週轉期間需要一年，所以不能如甲資本家那樣進行。他投入資本50,000圓流回來，是在一年末。因此，他從最初便必須投入50,000圓。這裡便存著年剩餘價值率不同的原因。馬克思說：「年剩餘價值率的不同，是從週轉期間的差異而生。換句話說，起因於一定期間內所使用的可變資本之價值替換、得能更新那資本功能、成為新的資本而作用的期間之差異。」（註：可參考《資本論》第二卷，人民出版社，頁346。）

第三部

剩餘價值的分配

第一篇

剩餘價值的利潤化與
利潤率的平均化

第一章　剩餘價值的利潤化

第一節　從抽象世界到現實世界

剩餘價值是什麼樣的東西？它是如何生產出來的？關於這些，我們在前面已經研究過了。據馬克思說，甲商品的一定量與乙商品的一定量之所以能互相交換，是因為兩者之間有一種共通的東西。那種共通的東西，就是一定量的人類勞動。也就是說：人類勞動，是形成商品價值的要素，是價值的實體；商品的價值，依它生產上所費的社會必要勞動時間來決定。然而在今日的社會，人類的勞動力亦是一種商品，與其他商品一樣可以買賣。而這叫作勞動力的商品之價值，也須依它生產上所費的社會必要勞動量來決定。所謂勞動力的生產上所必要之勞動量，就是為生產勞動者自身及其一家生計所必需的衣食住而支出的勞動量；而這勞動量，就是決定勞動力價值的要素。

資本家以這價值購買勞動力，把它消費於生產過程；這種勞動力消費的結果，除了再生產出勞動力的價值以外，還生產出追加的價值，這就是剩餘價值。

剩餘價值就是這樣從商品的生產過程裡創造出來的；但這生產過程，在現實的世界，必須由流通過程來補充。生產過程，是藉流通過程的媒介，而不斷地反覆進行著的。因此，我們在本書第二部裡，已就流通過程研究過了。

但是在以上的範圍內，我們的研究是專在抽象的世界活

動的。至於在現實上商品究竟是否依照價值買賣？又資本家究竟是否照著原來的樣子收得剩餘價值？像這一類實際上可能發生的問題，暫且不論，而假定一切的過程都是純粹照原則進行的。

然而以下所要研究的馬克思利潤學說，走出如上那樣的抽象世界而進入現實世界，這屬於《資本論》第三卷的研究範圍。所謂利潤，就是指現實界資本家販賣商品的結果而收得的剩餘價值；在那裡，有種種現實的交錯原因發生作用，妨礙價值法則的純粹活動。然而依抽象推論而樹立起來的價值法則，只要不能證實它在現實上可以適用、經得起現實的試煉，那便絕不是完備的法則。我們現在將要離開抽象世界而走進現實世界，由此而引入種種有興味的立場，即對於馬克思的價值學說進行總決算。

在現實世界，剩餘價值不是成為剩餘價值而表現出來，乃是以利潤、利息、地租等形態而表現出來。據馬克思說，這些形態當中，歸屬生產資本的利潤，才是形成基本第一次形態的東西，其他都是附隨的、衍生的形態。所以我們的研究，非先從利潤的考察出發不可。

第二節　成本價格

在資本主義之下生產出來各商品的價值，可以用「商品價值＝不變資本＋可變資本＋剩餘價值」這樣的公式來表示。

假定生產某一特定的商品，需要5,000圓的資本支出，其中200圓代表勞動工具的耗損，3,800圓用於生產材料，1,000

圓用於勞動力,而剩餘價值是100%(1,000圓),那麼生產物的價值,便變成「4,000圓(不變資本)+ 1,000圓(可變資本)+ 1,000圓(剩餘價值)= 6,000圓」。

從這6,000圓總價值當中,扣除剩餘價值1,000圓,便剩下5,000圓價值。而這個價值,恰好等於支出資本的數額。它是替換資本家在這商品生產中所消費的生產資料價格與勞動力價格,剛剛足夠收回資本家自己在這生產中所費的價值。換句話說,它在資本家看來,是形成純粹的生產費,而馬克思卻把它叫作「費用價格」(註:人民出版社版本第三卷稱之為「成本價格」,頁30)。

商品的生產中資本家所支出的費用與商品的生產中所需要的真正費用,原來是兩個不同的分量。商品的生產中真正支出的費用,是間接勞動(生產資料)和直接勞動(活勞動)。商品價值之中由剩餘價值而成的部分,是由活的勞動者所支出的剩餘勞動(在收回他自己勞動力價值以上的勞動)即「無償勞動」所造出來的。但對於資本家,它既然是無償勞動,所以不必付出什麼費用。可是在資本主義生產之下,當勞動者受雇從事生產時,是構成屬於資本家所有生產資本的一個成分的,其地位與機器或材料等無異。勞動者只不過成為一個生產要素,生產主體是資本家。因而資本家是實際的商品生產者。所以在資本家看來,他所支出的成本價格,表現為商品生產的實際費用。因此,前揭的「商品價值 = 不變資本 + 可變資本 + 剩餘價值」那個公式,便轉化成「商品價值 = 成本價格 + 剩餘價值」這個公式。

商品的實際費用(真實費用)是勞動支出,但在資本主

義制度之下，商品的費用呈現出資本支出的外觀。而其資本支出，總括於成本價格這個範疇之下，這已如上面所說明了。

可是這成本價格，在分量上，是與實際費用（勞動支出—價值）不同的，它是少於商品價值的。因為「商品價值 ＝ 成本價格 ＋ 剩餘價值」，所以「成本價格 ＝ 商品價值 － 剩餘價值」。

第三節　不變資本與可變資本的混同

在成本價格當中，包含著兩個性質完全不同的價值要素：一個是由不變資本的生產資料而來的價值，另一個是由可變資本的勞動力而來的價值。生產上所消費生產資料的價值，原樣移轉於新的生產物當中，成為那生產物的價值成分而再現出來。可是它不是在現存生產物的生產過程裡發生，而是從著手生產以前便存在的舊價值原樣不變地移轉來的。

但是成本價格的另一成分，情形便完全與這相反。商品生產中所支出的活的勞動，不只把為購買勞動力而投入的可變資本價值原樣移轉於生產物，更造出全新的價值而把它增加在商品價值當中。為購賣勞動力而投入的可變資本價值，轉化為勞動者的生活資料以後，被他消費而喪失其價值。另一方面，他把活的勞動支出於生產上，由此賦予生產物新的價值。這新造出的價值之分量，與相當於作為勞動力的購買費而投入的資本價值之分量，兩者的差額，形成剩餘價值。

然而在資本主義生產方法之下，勞動力的價值或價格，是成為勞動自身的價值或價格、成為工資而表現出來的（參看

第一部第一篇第三章）。資本家作爲工資、作爲可變資本而
支出的價值，成爲支付那生產上所支出的一切勞動價值的代價
而表現出來。「舉一個例子，假定10小時的一個平均社會勞
動日體現於6先令的貨幣額中，那麼100鎊的投入可變資本，
便是以$333\frac{1}{3}$個10小時勞動日所生產的價值之貨幣表現。但是
這充當投入資本的一個要素所購買勞動力的價值，並不構成
實際作用著的資本的任何部分。這個價值在生產過程中，是
被活的勞動力所取而代之。假定對於勞動力的搾取程度是
100%，如在前例中那樣，那麼這個勞動力，便支出$666\frac{2}{3}$個
10小時勞動日，因而附加200鎊新價值於生產物。然而在資本
投入當中，100鎊的可變資本，算作投於工資的資本，即算作
$666\frac{2}{3}$個10小時勞動日所供給的勞動價格。」

　　這樣，在資本家看來，彷彿投入不變資本的價值與投入可
變資本的價值，都照原來的模樣再現於商品的成本價格當中。
商品價值形成上不變資本與可變資本的本質區別，便完全忽視
了。而投入總資本，只依投入的對象的種類，而區別爲固定資
本與流通資本。生產材料和工資，可以在每次生產中收回價值
的全部；機器房屋等，可以使用於無數次的生產，每次只收回
價值的一部分。他們便根據這種差異，把前者總括於流通資本
的範疇中，而與後一個固定資本的範疇相對立。這樣一來，投
於購買勞動力的可變資本，在流通資本這一名稱之下，與那投
於生產材料中的不變資本同一看待，把資本的價值增殖過程完
全神祕化了。

第四節　剩餘價值的來源向總資本的移轉

以上的說明，僅僅考察了充當商品價值一個要素的成本價格；以下，必須更進一步去考察另一個要素──剩餘價值。

> 「第一，剩餘價值是商品價值超出於成本價格的餘額。但是成本價格等於支出資本的價值，而且不斷地再轉化爲支出資本的諸要素，所以剩餘價值，就是在商品生產中所支出並經過商品流通而復歸的資本之價值增殖部分。」（註：可參考《資本論》第三卷，人民出版社，頁41。）

這個價值增殖部分，在資本家看來，彷彿是由資本自身生出來的。因爲這價值增殖部分存在於生產過程結束以後，並未存在於生產過程開始以前。而且生產過程，從資本家看來，以爲完全是由資本來經營的。於是剩餘價值，便好像由轉化爲生產資料及勞動力的資本相異之價值諸要素均等生出來。因爲這些要素，都被視爲均等地參與成本價格的形成，把作爲投入資本而預先存在的價值均等地附加於生產物價值上的東西，而沒有區別爲不變資本和可變資本。

可是既然把剩餘價值視爲由支出資本均等生出來的東西，那又形成這樣的觀念：就是它彷彿不是單由商品生產過程裡失去其價值並藉成本價格而收回其價值的資本生出來的東西，乃是由生產一般上所使用的資本全體生出來的東西。換句話說，既從加入商品成本價格中的投入資本部分裡生出來，又從不加入商品成本價格中的投入資本部分裡生出來。用一句話

來說明，它是由使用資本的固定及流通兩部分均等生出來的。就是變成如下的觀念：「剩餘價值，作為投入總資本的這種觀念的產物來看時，採取利潤這種轉化了的形態。」前揭的「商品價值 = 不變資本 + 可變資本 + 剩餘價值 = 成本價格 + 剩餘價值」那個公式，如今轉化為「商品價值 = 成本價格 + 利潤」這樣的公式。

第五節　成本價格與販賣價格

利潤是與剩餘價值相同的東西，不過它具有一種從資本主義生產方法裡必然發生的神祕化形態，只是這一點不同。「因為在成本價格的外觀的形成上，看不出不變資本與可變資本之間的區別，所以在生產過程裡發生的價值變化之起源，必然從可變資本移轉到總資本。因為在這一端，勞動力的價格以工資這轉化了的形態而出現，所以在那另一端，剩餘價值以利潤那轉化了的形態而出現。」

前面也曾說過，商品的成本價格小於其價值。商品價值等於成本價格加剩餘價值，所以成本價格等於商品價值減剩餘價值。「商品價值 = 成本價格 + 剩餘價值」這個公式，只有在剩餘價值等於零的情況，才能縮短為「商品價值 = 成本價格」這樣的公式，但這是在資本主義生產基礎上絕不會發生的情況。固然，在特殊的市場情況之下，商品的販賣價格，可以降低到成本價格，甚至降低到成本價格以下，但那不是正常的狀態。

總而言之，商品如果照它的價值販賣出去，便實現一種超

出於成本價格的價值，即等於那商品價值中所含全部剩餘價值的利潤。然而資本家，雖把商品在價值以下販賣出去，也還可以得到利潤。商品的販賣價格雖在價值以下，只要是在成本價格以上，便可以實現商品中所含的剩餘價值的一部分，因而可以獲得利潤。

「商品販賣價格的最低界限，是由成本價格決定的。商品如果在它的成本價格以下販賣出去，那麼生產資本的支出諸部分，便不能充分從販賣價格中來替換。這種販賣如果繼續進行，那麼投入資本價值便會減少下去。從這種角度，資本家有一種傾向，以為成本價格是商品嚴格意義的內部價值。因為成本價格是為單純保存他的資本所必要的價格。再則，商品的成本價格，是資本家自己在這商品的生產上所支付的購買價格，因而是由商品的生產過程自身決定的購買價格。因此，由商品販賣來實現的價值超過部分即剩餘價值，從資本家看來，不表現為出於商品的成本價格以上的價值超過部分，而表現為出於價值以上的販賣價格超過部分。於是商品中所含的剩餘價值，便好像不是由商品的販賣而實現的東西，倒是從販賣自身當中生出來的東西。」（註：可參考《資本論》第三卷，人民出版社，頁45-46。）

第六節　利潤率

資本的一般公式，是「貨幣—商品—貨幣 ＋ 〔貨幣〕」。換句話說，就是為了要從流通裡抽出比較多額的價值，而投入一個特定額的價值於流通內。造出這種比較多額價

值的過程，就是資本主義生產過程；把這種價值實現爲實際資本額的過程，就是資本的流通過程。資本家使勞動者去生產商品，不是以商品自身爲目的，乃是以獲得超出於生產上所消費的資本價值之商品價值（即剩餘價值）爲目的。資本家爲達成這種生產，投入可變資本與不變資本。至於剩餘價值是從可變資本發生的呢？還是從不變資本發生的呢？對他是不成問題的。如馬克思所說，剩餘價值只能從可變資本的價值變化發生。但可變資本的價值變化，只有憑它與活的勞動相交換。換句話說，只有搾取活的勞動，才是可能的。同時，資本家又只有靠投入勞動實現上所必要的條件即勞動工具和勞動對象，例如投入機器和原料，才能搾取勞動。要實現一定量的勞動，必須要準備一定量的（依技術來決定）生產條件。

於是可以產生出如下的解釋。有一種解釋，以爲要從可變資本中得到利益，所以投入不變資本。又有一種解釋，以爲要增殖不變資本的價值，所以投入可變資本。可是無論哪一種解釋，都不是資本家關心的問題。造出剩餘價值的，雖然只是資本的可變部分，但這可變部分，只有在同樣投入資本的其他部分即勞動上的生產諸條件那種條件之下，才能造出剩餘價值。資本家只有靠投入不變資本，才能搾取勞動，又只有靠投入可變資本，才能增殖不變資本的價值；所以在他的觀念內，兩者混合著，不加區別。又因爲決定他利益實際程度的，不是剩餘價值對於可變資本的比率，而是剩餘價值對於總資本的比率，所以更加強他這種觀念。

商品內所含的價值，等於商品生產上所費的勞動時間；而這勞動時間的總量，由兩部分構成，一部分是有償勞動（必

要勞動），一部分是無償勞動（剩餘勞動）。可是從資本家方面看來，商品的各種費用，只是由體現於商品內的勞動中他付過代價的部分構成。商品內所含的剩餘勞動，從勞動者方面看來，是與有償勞動完全一樣地消費勞動，與有償勞動完全一樣地造出價值，成為價值形成要素而進入商品之中；但是在資本家看來，卻沒有白費掉什麼。資本家的利益，是由販賣他不曾付過代價的東西而生。所謂剩餘價值，畢竟不外是超出於商品成本價格的價值，換句話說，不外是出於商品內所含有償勞動量以上的總勞動量之超過部分。因此，剩餘價值這東西，不管它從哪裡發生，總是出於超過投入總資本以上的一個部分。所以這個超過的部分，對於總資本，是處於「剩餘價值／總資本」表示的比例關係，因而獲得一種與剩餘價值率「剩餘價值／可變資本」相區別的利潤率「剩餘價值／（不變資本 ＋ 可變資本）」。

現在假定以100,000圓的可變資本與500,000圓的不變資本實行生產，得到150,000圓的剩餘價值，這時，剩餘價值率是「150,000圓／100,000圓 ＝ 1.5」即150%，而利潤率不過是「150,000圓／600,000圓 ＝ 0.25」即25%。

像這樣子，儘管剩餘價值的分量是相同的，因計算的基礎不同，而生出與剩餘價值數字不同的利潤率。也就是說，利潤率「只不過是以一個不同的方法來計算剩餘價值，換句話說，只不過是發現對於總資本價值來計算剩餘價值的東西，不是對於與勞動相交換藉以直接生出剩餘價值的資本部分之價值來計算。」就是儘管剩餘價值實質上沒有變化，也因計量它的尺度不同，而生出與剩餘價值率不同的利潤率。剩餘價值，是透過

這個利潤率而轉化爲利潤形態的。

　　剩餘價值率與利潤率，是立足於相異的計算基礎上，所以即使剩餘價值正確地實現爲貨幣，換句話說，即使體現剩餘價值的商品正確地依照它的價值販賣出去，兩者的比率，也是必然地要發生差異。但這種差異，只是因計算方法上的差異而生，不過是純粹形式上的差異。然而剩餘價值率與利潤率之間，轉瞬便生出較實質的區別。因爲在現實的社會裡，由一資本所生產的剩餘價值，並不照原來的樣子全部變成那資本的利潤，還要變成商業利潤、利息、地租等，分配於該資本以外的資本；並且在另一方面，資本的有機構成又有差異，因而實行競爭，以致那結果生出利潤率的平均化那種作用。在下一章，說明這利潤的平均化。

第二章　利潤的平均利潤化

第一節　資本構成的差異與其結果利潤率的差異

在前一章裡，我們已經研究過，利潤率是怎樣成立的。接下來，我們必須考察考察：在現實的社會裡，相異的各資本怎樣獲有約略平均的利潤率這個問題。

剩餘價值的分量儘管相同，但因計量它的尺度，或置於可變資本，或置於總資本（可變資本與不變資本的合計），而生出不同的比率，前者爲剩餘價值率，後者爲利潤率，這已在前一章裡討論過了。這個區別，在之前所論述的範圍內，不過是純粹形式上的差異。然而在實際上，從這個差異裡轉瞬便生出實質上重要的問題。因爲各產業的資本之有機構成各有不同，在某種產業裡，比起可變資本，不變資本所占的比例較小，在另一種產業裡，比起可變資本來，不變資本所占的比例較大，存有這樣的區別，問題便從這裡發生。

馬克思關於資本的構成，立了三個區別。他說：「比起社會的平均資本來，不變資本百分率較大、可變資本百分率較小的資本，叫作高度構成的資本；反之，比起社會的平均資本來，不變資本較小、可變資本較大的資本，叫作低度構成的資本。最後，具有與社會的平均資本相一致的構成的資本，叫作平均構成的資本。」假定這裡有三個企業，它們各屬於不同的產業部門：其一，技術落後，比起就業勞動者的人數，機器、

廠房及原料等所需的資本較少，即資本構成處於低度的企業；其二，是平均構成的企業；其三，生產技術非常發達，對於每一個勞動者，配以比較多額的機器、廠房及原料的價值，就是資本的構成處於高度的企業。

現在這裡爲使說明單純化起見，假定以上三個生產部門，剩餘價值率都是同一的，並且投入資本的全部是每年週轉一次。也就是假定投入資本的全部，消費於一年間的生產，生產物在一年末，全部販賣出去。這在現實上是不常有的事，但即使這樣假定，對於理論的推論，也不會有何影響。

又假如說，這三個企業裡，就業勞動者都是100人，對於每個勞動者的1年工資都是1,000圓，而剩餘價值率都是100%。這樣一來，在三個企業裡，工資總計都是100,000圓，剩餘價值也同樣都是100,000圓。可是另一方面，假定甲企業的不變資本是100,000圓，乙企業的不變資本是300,000圓，丙企業的不變資本是500,000圓。在這樣假定之下計算起來的結果，便如下表所列：

企業	資本			剩餘價值	剩餘價值率	利潤率
	可變資本	不變資本	合計			
甲	100,000	100,000	200,000	100,000	100%	50.0%
乙	100,000	300,000	400,000	100,000	100%	25.0%
丙	100,000	500,000	600,000	100,000	100%	16.7%
合計	300,000	900,000	1,200,000	300,000	100%	25.0%

這樣看來，資本構成相異的時候，剩餘價值率雖然相

同，利潤率也會有很大的不同。就是甲企業得到50%的利潤，乙企業得到25%的利潤，而丙企業只不過得到16.7%的利潤。這對於那常常只把相較總價值而有多少利潤這件事放在心上的資本家，是很不公平的事。

第二節　由於供需作用的價格調節

但是在資本主義生產之下，這種利潤率的差異，絕不是永續的。原來資本家之所以從事生產，是爲了要獲得利潤，並不是以獲得使用價值本身爲目的的。資本家生產什麼樣的使用價值好呢？生產帽子，汽車，還是殺人器具呢？在資本家自己，是什麼都可以。他只要生產可以販賣的東西便行了。對於那些投放於商品當中的貨幣，盡可能地取得高額的利潤，是他唯一的目的。

可是一方面的生產部門，得到50%的利潤，另一方面的生產部門，只得到16.7%的利潤，在這種情況，究竟產生怎樣的結果呢？資本勢必會避開後者，而趨於前者。於是甲企業，產生了激烈的競爭，這部門中商品的生產，急速增大。反之，資本從丙企業裡退出，而它的商品生產，便大大地減少。

於是問題便進入競爭的舞臺，進入需求供給的領域。商品的價格是依價值來決定，但兩者絕不是同一的東西。商品的價值，是依它生產上所支出的勞動量來決定，是遠離市場的狀況而獨立。然而價格，是依市場的狀況如何，或者上漲，或者下跌。引起價格這種變動的原因，雖有種種，但其中最重要的，是買方需求與賣方供給上的變動。

　　立在自由競爭之下的今日商品生產，是由需求供給的作用來調節。今日的生產，並不是在什麼有計畫的社會控制之下，只是由那些私人企業，基於公司董事或工廠主人的計畫，為著私人的營利來經營。只有製造出來的商品能不能以相當的價錢販賣出去，才是他們的問題；因此，必須靠需求供給的關係來調節生產。供需關係，與有計畫的社會調節不同，只是本能地把一定的勞動力分配於各種生產部門，使任何生產部門大體都進行著社會所要求的生產。不用說，這是極粗略的說法，至於各個場合，卻不一定如此。其實，在今日這樣無政府的生產方法之下，某種商品生產過多或過少，倒是常事；到了那些商品生產出來之後，才由供需的作用，即由價格的低落或飛漲，而照著社會的要求，或縮小生產，或擴張生產。如果社會所生產出來的商品，多於那在一定的價格標準（在終極上是由價值來決定的）之下社會上有購買力的人（有支付代價能力的人）所能購買的數量，那麼價格便會低落，而能夠購買這種商品的人，與想購買這種商品的人便會增加。然而價格一低落，同時商品供給者的利潤也就低落。如果這種利潤低落過甚，到了不能得到世上一般的利潤時，資本便退出那種商品的生產領域，而移動到別的生產領域，以至於縮小那種商品的生產。因此，價格又漸漸增加，終於達到可以產生世上一般利潤的水準。

　　反之，商品的生產降到相當於購買者的需求程度以下，價格漲到一般以上的時候，利潤就會增高起來。於是資本被這個生產部門所引誘，爭先恐後地流到這個生產部門裡。這樣，生產擴大起來的結果，價格再下降到可以產生世上一般利潤的水準。物價不斷地上下於這個水準。有時漲到這個水準以上，有

時又跌到這個水準以下。有了這個上下運動，才會形成這個水準。

第三節　利潤率的平均化

　　以上所述的供需作用，使基於資本構成的差異利潤率之不等歸於平均。前面所假定的丙企業，不過產生16.7%的利潤。於是資本退出這個企業，使它縮小生產。結果生產物的價格上漲，利潤增進。但是在甲企業中，得到50%的高比率利潤，所以有許多資本流入這個企業裡，使它的生產增大起來。因此，甲生產物的價格下跌，使利潤率降低，這樣相反的傾向，一直持續到兩者的個別利潤互相抵消，達於利潤總體的平均水準。我們在前面，假定乙企業是代表平均構成的資本，而形成平均利潤率。現在依照這平均利率，計算以上三個企業的利潤，則如下：

企業	總資本	剩餘價值	剩餘價值率	利潤率	利潤
甲	200,000	100,000	100%	25%	50,000
乙	400,000	100,000	100%	25%	100,000
丙	600,000	100,000	100%	25%	150,000
合計	1,200,000	300,000	100%	25%	300,000

　　可是利潤率的這種平均化，是因為商品價格離開商品價值的結果而生。於是我們來計算一下：以上三個企業總生產物的價格，各自離它的價值有多少距離。為求得總生產物的價值，

只要在生產上所消費的可變資本及不變資本上，加入由消費而新造出來的剩餘價值就行了。又為求得總生產物的價格，只要在生產上所消費的可變資本及不變資本上，加入利潤就行了。於是照前面所假定的那樣，假如投入總資本在一次的生產過程裡全部體現為生產物，而且與生產物的終了同時，生產物的價值全部實現出來，那麼便生出如下表所顯示的的結果。

企業	總資本	剩餘價值	總生產物的價值（總資本＋剩餘價值）	利潤	總生產物的價格（總資本＋利潤）
甲	200,000	100,000	300,000	50,000	250,000
乙	400,000	100,000	500,000	100,000	500,000
丙	600,000	100,000	700,000	150,000	750,000
合計	1,200,000	300,000	1,500,000	300,000	1,500,000

就是甲企業價值300,000圓的生產物，有250,000圓的價格；乙企業價值500,000圓的生產物，有500,000圓的價格（與其價值一致）；丙企業700,000圓的生產物，有750,000圓的價格。現在假定這三個企業的總生產物各由10,000個商品而成，則每一個商品的價值對價格之差如下。

企業	價值	價格	差額
甲	30	25	（減）5
乙	50	50	——
丙	70	75	（加）5
合計	150	150	——

　　這樣，在甲企業裡，價值30圓的東西賣得25圓；在乙企業裡，價值50圓的東西照那價值販賣出去；在丙企業裡，價值70圓的東西，賣得75圓。這種情形，乍看之下好像很不公平；但是如果資本自由競爭，利潤率平均化，則這種結果是不能避免的。

　　這樣，利潤率平均化的結果，由社會的總資本所生產出來的總剩餘價值，公平地分配於個別的各資本之間。就是平均利潤率，完成分配剩餘價值的功能。馬克思關於這一層，有如下的說明：

　　　　「所以，相異生產諸領域的資本家們，當販賣他們的商品時，收回此等商品生產上所消費的資本價值，但是不能確保在他們自己的領域裡隨著此等商品生產而生產出來的剩餘價值或利潤。他們所確保的，只不過是這樣的一種剩餘價值或利潤──即從由社會的總資本，於一個特定的期間，在一切生產領域裡生產出來的總剩餘價值即總利潤當中，對於總資本的各可分部分而給以均等分配的剩餘價值或利潤。每投入資本100，不問其構成如何，在一年或其他期間，所得的利潤，就是這期間內成為總資本的若干分之一的100所應得的。單就利潤這一點來說，不同的資本家，在這個情況，不過等於是一個股份公司的股東。在股份公司裡，利潤的分配，是對於每100股份均等施行的；所以從不同的資本家看來。只是按照各人在公司的總企業中所投的資本大小，只是按照他們對於總企業參與比例如何，只是按照他們擁有的股份多寡，而使他們所得的利潤發生差異。所以，商品的價格當中，收回商品生產上所消費了的資本價值的部分，因而為購

回這消費了的資本價值所必需的部分，即成本價格，
是完全依據各個特定生產領域所投入的資本；但是商
品價格的另一部分，即附加於這成本價格中的利潤，
並不依據各個特定資本於一定的期間，在各自生產領
域內所生產的利潤量，倒是依據各個投入資本——總
生產中所使用的社會總資本之可分部分——在一定的
期間平均分得的利潤量。」

第四節　生產價格與價值

利潤的公平，必然地以價格的不公平為前提。如上所
示，一個企業的商品，在它自身的價值以下賣出，另一個企業
的商品，以同樣的比例，在它自身的價值以上賣出，這樣一
來，才產生出如下的結果：各企業的價值構成雖然不同，但都
獲得一個均等的利潤率。商品這樣以離開價值的價格販賣，絕
不是偶然的一時的現象，倒是從資本構成有差異而且利潤率平
均化那種現實的關係裡，必然發生的現象。商品的價格與價值
相一致，反倒是例外的事情；在資本主義生產已經發達的地
方，價格是常常脫離價值的。因為在那裡，經長時間演變的平
均利潤率已經形成，資本家從最初便以這平均利潤率為基礎來
確定價格。

雖然如此，但絕不是說資本家不希望獲得平均利潤率以上
的盈餘，資本家是處心積慮地想趁一切的機會在這個價格以上
販賣。倘若他只得到這個價格以下的價格，因而只得到平均利
潤以下的利潤，則在這個場合，他就認為是損失了。可是在生

產高度發達、生產界的消息靈通、資本從不利的企業向有利的企業迅速移動的大環境中，要想搶在別人之前占得鉅利，是極困難的事；同時，被置於不利狀態、不能不甘受低於別人利潤的事，也是很少的。資本好像水與空氣，只要哪個地方有較多的利潤，無論它是什麼地方，都會自由地流進去。因此，在產業發達的國家和生產部門，一般便形成一種可以看做標準的平均利潤，資本家便以這標準的平均利潤為基礎來計算價格。

　　總之，在資本家的價格計算裡，包含著三個要素：第一是支給勞動者的工資，即稱為可變資本的東西；第二是生產上所消費的原料、機器、廠房等的價值，即稱為不變資本的東西；第三是在資本家社會裡被看做「世上一般」的利潤，即稱為平均利潤的東西。這第一與第二之和，構成純粹的生產費，馬克思叫它為成本價格。成本價格加上平均利潤，就是向來正統派經濟學者所稱為自然價格的東西，馬克思則稱它為生產價格。

　　正統派經濟學者說：這自然價格，在終極上決定商品的市場價格。馬克思亦承認生產價格為市場價格的水準，市場價格因需求供給的影響而不斷地上下於這個水準，但他不認為生產價格終極地決定商品價格，他認定生產價格更依存於根本的價值律。

第二篇

剩餘價值的分配

第一章　商業利潤及利息

第一節　商業利潤

一、商品交易資本〔註：人民出版社《資本論》第三卷稱爲「商品經營資本」及「貨幣經營資本」（頁297，351）〕

　　在前一篇裡，我們已經討論過剩餘價值轉化爲利潤了。其次，我們必須闡明剩餘價值的分配，即各種剩餘價值的分裂形態。在本節裡，且先就剩餘價值的一個分裂形態即商業利潤來討論。

　　商業利潤，是對於商業資本或商人資本所分配的一種利潤形態。而商業資本或商人資本，分爲兩個形態。那就是商品交易資本與貨幣交易資本。這裡，先論商品交易資本。

　　社會總資本的一部分，由不斷變異的各種要素而成，而且不斷地變化其大小，常常成爲商品而存在於市場上，想要轉化爲貨幣。另一部分，則成爲貨幣而存在於市場上，想要轉化爲商品。這些資本，不斷地處於這種形態上的轉化運動中。而流通過程內部所存在之資本的這種功能，成爲資本的特殊功能而獨立化，成爲因分工而賦予某種特殊資本家的功能而固定化時，商品資本就變成商品交易資本或商業資本。

　　資本成爲商品資本而存在，以及資本成爲商品資本而在流通領域內即在市場上所經歷的轉型（最終就是販賣及購買，即

商品資本的貨幣資本化及貨幣資本的商品資本化的轉型），是產業資本的再生產過程，因而是它總生產過程的一個階段；同時，成爲流通資本這種功能的資本，是與成爲生產資本的它有所區別。

生產資本與商品資本，是同一資本的兩個互相分離、互相區別的存在形態。社會總資本的一部分，透過這個轉型的過程，以成爲流通資本的存在形態不斷地存在於市場上。但是從各個資本看來，成爲商品資本的存在及轉型，不過是不斷消滅不斷更新的一個通過點，不過是生產過程持續中的一個通過階段。因而存在於市場上的商品資本之各要素，不斷地進行著變化。它們不斷地退出商品市場，又成爲生產過程新的生產物而不斷地返歸於商品市場。

商品買賣的一部分，常常直接行於產業資本家自身之間，所以商品交易資本，不外是那種不斷存在於市場上而透過轉型過程、常常由流通領域所擁抱之流通資本的一部分轉化了的形態。

如我們已知，一切生產資本必須把完成的商品轉化爲貨幣，把貨幣再轉化爲生產資料和勞動力。換句話說，一切生產資本必須不斷地販賣而且不斷地購買。但是這種活動的一部分，是由擁有獨立資本的商人之手來執行。

現在假定一個商品交易業者，有3,000鎊資本，例如他拿這筆款項從亞麻布製造業者購買3萬碼亞麻布，然後以10%的利潤販賣這3萬碼亞麻布。這樣一來，他就使3,000鎊轉化爲3,300鎊了。暫且不論他怎樣得到這個利潤，總之，他以這樣獲得的貨幣，重新購買亞麻布，重新販賣亞麻布。如此，他不

斷地反覆著這為賣而買的操作。同時，他沒有生產任何東西。

可是從亞麻布製造業者方面看來，他的亞麻布的代價，是以商品交易業者的貨幣來付的。於是，如果其他條件沒有變化，亞麻布製造業者便可以用這樣得來的貨幣，再去購買麻線、煤炭和勞動力等，以繼續生產亞麻布。

這樣，在亞麻布製造業者看來，亞麻布已經販賣出去了。但從亞麻布本身來說，還沒有販賣出去，也就是亞麻布依然成為商品而存在於市場上，正在等待買主來購買它。就亞麻布來說，除了變換所有者以外，什麼也沒有發生變化。它依舊是商品資本，是待售的商品。

現在假定在亞麻布製造業者重新完成3萬碼亞麻布而投入於市場以前，商人方面未能將舊的3萬碼亞麻布販賣出去。這個情況，商人便不能重新購買3萬碼亞麻布。於是發生停滯，不能不中斷生產。固然，亞麻布製造業者可能還有其他貨幣資本，以此繼續生產。可是這個假定，與用舊的資本來繼續生產的狀況已經中斷了，並沒有什麼關係。

這裡明白表示：商人的活動，不外是販賣商品，如果沒有商人的這種活動，就必須由製造業者自己來負擔。如果不由獨立的商人，而由生產者的事務員，專門從事這種販賣與購買，上述的結論依然成立。

總而言之，商品交易資本，不外是生產者的一種應在市場上盡著充當商品資本功能的商品。只是這個功能已不再是生產者的臨時操作，而成為商品交易業者這種特殊資本家的專屬操作，成為一個獨立的特殊投資之行業。

商品資本，由於商人投入貨幣資本，在商品交易資本上

採取一種獨立資本的面貌。由商人所投入的貨幣資本，是專門媒介商品資本的貨幣化；只有靠著這個媒介，才能完成那成爲資本的自我增殖，才能成爲資本而發生作用。所以這個媒介，透過商品的不斷購買和販賣來施行。這是專屬於商人所投入貨幣資本的功能。靠著這個功能，商人使自己的貨幣轉化爲貨幣資本，使自己的「貨」（貨幣）表現爲「貨—商—貨＋〔貨〕」。他又靠著同一的過程，使商品資本轉化爲商品交易資本。

倘若那個作爲生產者的亞麻布製造業者，一定要等待他所製造的亞麻布眞正移到最後的購買者即消費者的手裡，那麼他的再生產過程是會中斷的。或者爲使這個再生產過程不致中斷起見，他須縮小操作；不然，便須保留著較大的貨幣準備。這樣，他資本的一部分成爲商品而存在於市場上的時候，另一部分便可以繼續生產過程。

但是他資本的這種劃分，不是因商人的介入而除去。不過沒有商人的介入，則貨幣準備必須更大些，因而再生產的規模必須更小些。但是有了商人介入，製造業者可以節省販賣上的時間，他可以用這種節省的時間去管理生產過程。

商人資本倘若不超過必要的比例，則在這個場合，可以有如下的假定：

（一）分工的結果，專門用於購買和販賣的資本（在這當中，扣掉購買商品所使用的貨幣以外，還包含投於商人業務執行上所必要的勞動、倉庫和運輸工具中的貨幣），要小於產業資本家自己經營商人業務部分全體所必需的資本。

（二）商人專門從事於這種業務的結果，不單是生產者的

商品可以更快地轉化爲貨幣，並且商品資本自身，比起由生產者自己來處理的場合，可以更快地完成它的轉型。

（三）把商人總體資本與產業資本相比較，商人資本的一週轉，不僅可以代表同一生產領域內許多資本的週轉，並且可以代表各種生產領域內許多資本的週轉。倘若亞麻布商人在第一個製造業者再次完成同量的亞麻布之前已經賣出這個亞麻布製造業者的生產物，那麼他便可以於此時向別的製造業者購買亞麻布而販賣，也可以購買其他生產領域的生產物例如綢緞，而媒介資本的週轉。

這樣，同一商品交易資本，不僅媒介一個產業資本的週轉，而且媒介屬於一個生產部門許多產業資本的週轉，所以比起產業資本家各自分別經營關於該事業的商人工作，商人是以較少的資本更迅速地實現商品資本的轉型。例如商人在販賣了一個佃農的穀物之後，馬上可以用那貨幣購買第二個佃農的穀物，並且將它販賣出去。這樣，商人於一年之中，可以無數次地重演這個過程。然而佃農貨幣的週轉，若不論流通期間，是受持續一年的生產期間所限制。

這樣，商人所投入的商品交易資本，從社會的觀點看來，並不是因此需要過分的資本，也沒有使社會總資本發生什麼變動。有了這種資本，反倒可以如上述那樣縮短資本的流通期間，節省那些必須停在流通界裡的資本分量，因而增大那些直接被用於生產中的資本分量，由此，間接地可以增加剩餘價值的生產。

二、商業上的利潤

　　商品交易資本這東西，並未造出價值和剩餘價值，這只是媒介的實現罷了。雖然如此，但產業資本的流通階段，與生產一樣，也是再生產過程的一個階段，所以在流通過程內獨立發生作用的資本，與那些在相異的生產部門內發生作用的資本一樣，不能不產出平均的年利潤。如果商人資本所產出的平均利潤百分率高於產業資本所產出的，那麼產業資本的一部分，便會轉化爲商人資本。如果商人資本所產出的平均利潤低於產業資本所產出的，便會產生與前者相反的過程。就是商人資本的一部分，會轉化爲產業資本。任何種類的資本，都沒有像商人資本這樣能夠容易變更它的功能。

　　商人資本自身，既沒有造出什麼剩餘價值，那麼以平均利潤的形式歸屬於這種資本的剩餘價值，顯然不過是總生產資本所造出之剩餘價值的一部分。可是這裡所成爲問題的是這樣一件事：商人資本如何從生產資本所造出的剩餘價值即利潤當中占取歸屬於自己的一部分？

　　有人以爲商業上的利潤，是將商品的價格抬高到它的價值以上的結果，其實這不過是表象。

　　商人只能從他所販賣商品的價格中獲得利潤；還有，他因販賣那商品而得的這種利潤，一定是他購買價格與販賣價格的差額，即後者超過前者的部分；這些都是很明顯的事實。但是在這個情況，即商人專營購買和販賣的場合，並沒有生產任何使用價值，因而沒有生產什麼價值。

　　這樣看來，商業上利潤的來源，不外是產業資本自身在生

產過程裡生產出來的剩餘價值。這種剩餘價值，以種種形態被分配於別種資本——在這個場合是商業資本。也就是說：商業上的利潤，不外是那種應當歸屬於社會總資本的剩餘價值的一個具體形態。

一切生產物，都必須實現它的價值。也就是必須賣到最後的消費者手裡。然而產業資本家，僅僅把他的生產物賣給商人，還不能算資本已經把那些為實現剩餘價值而必要的工作全部做完，所以當他把生產物賣給商人的時候，是以一種比他賣給最後消費者時所能實現的生產價格低一些的價格賣出的。買得這種生產物的商人，用一種相當於生產價格的價格，如果從社會總資本的角度平均地觀察起來，也就是用一種相當於價值的價格，把它賣給最後的消費者。這樣一來，他就把那種在產業資本家所生產的商品當中已經被包含著的價值，全部實現出來。也就是說：商人憑藉他自己的活動，把那種在他用商品交易資本來經營的流通過程以前的生產過程裡，已經生產出來但還沒有實現的剩餘價值，作為自己資本的利潤而獲得了。

最終，商品交易資本這東西，是從產業資本衍生出來的；因而商品交易資本的利潤，不外是在生產過程裡生產出來的剩餘價值的一個分裂形態。所以商品交易資本的利潤，並非由於把商品在價值以上賣出而發生，乃是由於一面把商品依照價值賣出但同時在它的購買價格以上賣出發生的。

現在把以上的關係，比較詳細地說明一下。商品交易業者，並不做任何生產，只不過繼續進行那種由製造業者開始的商品販賣罷了。製造業者在開始販賣之前，他的手中已經以商品形態掌握著剩餘價值，只不過憑藉販賣把剩餘價值轉化為

貨幣罷了。但是商人必須憑藉販賣才取得他的利潤。這件事情，好像只有靠著商人抬高價格到製造業者的生產價格以上，才是可能的。一切生產價格的總和，既然等於一切商品價值的總和，所以商人要能夠取得自己的利潤，好像只能靠高於價值販賣商品。可是仔細觀察便可以明白，這不過是一種表面的現象。

現在假定不變資本720與可變資本180即合計900（720c + 180v = 900）—— 例如以百萬鎊為單位 —— 為一年間所投入的產業資本總額。又假定剩餘價值率為100%。這個場合，生產物等於720c + 180v + 180m，即合計1,080。於是假定以W來表示生產物即生產出來的商品資本，那麼它的價值即生產價格便是1,080，對於900總資本的利潤率便是20%。這20%，就是平均利潤率。這個時候，W是1,080，利潤率是20%。

可是現在我們又假定：在這900產業資本之外，還加入100商品交易資本，這亦與產業資本一樣，依自己的大小為比例，參與利潤的分配。這樣一來，總資本的分量，便成了900 + 100即1,000。可是商品交易資本，是不參與剩餘價值生產的，所以由1,000資本所生產的剩餘價值，依然是180。根據上面的前提來說，這個商品交易資本，便等於1,000總資本的 $\frac{1}{10}$。所以這個商品交易資本，便以 $\frac{1}{10}$ 的比例參與180總剩餘價值的分配，而取得18%的利潤。於是在實際上，總資本中其餘 $\frac{9}{10}$ 所分配的利潤，不過是180 – 18即162，若把它對於900產業資本而計算起來，也成了18%（這是對於產業資本的平均

利潤）。也就是900產業資本的所有者販賣W於商品交易業者的價格，等於720c + 180v + 162m即1,062。於是假定這個商人附加18%的平均利潤於100的資本上，那麼他就變成以1,062 + 18即1,080的生產價格（即那商品的價值）販賣那商品。固然，商人只有在流通內，只有靠著流通，而且只有靠著販賣價格超過購買價格的部分，獲得利潤。雖然如此，但他並沒有在價值以上或生產價格以上販賣商品。這是因為他從產業資本家那裡在價值以下或生產價格以下購得商品的緣故。

因此，產業資本家以產業資本家的資格販賣的情況，其生產價格是小於商品實際上的生產價格。或者說：就商品全體來觀察，產業資本家階級販賣商品的價格，是小於它的價值的。拿上述的例子來說，產業資本家把他所生產的有1,080價值的商品賣給商人的價格，是720c + 180v + 162m即1,062，是價值以下的價格。而買得這商品的商人把它賣給最後的消費者的價格，是1,062 + 18即1,080，與它的價值相符合。這樣，商品並沒有在價位以上販賣，但在產業資本及商品交易資本上，一樣地生出利潤。從商品交易資本上看來，上述的公式中1,062是「貨」（貨幣），1,080是「貨 + 〔貨〕」。也就是商品交易資本，憑藉買賣產業資本家所生產的商品，可以一面反覆著「貨—商—貨 + 〔貨〕」的運動，同時獲得一定的利潤。

總而言之，商品交易資本，一點也沒有參與生產過程，因而它不是藉搾取勞動者而直接生產剩餘價值的。但是歸屬於這種資本的利潤，是以那種在生產過程裡所搾取來的剩餘勞動為唯一的來源。

所以商人資本，依它在總資本中所占的部分為比例，必然

參加一般利潤率的形成。因此，在上述的例子中，我們說平均利潤率是18%；倘若總資本的$\frac{1}{10}$不是商人資本，因此一般的利潤率沒有降低$\frac{1}{10}$，那麼平均利潤率便會是20%。

於是關於生產價格，還須有一個更深入、更限定的定義。生產價格，等於商品的各種費用中加入平均利潤而成的價格，這一件事，與本書最初所述的沒有什麼兩樣。可是這平均利潤率的決定，如今卻與以前不同了。平均利潤率雖說由全生產資本所造出的總利潤來決定，但並不是對於這生產資本來計算。也就是如前面所假定，雖然這個資本是900，利潤是180。但平均利潤率，現在已不是$\frac{180}{900}$ = 20%，而是對於全生產資本與商業資本的總計來計算。因此，倘若生產資本是900，商業資本是100，則平均利潤率便成了$\frac{180}{1,000}$ = 18%，生產價格變成不是k（各費用）×（1＋20%），而等於k×（1＋18%）。

換句話說，商人資本，依它在總資本中所占的部分為比例，在一般利潤率的形成上發生作用。總利潤中應當歸屬於商人資本的部分，已經計算在平均利潤率當中。

總而言之，商人資本雖沒有參加剩餘價值的生產，但是參加剩餘價值向平均利潤的均衡化。因此，在一般利潤率之中，預先已經包含著從剩餘價值中歸屬於商人資本的部分，即從產業資本的利潤中扣除出來的一個部分。

因此，比起產業資本，商人資本越大，則產業利潤的百分率便越小。在相反的情況，則生出相反的結果。

三、商業上的勞動者

其次的問題是：那些由商品交易業者所使用的商業上的工資勞動者，是從什麼地方獲得他們工資的呢？

從一方面來說，這樣商業上的勞動者，與其他勞動者一樣，是工資勞動者。用來購買他勞動力的，是商人的可變資本，不是商人用來維持自己私人生活的貨幣。商人購買這種勞動力，為的是要增殖商業中所投入資本的價值，並不是為著商業以外的其他私務。又他勞動力的價值，因而他的工資，與其他工資勞動者一樣，是依照恢復他勞動力所需要的費用來決定，不是依照他勞動的生產物來決定。

但是在商業上的勞動者與直接由產業資本所使用的勞動者之間，一定要設立一種區別；這種區別，與產業資本與商業資本之間的區別，因而又與產業資本家與商人之間的區別，一定是相同的。因為商人只不過是流通上的代理人，這樣的人既沒有生產價值，也沒有生產剩餘價值，所以他所使用的商業勞動者（這些人替商人盡同樣的功能），也不能替他直接造出剩餘價值。我們在這個情況，與在生產勞動者的情況一樣，假定工資是依勞動力的價值來決定，因而商人不是藉削減商業勞動者的工資而致富。

關於商業上的工資勞動者所發生的困難點，並不在於說明他們——雖沒有直接生產剩餘價值——怎樣替雇主直接生產剩餘價值的一個轉化形態即利潤。這個問題，因前項商業利潤一般從何處而來那件事的證明，已經解決了。產業資本是靠著販賣含在諸商品當中、被諸商品所實現的、沒有付過任何等價

的勞動，而獲得利潤的；與這完全一樣，商業資本也是靠著只
對於包含在商品當中的無償勞動的一部分付代價給生產資本，
當自己販賣商品的時候，則對於這種還包含在商品當中而自己
不曾付過代價的勞動部分，要求別人付出代價，因而獲得利潤
的。產業資本，憑藉直接占有別人的無償勞動來生產剩餘價
值。而商人資本，則使這樣生產出來的剩餘價值之一部分從產
業資本的手裡移轉到自己的手裡，因而占有這一部分。

　　商業資本，只有靠實現價值的功能，才能在再生產過程
內成為資本而作用，才成為這樣作用的資本而參與總資本所造
出的剩餘價值分配。就各個商人來說，利潤的大小，是以他
在這個過程內所能使用的資本大小為轉移；在他下面的商業事
務員的無償勞動越大，則他便能把越多的資本使用於購買上及
販賣上。關於這種使自己的貨幣變成資本的功能本身，商業資
本家，是把大部分讓給他的勞動者去履行。這種商業勞動者的
無償勞動，雖說沒有造出剩餘價值，但替商業資本家造出剩餘
價值的占有。這件事情，從結果上說，對於商業資本，是與造
出剩餘價值完全相同的。也就是這對於商業資本，是利潤的來
源。倘使不然，則商人的營業，絕不能大規模地在資本主義的
地盤上面來經營。

　　像生產勞動者的無償勞動替生產資本直接造出剩餘價值一
樣，商業上的工資勞動者的無償勞動，替商業資本造出對於剩
餘價值的一個分配額。

　　關於商業勞動者發生困難的，不如說是下面這一點：就
是商人自身的勞動時間及勞動，既然沒有造出什麼價值，只不
過使他對於那種已經造出來的剩餘價值得享有一份，那麼他為

購買商業上的勞動力所投的可變資本，是怎麼一個情形呢？這種可變資本，可不可以作為費用投資而算在投入商人資本當中呢？這樣的問題。

同一的商人資本，如果分散於許多小商人間，那麼在達成自己的各功能上，便需要更多的勞動者，而且為週轉同一的商品資本，也需要更大的商人資本。

我們如果以B表示直接投於買賣商品目的中的商人資本總額。以b表示與此相適應的可變資本（即那些投於商業上的補助勞動者工資的資本），那麼B + b，自然是小於b不存在的情況的商人資本總額，即小於各商人不用助手而完成同樣工作的情況的商人資本總額。

而商品的販賣價格，必須足以支付對於B + b的平均利潤。

於是發生一個問題：在歸屬於商人資本B的利潤之外，還可以從什麼地方替投在使用人的工資中的附加資本b獲得一種利潤呢？

表面上看來，好像是商人對於價格的一種任意增加。但如前面所說，B + b是小於沒有b的B。因此，在B的協同動作之下所出現的平均利潤，必須足以替b也產出一種利潤。

但這種販賣價格，又必須在對於b的利潤之外，還足以收回b自身的金額，即收回對於商業上的勞動者所付的工資。

於是又發生一個問題：商人雇用勞動者並且給以報酬，他能夠僅因這種理由，而把他所用的總額任意追加在販賣價格中嗎？或者他必須從自己的利潤中付出這種總額，因此減少他的利潤呢？

照以上的假定看來，商人用b所購買的東西，只不過是商人的勞動，即將商品轉化為貨幣、將貨幣轉化為商品所必要的勞動。但這是實現價值的勞動，不是創造價值的勞動。可是倘若不實行這樣的勞動，則商人資本便無法發揮作用，因而不能參加一般利潤的調節，即不能從總利潤中獲得自己的一份。

現在假定B是100，b是10，而利潤率等於10%。倘若商人連一個使用人都不雇用，因而連一毛的b都沒有投放下去，那麼使用人所完成的勞動，也還是要用一種手段方法來完成。而這個情況，只有由商人自己來完成這種勞動。商人為著購買或販賣相當於B = 100的東西起見，只有提供自己的時間。我們假定這個時間，是屬於他支配的唯一時間。這樣一來，很明白地表示出：那種由b即10所代表的商人勞動，不是由工資給予報酬，乃是由利潤給予報酬的。

這件事情，還可以從別方面來證明。

商業上的勞動者，沒有直接生產剩餘價值。但他的勞動力價格，是依勞動力的生產費來決定。然而把他的勞動力實現為緊張，實現為力量的發揮，實現為消耗，這與其他一切工資勞動者一樣，絕不是受勞動力自身的價值所限制。因此，他的工資，與他協助資本家實現的利潤，並不是建立在何種必然的比例上。他使資本家費去的東西與他替資本家獲得的東西，其分量是不相同的。他之有益於資本家，並不是因為他直接造出剩餘價值，乃是因為他做一部分無償的勞動，幫助資本家減少了實現剩餘價值上的諸費用。

嚴格意義的商業勞動者，屬於工資勞動者中報酬優厚的類別。但是隨著資本主義生產方法的進步，甚至與平均勞動比

較，有低落的傾向。一方面，是商業事務所內分工發達的結果；另一方面，是國民教育普及的結果，可以從向來習於比較惡劣的生活方式而被此種職業所排除的階級中，補充此種勞動者，因而增加此種勞動者的供給，以致競爭加劇起來。於是除掉若干的例外不計，此等勞動者的勞動力價值，隨著資本主義生產的進步而減少；他們的工資低落，而他們的勞動能力卻增進了。資本家為實現更多的價值和利潤的必要所驅迫，使此等勞動者的數目增大起來。這種勞動的增大，當是剩餘價值增殖的結果，絕不是它的原因。

這樣看來，顯然可以作出如下的結論：商業上的勞動者的工資，是從剩餘價值即利潤中取得的。

四、貨幣交易資本（註：人民出版社《資本論》第三卷頁351譯為「貨幣經營資本」）

在產業資本及商品交易資本的流通過程上，貨幣所實行純技術的各運動，到了它獨立起來變成一種專以此等運動為自己獨特操作來實行的特殊資本功能時，這種資本，便叫作貨幣交易資本。

產業資本家和商人，不斷地支付貨幣給別人，又不斷地得到別人支付的貨幣。又資本的一部分，必須以貨幣形態貯藏起來。這樣，為著貨幣的出納及保管，需要一定的勞動。可是當這些勞動從各個產業資本家或商人的手裡分離開來，集中於一個獨立的行業，替全體資本家階級來專門經營這種工作，因而為這種業務而重新投入獨立的資本。即到了這樣的時候，這種資本就是貨幣交易資本。

產業資本的一部分，以至於商品交易資本的一部分，不但不斷地以貨幣形態成為貨幣資本普遍地存在著，並且成為一種從事上述技術的各功能的貨幣資本而存在著。如今總資本的一定部分分離開來，以貨幣資本的形式而獨立了。這種獨立貨幣資本的資本主義功能，在於專替產業上及商業上的資本家階級執行上述各操作。像商品交易資本一樣，貨幣交易資本，也是由以貨幣資本形式存在於流通過程內的產業資本之一部分分離出來，替其餘的部分執行再生產過程上的這種操作。因此，這種貨幣資本的各運動，不過是從事再生產過程中產業資本的一個獨立部分的諸運動。（註：可參考《資本論》第三卷，人民出版社，頁351。）

這樣看來，獨立化成為特殊的各種營業而引起貨幣交易的各種操作，是從貨幣本身的各種性質及功能（這些功能，資本也是必須以貨幣資本的形式來通過）裡生出來的。

貨幣制度，本來是從相異共同體間的生產物交換中發展起來。因此，貸幣交易——把貨幣當作商品來交易的商業——這件事，先從國際的通商發展起來。

一到了有各國的鑄幣存在時，在外國買進貨品的商人，必須將本國的鑄幣換成別國的鑄幣；在相反的場合，必須作相反的事情；或者必須用各種鑄幣換成未經鑄造而作為世界貨幣的純銀或純金。可以看作近世貨幣制度一個原始基礎的兌換業，就是這樣成立起來的。從這兌換業裡，發展出一種匯兌銀行，這種匯兌銀行，使銀子或金子盡著一種與通用鑄幣不同的世界貨幣——銀行貨幣或商業貨幣——之功能。

把金銀當作商品（製造奢侈品的原料）來交易這件事，形

成金銀（金塊銀塊）商業（或媒介貨幣充當世界貨幣執行諸功能之商業）的原始基礎。

一國的貨幣，在充當世界貨幣的資格上，就拋棄了地方的性質。一國的貨幣，可以用別國的貨幣來表示。因此，所有的貨幣，都可以還原爲它的金含量或銀含量。同時，這金銀含量，也可以當作世界貨幣，當作流通的兩個商品，而還原爲相互間不斷變動的價值比例。貨幣交易業者把這種媒介變成自己的特殊業務。這樣看來，兌換業與金銀商業，是貨幣交易業最原始的形態；它是從貨幣的雙重功能——作爲一國的鑄幣和世界貨幣——裡發生的。

從資本主義生產過程裡（資本主義前期的生產方法也適用），從一般商業裡，產生如下的結果：

第一，貨幣作爲蓄藏貨幣而被蓄積起來，就現在的情況說，那種必須常常以貨幣形態作爲支付工具及購買工具的準備金而蓄積起來。這是蓄藏貨幣的第一個形態；這種蓄藏貨幣，再現於資本主義生產方法中，而且隨著商業資本的發展，至少是爲著這種資本而成立的。這兩種情況既適用於國內流通，也適用國際流通。這種蓄藏貨幣是不斷流動著，它不斷地進入流通過程內，並不斷地從流通過程內流回來。其次，蓄藏貨幣的第二個形態，就是暫時閒置在貨幣形態上的資本；而新蓄積起來還沒有投入的貨幣資本，也屬於這一類。這種蓄藏自身即爲必要的各功能，首先可以舉出那保管和簿記等。

第二，與這相關聯的還有在購買時支出的貨幣，在販賣時收進的貨幣，就是實行貨幣的交付收納及收支的清算等。貨幣交易業者，首先成爲商人及產業資本家的單純出納員，而盡

著這一切的功能。（註：可參考《資本論》第三卷，人民出版社，頁353-356。）

　　整個貨幣流通，無論從範圍上來看，或從形態上來看，或從運動上來看，都不過是商品流通的結果，而商品流通，從貨幣制度的立場看來，它自身又不過是表現貨幣的流通過程；恰恰與此相同，貨幣交易不是單純媒介貨幣流通（這只是商品流通的結果和現象）的東西，也是完全自明的事情。貨幣流通，它自身爲商品流通的一個階段，是貨幣交易所必需的。貨幣交易所媒介的，不如說是貨幣流通技術的各種操作；而貨幣交易，是把此等操作集中化、簡化、單純化。貨幣交易，並不是形成蓄藏貨幣的，倒是供給一種技術的手段，使蓄藏貨幣的形成，可以縮小到經濟上的最低限度（只要蓄藏貨幣的形成是任意的，不是表現爲閒置資本或再生產過程的紊亂）。

　　貨幣交易並不購買貴金屬，而是當貴金屬因商品交易而被購買了的時候，媒介它們的分配。只要貨幣成爲支付工具而作用，則貨幣交易便會使餘款清算變得容易，並且藉由這清算的人爲機制，減少目的上所必需的貨幣量。但是它，既不決定各種相互支付的關聯，也不決定相互支付的範圍。例如在銀行或票據交換所交換的匯票支票，是代表完全互相獨立的營業，而且是各種操作的結果。對於此等結果，應當怎樣給與較佳技術的清算，只有這才成爲問題。只要貨幣成爲購買工具而流通，則購買及販賣的分量與次數，便是與貨幣交易完全獨立的東西。貨幣交易，只不過能夠簡化此等購買及販賣上所伴隨的各種技術操作，由此減少商品週轉上所必要的現金量。

　　總而言之，這裡所考察的採取純粹形態的貨幣交易，換句

話說，從信用制度分離開來考察的貨幣交易，只與商品流通某一階段的技術有關。也就是說，它只與貨幣流通及由此而生的各種貨幣功能發生關係。這就是貨幣交易本質上與商品交易的區別。

貨幣交易業者操作關係的貨幣資本量，是存於流通內的商人及產業經營業者的貨幣資本；而貨幣交易業者的各種操作，本來是商人及產業經營者的操作，不過由貨幣交易業者做一個媒介罷了。因此，貨幣交易業者所處理的，不外是已經實現了的價值；所以他們所獲得的利潤，顯然不過代表一種從剩餘價值（這是在生產過程裡由產業資本生產出來的）中扣除出來的東西。（註：可參考《資本論》第三卷，人民出版社，頁357-359。）

第二節　利息

一、生利資本（註：人民出版社《資本論》第三卷，頁377，稱為「生息資本」）

貨幣（這裡，不管它在事實上以貨幣的形態存在也好，或以商品的形態存在也好，總之是採取一定量價值的獨立表現），在資本主義生產的基礎上，可以轉化為資本。並且由於這種轉化，它從一個特定的價值變成一個自行增殖的價值。它要生產利潤，換句話說，它賦予資本家以這樣一種能力——即從勞動者身上搾取一定量的無償勞動（剩餘生產物及剩餘價值）而占為己有的能力。這樣一來，貨幣就變成一種特別的商

品，除了以貨幣的資格而具有使用價值以外，還具有一種新的使用價值，即可以使用爲生產利潤的資本。換句話說，資本作爲資本，變成了商品。

資本如果當作一種具有「做資本職務使用價值」的商品而販賣，則販賣的形式便變成借貸，那資本便變成生利資本，使用資本的報酬便成了利息。

現在假定一年的平均利潤率是20%。在這種情況，擁有100鎊資金的人，便能保有於一年內使這100鎊變成120鎊的力量，即造出20鎊利潤的力量。可是倘若他不由自己使用這100鎊，而是貸給實際用它爲資本的人，以1年爲期，那麼他便賦予後者造出20鎊利潤的力量，即造出一個剩餘價值的力量，換句話說，即賦予後者資本的使用價值。這樣，取得這種力量的人，把這資金眞實地作爲資本來活用，由此於1年間獲得20鎊的利潤，於1年末從他的利潤當中（例如）支付5鎊的金額給100鎊的所有者，作爲資本的使用價值。他對於100鎊的所有者所付這5鎊的利潤，叫作利息。所謂利息，不外是表示利潤某一部分的一個特殊名稱；這一部分利潤，本來應該藉由功能資本收歸自己所有，如今卻把它付給資本的所有者。

我們且先來觀察一下生利資本獨特的運動。

這運動的起點，是甲貸給乙的貨幣。

這個貨幣，在乙的手裡實際變成資本，通過「貨—商—貨＋〔貨〕」這樣的運動。然後它成爲「貨＋〔貨〕」，成爲「貨＋△貨」（「△貨」表示利息），而復歸於甲的手裡。有一種場合，資本長期間停在乙的手裡，只在一定期間支付利息，在這裡爲說明單純化起見，暫且不論。

於是這運動就變成「貨－貨－商－貨＋〔貨〕－貨＋〔貨〕」。

這運動的特徵，第一是在它的起點和終點上，同一的貨幣，兩次變更它的所有者，因而同一的貨幣，兩次以資本的狀態支出並流回；第二是貨幣資本的支出及流回，雖然這樣重複地表現出來，但是其中一次，並沒有伴隨任何資本的實質轉型。

在商業資本的運動「貨－商－貨＋〔貨〕」裡，同一的商品，兩次變換所有者。但是同一商品的這種位置變換，不管這個過程在達到最終歸於消費的期間經過了幾次反覆，常常表示商品的購買或販賣的一個轉型。

又在單純的商品流通「商－貨－商」裡，同一的貨幣，亦是兩次變換所有者。然而在這個場合，商品由此完全轉變了形態，最初領有「商」的人手裡，如今領有一種使用價值與它相異的另一種「商」了。

可是在生利資本中，情形便與這相反，貨幣資本的第一次位置變換，即貨幣資本的所有者從甲轉到乙，絕不是表示商品的轉型，亦不是表示資本再生產過程的一個階段。這種資本實行具有這樣意義的實質轉型，乃是從甲移轉到乙，再由乙以商業資本家或產業資本家的資格，把這種資本拿去活用。

同樣，在這運動的終點，最初被支出的資本，變成「貨＋〔貨〕」（資本與利潤之和），先歸於乙，再歸於甲，由此實行資本的流回。可是資本的轉型那件事，在最初的貨幣資本「貨」變成「貨＋〔貨〕」而歸於乙時，便已經完全達成了。至於那「貨＋〔貨〕」再由乙移轉到甲，那不過是基於一種所

有關係的法律效果罷了。

　　換句話說，那種要把自己的貨幣作為生利資本來利用的貨幣所有者，把他的貨幣讓渡給他人，投入於流通內，使它以資本的資格變成商品。這種貨幣，不僅對於他自己是一種資本，對於別人亦是一種資本。它不僅對於出讓的人充當資本，並且從最初便以資本的資格，成為一種具有特別的使用價值（即造出剩餘價值的使用價值）的價值，而交付給他人。它是一種在運動中保存自己，盡了功能之後，復歸於最初的支出者的價值。它不過於某一期間離開那所有者，不過暫時從所有者的占有移轉到功能資本家的占有罷了。也就是說：它既不是交付出去，也不是販賣出去，只不過是借貸出去；它只在經過一定的期間之後，第一復歸於它的起點，第二成為實現的資本，成為實現「生產剩餘價值的使用價值」之資本而復歸，在這樣的條件之下才讓渡的。

　　以上只是考察借貸資本（即生利資本）在所有者與產業資本家之間的運動；接下來，當就利息來論述一下。

　　貸主（貸出貨幣的人）把他的貨幣當作資本而支出。他讓渡給別人的價值額是資本，因而流回他的手裡。但是僅僅流回他的手裡，貸出價值額還不能成為資本而流回，只能算歸還借貸出去的價值額罷了。貸出的價值額，為了要成為資本而流回，不但要在運動中保存自己，而且還要增殖自己的價值。也就它需要包含一個剩餘價值，變成「貨 + △貨」而復歸。這個「△貨」在這裡叫作利息，就是不留在功能資本家的手裡而歸於貨幣資本家的平均利潤。

　　那麼貨幣資本給予借主（借入貨幣的人）產業資本家什麼

呢？貨幣資本家在實際上讓渡給產業資本家的東西是什麼呢？

在通常商品販賣中所讓渡的東西，不是那商品的價值，乃是它的使用價值，是作爲使用價值來看的商品。

那麼貨幣資本家在借貸期間中所讓渡的移轉於借主（生產資本家）的使用價值是什麼呢？這就是貨幣轉化爲資本，造出平均利潤，基於這一種事實的使用價值。在其他商品中，使用價值達到最後取得商品的人的手裡，即被消費了。因而商品的實體便隨之消滅，價值亦隨同實體而消滅。然而我們稱爲資本的這一種商品，卻具有一種特性；由於它的使用價值之消費，不僅保存了自己的價值及使用價值，而且還增殖了自己的價值及使用價值。

作爲資本來看的貨幣的這種使用價值——造出平均利潤的性能，正是貨幣資本家於一定的期間（即移轉借貸出去的資本的處分權期間）讓渡給產業資本家的東西。

而產業資本家所付出的是什麼呢？換句話說，借貸資本的價格究竟是什麼呢？不外是借貸資本所能產出利潤的一部分。而產業資本家則把這種利潤的一部分——對於自己使用借入貨幣資本所付的利潤——叫作利息。

二、利息率

如上所說，利息是從利潤中付出來的，所以利息的分量，不能超過利潤的分量。一般來說，利息量是依存於利潤量的；但是利潤當中，以怎樣的比例作爲利息而付出，則沒有什麼決定的標準；決定這件事情的，不外是對於貨幣資本的需求與供給關係。利息是貨幣資本的貸主向借主徵收的貨幣資本使

用費；而貨幣資本的借貸，也可以視爲「貨幣使用」的買賣，利息則可以看作「貨幣使用的價格」。但是這一種商品——「貨幣使用」，沒有生產價格。因而它的價格即利息，全受需求供給的支配。換句話說，決定一定時期內利息水準的，是貨幣資本的供給者（借貸資本家）與其需求者（商工資本家）的競爭。這種競爭，在一種與使平均利潤率得以成立的情況同樣的作用之下，使社會的平均利息率得以成立。因此，縱使有或多或少的例外，作爲經濟範疇來看的利息，一般總是以平均利息率爲中心而上下運動，不斷地趨近這個中心。

假定其他一切因素沒有變化，因而利息與總利潤的比例是照這樣子大體不變的，那麼利息率是與利潤率的大小成正比。可是利潤率如我們所知，與資本主義生產的發達成反比，有漸次下降的傾向。因此，就一般的情形來說，利息率在資本主義生產越幼稚的國家越高，在資本主義生產越發達的國家越低。在同一個國家裡，也有隨著資本主義生產的發達而下降的傾向。在這個意義上，可以說利息是由一般的利潤率來調節的。而調節利息的方法，也適用於利息的平均。

利息率對於利潤率的關係，類似商品的市場價格對於價值的關係。就利息率由利潤率決定來說，是指利息率常由一般的利潤率來決定，並不是由那種可能發生於特殊產業部門內的特殊利潤率來決定，更不是由各個資本家在特殊的營業範圍內所獲得的特別利潤來決定。這樣一來，一般的利潤率在實際上便成爲一種既定的事實，再表現於平均利息率之上。但是後者，並不是前者純粹的或可以信賴的表現。

中位利息率（註：人民出版社《資本論》稱之爲「中等

利息率」頁410）（平均利息率或普通利息率）在每個國家，都有一個較長的時期不變。因為特殊的利潤率雖然不斷地變動著，但一個部門的變動會被另一個部門相反的變動所抵消。而一般的利潤率，只在較長的時期中才發生變動。一般利潤率的相對不變性，正表現在中位利息率這種或大或小不變的性質上面。

生利資本，雖不是商品本身，但變成一種特別的商品，以利息為它的價格。所以市場利息率，雖說不斷地在變動著，但就各瞬間來說，則與各個情況商品的市場價格一樣，不斷地表現為固定且均等的東西。貨幣資本家，供給這種商品；功能資本家，是這種商品的購買者和需求者。但是在各種利潤歸於平均而生出一般利潤率的場合，情況卻不是這樣。（註：可參考《資本論》第三卷，人民出版社，頁411。）

平均利潤，並不是表現為既定的事實，乃是互相對立的諸變動間平均化的最後結果，這是必須經過研究才能確定的。但在利息率中，便不是這樣。利息率是每天固定的，產生4%或5%的利息，這是每100鎊貨幣額普遍具有的能力。（註：可參考《資本論》第三卷，人民出版社，頁412-413。）

固然，利息率在分量上也發生變動，這固然是事實，但是這種變動對於借主來說是一樣的；所以從借主的立場看來，利息率常為固定的東西。貨幣的價值雖然變動，並不妨礙貨幣對一切商品來說具有相同的價值。又，各種商品的市場價格，儘管每天變動，也不會因此妨礙我們就每天市場價格作出一定的價目表。與這完全一樣，利息率也是有規則地作為「貨幣的價格」。其理由如下：因為在這個場合，資本自身以貨幣形態

被當作商品提供出來，價格的確立，與其他一切商品一樣，是市場價格的確立，因而利息率常常是一般的利息率，成為對於特定貨幣額的特定分量，表現為一個確定的量。（註：可參考《資本論》第三卷，人民出版社，頁414。）

三、利息及企業利潤（註：人民出版社《資本論》稱為「企業主收入」，參見頁415。）

對以向他人借資本來經營的生產資本家來說，總利潤分為兩個部分。一部分是他必須付給貸主的利息，另一部分是超出這利息的部分，構成他的利潤。如今不管總利潤的分量如何，利息是由一般的利息率確定的，並且是在開始生產過程、獲得總利潤之前便預先確定的；所以利潤當中尚有多少留給生產資本家，是以利潤的高低為轉移。因此，從他看來，這後一個利潤部分，必然好像是由投入資本於商業或生產中發生出來的。這樣一來，應當歸他所有的剩餘利潤部分，便與利息不同，必然地採取產業利潤或商業利潤的形態，或採取包括這兩者的企業利潤面貌。

然而在生產過程自身的內部，利潤率的大小，不僅取決於剩餘價值的大小，而且還取決於其他許多因素，例如生產資料的購買價格，增大生產力到平均程度以上的諸方法，以及不變資本的節省等。而資本家以生產價格以上的價格購買或販賣，或以生產價格以下的價格購買或販賣這件事，換句話說，資本家在流通過程內部占有總剩餘價值較大的部分，或是占有較小的部分，而且做到怎樣的程度，如果暫且不論生產價格，那是取決於特殊的市場情況。就個別營業交易來說，則取決於資本

家的機敏及勤勉程度如何。

　　這樣一來，生產資本家對於貨幣資本所有者所付的利息，表現爲一種從總利潤當中應當歸屬於資本所有者的部分，這好像是由資本自身所生出來的。反之，其餘的部分，則表現爲企業利潤，這好像是專由他以企業家的資格在產業上或商業上所盡的各種功能中發生出來的。因此，在他看來，利息好像只是資本——在沒有發生運動時的資本——所產生的果實；而企業利潤，好像是他以資本來履行各功能的專屬果實，好像是資本的運動及進行的果實。

　　總利潤的這兩部分，宛如從兩個本質相異的來源裡發生出來，乃至於這樣固定而且互相獨立化，這在現在，對於資本家階級總體及總資本，是一種固定的事實。而且這件事情，與行動的資本家所用資本是不是借來的沒有關係。各資本的利潤，因而平均利潤，都分爲兩個互相獨立而性質不同的部分，即利息和企業利潤，都是由特殊的法則來決定的。用自己資本來經營的資本家，也與用借入資本來經營的資本家一樣，把他的總利潤分爲利息與企業利潤，他以資本所有者的資格（以借貸資本給自己的資格）取得利息，以行動資本家的資格取得企業利潤。就他的資本自身來說，也分爲兩種：一種是由自身生出利息的資本所有權，即在生產過程外部的資本；另一種是生產企業利潤的，在生產過程內部的資本。這樣一來，單純分量上的劃分，就變成性質上的劃分。

　　在一般通俗的見解裡，是把貨幣資本（即生利息的資本），看做本來的資本（即眞正的資本）的。

　　因此，利息反映在資本家的眼裡，就是資本以它自身力

量所產生的一種剩餘價值，因而資本即使不用於生產方面，也可以產生這種剩餘價值。從各個資本家來說，實際上是對的。資本家或把他的資本作為生利息的資本而貸給別人，或作為生產資本而歸自己使用，他可以自由決定。所以資本家用自己所有的資本來經營的情況，也一定是把自己應獲得的平均利潤中等於平均利息的部分，看做他資本自身所產生的果實（把生產放在度外）。產生利息的資本，是作為「所有」來看的資本。反之，生產企業利潤的資本，是作為「功能」來看的資本。因此，企業利潤與利息相對立。

第一，在普通的情況，企業利潤的百分率，是由利息來決定的。就是企業利潤率，與利息率成反比例，利息率高則企業利潤率低，利息率低則企業利潤率高。

第二，功能資本家，從與資本所有相對立的資本功能中，推論出自己對於企業利潤的請求權，以及企業利潤本身。但是功能資本的代表者，並不是像生利資本的代表者那樣坐領乾薪。功能資本家是從事生產上及流通上的指揮工作；對生產勞動的搾取，無論由功能資本家自己做，或以自己的名義叫別人做，都是要費力氣的。所以他的企業利潤，與利息相反，在他看來，這是離開資本所有而獨立的東西，是他作為非所有者、作為「勞動者」所履行功能的結果。

這樣一來，在他的腦子裡，必然產生出一種觀念：他的企業利潤，豈只不是與工資勞動相對立的東西，豈只不是別人的無償勞動，不如說它自身就是工資，是管理工資（註：人民出版社《資本論》稱為「監督工資」，頁427。），是勞動管理的工資。在他眼裡，搾取過程表現為勞動過程。這樣一來，搾

取勞動也與被搾取勞動一樣，被視爲勞動了。

像這樣，把企業利潤與管理上或經營上的工資相混同的事情，本來是從把超出利息的利潤部分與利息採取對立形態裡發生的。

可是就股份企業等來看，則以企業利潤爲管理工資這件事的錯誤，是一目瞭然的。也就是在這個情況，領取管理工資的人，與領取企業利潤分配的人，是不同的人。

這樣看來，我們可以明白知道：利潤不外是剩餘價值，功能資本家是一種在實際上搾取勞動的人；在他用借入資本來經營的場合，這個搾取的果實，是劃分爲利息與企業利潤的。

四、信用制度

隨著資本主義生產方法的發展，信用制度的基礎更加確立起來，更加擴大起來。銀行成爲專門從事信用業務的企業，成爲現代具支配性企業形態的股份組織，亦可以看作信用的一個發展。

隨著信用交易的發生，貨幣把它本來的功能大部分讓給信用，同時自己在大體上只成爲支付工具而作用。同時又從信用交易裡，生出一種新的貨幣形態。

例如乙以信用向甲買取某種物品，發出一張註明於一定期間後支付貨幣的證書（期票），以代替作爲該物品的代價而應當付給甲的貨幣。可是其後甲向丙買取別的物品，只要得到丙的承認，便可以拿他從乙那裡取得的票據，去支付丙物品的代價。就是從甲乙間的信用關係中發生出來的票據，如今在甲丙

間的交換關係中，擔任貨幣的職務。這樣一來，就看見所謂信用貨幣的發生。

　　而這個場合，取得票據的丙，也可以把他的票據於銀行換成貨幣。這就是銀行的票據貼現。這個場合，銀行可以拿銀行自身的票據（銀行紙幣）交付給他，以代替交付現金。銀行紙幣，具有一種非個人期票所能比擬的信用力，能自由流通。這樣一來，便發生比較完全的第二種信用貨幣。一到了政府保證這種銀行紙幣的兌換時，國家也就出現在信用關係的舞臺上了。

　　這種信用關係，自然出現於產業關係的範圍內。產業資本家，在生產資料的購買等事情中，盛行利用這種信用。

　　產業資本家，當購買生產資料時，可以從賣主接受到信用，其理由是很簡單的。產業資本家購買生產資料時所支付的貨幣，不過是一種所謂預付的款項，因而是一種到了資本的一週轉告終時便再回到他手裡的款項。普通情況，它是變成「貨＋〔貨〕」，即更多的貨幣額而回來。因此，既然它只不過在遲早可以收回的意義上「預付」出去的東西，那麼賣主自然可以將其代價的支付延後到收回時期。像這樣延後支付情況的信用，叫作支付信用。

　　資本家喜歡利用這種信用的理由，亦是很簡單的。他既然可以常常以信用買進生產資料，到了票據期滿時才付款項，而這種款項，又可以用賣出自己生產物所得的代價來支付，那麼他就可以相應地節省自己的貨幣資本額。因而擴大自己的資本活動。

　　資本家購買生產資料時應付的款項，也能由第三者代為支

付。所以預期收回的產業資本家，可以向第三者借入他所需的金額。這樣一來，便產生一種借貸信用；這種信用，應當與那種單純表示延後支付的支付信用相區別。

資本家所獲得的剩餘價值，被他積蓄起來，達到了一定的分量以後，才能成為一種可供擴張舊企業或設立新企業的資本而作用。但是，這樣代表剩餘價值的一定貨幣額，被資本家積蓄起來的部分，不能不做閒置資本。

然而從各個資本家看來，自己的資本有一部分處於閒置狀態，而且這種資本的數額漸次增加起來，實在是最大的苦痛。但是這一部分資本，對於任何資本家，將它使用於自己的企業，都是無意義的。只有在它被別的企業使用時，才能變成功能資本而造出剩餘價值。也就是說：運用這一部分資本的唯一方法，是將這一部分資本歸別人使用；自己向別人徵收這一部分資本所生出利潤的一部分為利息，以作為這一部分資本的使用費。閒置資本，是常常以貨幣形態保有的資本，因而是可以借貸的資本。

各資本家一經互相借貸這種閒置資本，就發生一種信用關係，而信用便獲得一個新的功能，就是將閒置資本轉化為功能資本。這種轉化為功能的信用，可以叫作資本信用。資本信用，如今對於資本家具有重大的意義。在支付信用的場合，利用它的資本家，在實際上不能有更多的資本到手。然而資本信用，卻增大可以由資本家用來購買生產手段及勞動力的貨幣資本之總額。這種信用，對於資本主義生產的發達，有很大的貢獻。

信用制度發達的結果，大大地減少了流通費用，這是不用

說的；但最重大的結果，還是股份公司成立這件事。由此，各個小資本集中起來，各個企業的規模擴大起來，同時，經營工作離開資本所有者（股東）的手裡，所分配的總利潤採取利息的形態。這樣一來，那種只不過產生利息的企業就變成可能，同時，資本所有便與實際再生產過程上的功能完全分離。

再則，股份公司帶來生產資料及勞動力的社會集中之結果，私有資本取得一種充當社會資本的形態，以這種資本來經營的企業，則採取一種與私有企業相對立的社會企業形態。這是作為私人財產的資本在資本主義上生產方式本身範圍內的揚棄。（註：可參考《資本論》第三卷，人民出版社，頁495。）

五、銀行制度

信用制度的另一方面，是與貨幣交易業的發達相關聯；而這貨幣交易業的發達，在資本主義生產之下，自然是與商品交易業的發達攜手並進。營業者準備金的保管，貨幣收支及國際支付的技術操作，以及因此而起的金銀交易等，都集中於貨幣交易業者的手裡。

信用制度的另一方面──生利資本或貨幣資本的管理，與貨幣交易業相關聯，發展為貨幣交易業者的特殊功能。貨幣的借貸，變成他們的特殊業務，他們成為貨幣資本實際的貸主與借主之間的媒介者而盡其功能。總而言之，從這一方面看來，銀行業者的經營，在於把可以借貸的貨幣資本大量地集中於自己的手裡。

這樣一來，銀行業者就變成不是單個貨幣貸主的代表，卻

成為所有貨幣貸主的代表，而與產業上及商業上的資本家相對立了，他們變成貨幣資本的一般管理者。另一方面，他們替整個商業界借款，所以又與所有貸主相對立，使借主集中在他們手裡。銀行一方面代表貨幣資本的集中，即代表貨幣貸主的集中；在另一方面，又是代表借主的集中。概括來說，銀行的利潤，就在於借入時的利息率低於貸出時的利息率。

銀行所支配可以借貸的資本，是經過各種管道而流入。第一，銀行是產業資本家的出納業者，所以各生產者及商人作為準備金而保有的貨幣資本，或因收入而流到他們手中的貨幣資本，都集中在銀行的手中。這樣一來，商業界的準備金，因被集中為共同的東西，乃能夠限於必要的最低額。因此，貨幣資本的一部分，本來是要作為準備金而閒置，現在也借貸出去，充當生利資本了。

第二，銀行的借貸資本還包括貨幣資本家的存款；這些資本家，委託銀行借貸事務。到了銀行制度發達後，對於存款能夠支付利息時，那些儲蓄貨幣及暫時不用的各種貨幣，便都存入銀行；小額的貨幣不能單獨成為貨幣資本，大量地結合起來便形成一個貨幣力量。還有，專供漸次消費的各種所得，也會存入銀行。

銀行所處分的貨幣資本，大部分是存款，存款者隨時可以提出他的存款。但是存款的一部分，是有期限的；就是沒有期限的存款，除了特殊的情況，也不會一時全部提出去。尤其生產資本家的存款，它的存入及提出，從生產資本流通的性質與週轉期間的關係看來，自然會有依照一定法則的傾向；銀行依據經驗，知道為應付常態時的提款所必須準備的大體金額，可

以拿扣除這個金額以後的餘額（全體存款額的大部分），去給予各種信用。就一般情形來說，銀行所給予的信用，是銀行信用。這樣一來，資本信用便採取銀行信用的形式了。

銀行業者所給予的信用，可以採取種種形式，例如對於別的銀行簽發匯票、支票、或開立同樣的信用帳戶、以及發行自己的鈔票等形式。（註：可參考《資本論》第三卷，人民出版社，頁453。）

貨幣交易業者所處理的貨幣資本分量，不外是商人及產業資本家在流通中所存留的貨幣資本；銀行所達成的操作，不外是自己所媒介的商人及產業資本家的操作。因而銀行的利潤，只不過是從剩餘價值中扣除出來的東西。

第二章　剩餘利潤的地租化

第一節　資本主義地租

一、地租的歷史形態

　　資本所造出來的剩餘價值，有一部分以地租的名義歸屬於土地所有者。土地所有者，雖沒有參與商品的生產和流通，但參與剩餘價值的分配。說明剩餘價值對於土地所有者的分配如何進行，就是本章的目的。

　　因而這裡成爲問題的，是資本主義地租，不是資本主義以前古代的或封建的地租。地租的形態，隨著土地所有的歷史形態不同，而顯示著種種的差異。土地所有者，有時爲共同體的代表者，有時爲中世紀的地主及農夫，有時爲自營農民，因而地租的形態，也就有種種變化。今日的地租——即資本主義地租，也不過是一個歷史形態，絕不是唯一的地租形態。收取地租，絕不限於資本主義生產的場合。但是資本所造出來的剩餘價值的一部分，如何歸屬於土地所有者？可以作爲這種研究的對象，是它的最高發展形態即資本主義地租，這大概不須另加說明了。

　　資本主義地租的存在，是以農業亦受資本主義生產方法所支配這件事爲前提的。資本主義生產方法也支配農業這件事——即農業的資本主義化，一方面表示實行著資本的自由競爭，具備可以成立平均利潤率的充分條件，同時又表示作爲近

代社會架構的三大階級（工資勞動者、產業資本家、土地所有者）一起出場，而且互相對立著。

在這樣的狀態之下，實際擔當土地耕作的，必然是佃耕農業者——產業資本家——所雇用的工資勞動者。佃耕農業者（註：人民出版社《資本論》稱為「租地農場主」，頁698。）把農業當作一個產業領域，投入資本於其中，與其他產業資本家投入資本於其他生產領域一樣。

所以「這佃耕資本家，拿一個由契約確定了的貨幣額（恰如貨幣資本的借主支付一定利息一樣），於一定的期限（例如每年）付給他所利用的土地之所有者——地主，以作為許可他的資本投放在這特殊生產領域內的報酬」。這種報酬就是佃租，也就是通俗所說的地租。

然而在嚴格意義上的地租，必須是「對於土地自身的使用所付的」東西。在通俗所說的地租中，不僅是嚴格意義的地租，還含著其他各種的附加物。因此，為明白地租的概念起見，不能不把這些附加物分開來考察。

二、地租概念的分析

在通俗所說的地租——即佃租之中，包含著資本的利息。為使土地的效用增大起見，常將資本投於土地中。投於土地中的資本，有比較長期的與比較短期的，也就是說：投於排水溝、灌溉設備、平整地面、及農業上的建築物等的資本，比較長期；反之，投於施肥及其他化學性質的改良的資本，是比較短期。

一經投入資本於土地，使它的效用增大，便能獲得更多

的生產物。所以對於土地的投資，在許多情況，由借入土地的佃耕農業者來施行，他們想由此增大所獲得的收益。有時，地主自己也投放資本於其所有地，以比較有利的條件把它借貸出去。在這個情況，地主獲得較多的地租。

這種投於土地中的資本，不管由什麼人的手來施行，總是馬上與土地聯結，不能分離。例如為設置排水溝或整理耕地而投的費用，便不能再撤回來。所以佃耕農業者，一到了租期終了時，便不能不把他自己所投的資本，隨同土地一起移交給地主。可是地主，當他重新出租這塊土地的時候，卻能與徵收嚴格意義的地租一起，連帶徵收以前的借主所投入資本（這種資本已與土地合併在一起）的利息。這個利息部分，驟然看起來，好像是與本來的地租難以區別。投入資本，增大了土地的效用，因此使人們感覺這種利息彷彿完全是對於土地自身力量而支付的東西。

不單是這種投於土地中的資本的利息，土地有一定的貨幣價值（地價），人們以為對於這貨幣價值所支付的利息是地租，這也是使地租概念變得曖昧的一個原因。這種誤解的發生，是因為在今日，一定的貨幣所得，全被視為假想的資本利息。結果，世上一般的利息率是5%的情況，一年生出200鎊地租的土地，便被視為4,000鎊的資本。土地的價格——即地價，是由這種地租的資本化而成立的。

能夠形成價值的，只有勞動。因此，以為土地——不是勞動的產物——有價值那種見解，當然是完全錯誤的。然而這種不合理的見解之所以能夠常常流行得很廣，那是因為在它的背後有一個現實的理由。那就是這樣一件事情：倘若有

人以4,000鎊購入一年有200鎊地租的土地，則地租便構成對於4,000鎊資本一年5%的平均利息。在他看來，購入土地這件事，與拿這4,000鎊去購買有利息的證券，或以5%的利息直接貸給別人，是完全一樣的。無論用哪一種方法，都是以5%的利率，使4,000鎊的資本價值增殖。

但是我們不可忘記一件事：4,000鎊的地價，是有了一年200鎊的地租才發生的。地價的成立，是以地租為前提才變成可能，並不是有了地價才發生地租的。這種關係，只要觀察一下地價因何而漲跌，便可以更明白。原來，平均利息率這東西，是隨著社會的發達，資本存在量的增大，而逐漸下降。因此，倘若地租沒有變化，平均利息率從一年5%跌到4%，則一年生出200鎊地租的土地價格，也就不能不從4,000鎊漲到5,000鎊，這是200鎊地租換算為4%的利息之結果。這樣看來，地價雖在地租額不變的場合，也是與平均利息率的漲跌成反比例而起伏的，所以平均利息率下跌與地價上漲，是一種互為表裡的社會傾向。

還有，地租之中，往往含著平均利潤或工資的扣除部分，這也是造成地租概念混淆的原因。實際上有一種情況，完全沒有嚴格意義的地租存在，但仍存在著地租。馬克思舉愛爾蘭的實例，如此說道：「愛爾蘭的佃耕農業者，一般是小農民。他以地租的形式付給土地所有者的東西，往往不僅占去他的利潤（換句話說，就是他自己的剩餘勞動；這種剩餘勞動，是應當歸他自己所有，因為他是自己勞動工具的所有者）的一部分，而且還占去他的標準工資（這種工資，是他在別的情形之下付出同量的勞動所能取得的）的一部分。」這樣，佃耕農

業者或勞動者的所得，以地租的形式為地主所收去。然而這種
地租，對於地主，是獨占經濟的利用，這一點與現實的地租沒
有什麼不同。因而它與實際的地租一樣，是具有地價的決定
力。

這樣的現象，不僅在農業還沒有進步到資本主義生產的
情況，或有其他例外情況都可以看見。就是在資本主義生產已
經發達的國家，也可以看見這種現象。例如在英國的租地人之
中，有不少人是因那教養和傳統而不能不做佃耕農業者的；他
們不把利潤的一部分提供給地主，便不能租得土地。地主關於
立法，握有壓倒一切的勢力。因此，地主未必一定要甘於收得
嚴格意義的地租，還可以藉法令的力量，收得平均利潤或工資
的一部分。

總而言之，這些事情，是將地租的概念弄混亂，使人們
感覺似乎其他要素也屬於地租。在嚴格意義上的地租，不外是
對於利用土地自身的力量所付的租借費。因此，在所謂地租當
中所包含的利息、利潤、工資等，決不能叫作地租。這些附加
物，當我們研究地租時，必須完全加以排除。

三、地租的本質

然而這種本來的地租的本體，究竟是什麼呢？「一切地租
是剩餘價值，是剩餘勞動的產物」。所謂剩餘勞動，是勞動者
超過生產他自己生活資料而從事的勞動。所謂剩餘價值，是剩
餘勞動的凝結，不歸於直接生產它的勞動者手裡，而歸於雇用
他的資本家手裡。利息、利潤及地租，都由這剩餘價值構成。

　　但是土地自身，並不產生任何價值。只有僱勞動者，以土地爲對象而使他們勞動，才產生價值以及剩餘價值。作爲對於投入總資本的利潤，被資本家收取的東西，總之就是剩餘價值。在農業裡，爲什麼剩餘價值的一部分，作爲地租而歸於地主的手裡？那是因爲農業資本所生的利潤，一般是多於那些其他領域內所用的資本所生利潤的緣故。爲什麼在農業裡生出特別多的利潤即剩餘利潤呢？那是因爲農業上的資本構成較其他產業中的資本構成低，而且土地具有獨占性質的結果，農業利潤與其他產業中的利潤不行平均化。換句話說，農業資本，只有在產生剩餘利潤（即超過其他一般資本所生平均利潤的利潤）的情況，才被投入；而這剩餘利潤，又轉化爲地租，歸於土地所有者的所得。所以「地租，不過是商品價值的一部分。較特殊地說起來，剩餘價值的一部分，不屬於資本家階級（即從勞動者身上將它剝奪過來的人）所有，而歸於土地所有者（即再從資本家手裡將它奪取過來的人）」。

　　闡明了上述那樣地租的概念之後，馬克思便進而考察資本主義地租的三種形態——即差額地租、絕對地租及基於生產物的獨占價格的地租。

第二節　差額地租的一般特性

一、獨占的自然力與剩餘利潤

　　馬克思爲說明第一種形態的地租——即差額地租的一般性質起見，從一個例子出發。假定在一國家中，大部分的工廠用

蒸汽機來運轉，只有少數的工廠用自然水流來運轉。再假定這個產業部門中商品的生產價格（被消費了的資本與平均利潤之和），對於投入資本100而言，是115。這個情況，那種用自然水流來運轉的工廠的製品，與其他一般工廠的製品一樣，以115這種市場平均價格賣出。爲什麼呢？因爲商品價值，不是依各個商品生產上所支出的勞動時間來決定，乃是依社會的必要勞動時間來決定；並且規範市場平均價格的，也不是個別的生產價格，而是產業部門一般的生產價格。

但是，在利用自然水流的工廠，因爲能夠節省那些在蒸汽機和燃料中所支出的不變資本，所以在別的工廠需要支出100資本的生產，或許便能以90的支出資本來完成。而且生產物的販賣價格都是115，所以別的工廠主只能獲得15%的利潤，而水流的利用者卻能獲得25%的利潤。換句話說，水流的利用者，除了獲得15%的平均利潤以外，還額外獲得10%的剩餘利潤。這是從這樣的一件事情——即水流利用者，能夠以市場平均價格，販賣他們在比產業部門內普通的條件更爲有利的情況之下，所生產出來的商品——生出來的剩餘；絕不是從他們把商品以高於生產價格販賣那種事情裡生出來的剩餘。

這種剩餘利潤，不能與其他一般的剩餘利潤相區別。它是從支配市場一般的社會的、該生產部門全體的平均生產價格，與用比較有利的條件所生產商品個別的生產價格之間的差額裡生出來。這種剩餘利潤，在應用著還沒有一般化的優秀機器或祕密生產技術的場合，也可以得到。不過在這種情況，收得剩餘利潤的是直接生產者，剩餘利潤並不以地租的形式被他人收去。

　　然而因利用自然水流而得的剩餘利潤，卻是以地租形式被水流所有者收去。爲什麼呢？因爲在這種剩餘利潤的生產上，有一種與應用優秀機器或祕密技術的情況不同的自然力參與著。不過，自然力的利用，並不一定成爲地租的原因。就拿應用蒸汽機的工廠主來說，只要他不需什麼費用，能夠使勞動變得更具生產力，而且由此得使勞動者所必需的生活資料之生產變成低廉，那麼他也就是利用著各種自然力。並且這種自然力，也與由協作或分工而生的勞動社會的自然力一樣，爲資本所獨占。但是工廠主，只付煤的代價，關於水的功能或蒸汽的彈力，是不付代價的。這些自然力的獨占，是用蒸汽機來操作的一切資本所共通的，並不是他單獨的特權。因此，雖然由這種獨占而增加勞動生產物，增大剩餘價值，但決沒有因此成立剩餘利潤（即超出平均利潤的個別利潤），它只是增進了一般的利潤率。

　　反之，自然的水流，便不是同一產業部門中一切資本家所能利用的。水流這一種自然力，爲特殊的人所獨占，別的人不能自由利用它。所以只有能夠支配那種有水流的特殊土地的人，才能獲得這種利潤，而其他一般資本家，是絕不能享受這種恩典的。這種剩餘利潤，不是起因於資本，乃是「從資本利用那種可以獨占的或被獨占著的自然力中生出來」的。因此，這種稱爲水流自然力的所有者，站在一種可以收取剩餘利潤爲地租的位置上。

二、使剩餘利潤變成地租的原因

像這樣子，在同一的生產領域，以社會平均條件投入的資本，與那種以比較有利的條件投入的資本之間所生收益的差額，是地租的原因。這種意義的地租，不用說常是差額地租。（註：人民出版社《資本論》稱作「級差地租」）為什麼呢？因為這種地租，不是商品一般生產價格中的決定因子，而是以生產價格為前提而成立的。

但是，擁有水流，與造出剩餘利潤沒有什麼關係。在土地是無主而能夠無償地得到水流的場合，也有這種剩餘利潤存在。擁有土地，只不過將這種因利用自然力而生的剩餘利潤，使土地所有者獲得罷了。換句話說，擁有土地，不是造出剩餘利潤的原因，只是使剩餘利潤變為地租形式的原因。這個情況，假定工廠主自己擁有有水流的土地，對於這件事情也不會發生什麼差異。這時，他不是以資本家的資格，乃是以地主的資格，收得10%的剩餘利潤。

水流的價格——即土地所有者在賣出有水流的土地之情況所能得到的價格，假使工廠主把它買進來，也不是加入商品的生產價格中。為什麼呢？因為水流的價格不過是資本化地租，而地租是以用蒸汽機生產的同種商品的生產價格為前提。

馬克思說明了差額地租的一般特性以後，對於李嘉圖表示同意，如次說道：

> 「李嘉圖如下的主張，是完全正確。──『地租（指差額地租而言：因為他認為除了差額地租以外，

沒有別的地租存在）常是由兩個等量資本及勞動的使
用而得的生產物間的差額』（《政治經濟學和賦稅原
理》第59頁）。既然這裡成爲問題的是地租並不是剩
餘利潤，那他就應該加上一句『在同量的土地上』。
換句話說，只要剩餘利潤是正常產生，不是起因於流
通過程內偶然的事件，那麼它就總是作爲兩個等量資
本及勞動的生產物間的差額而產生出來。而這剩餘利
潤，當兩個等量的資本及勞動被用於同一面積的土地
而產生的結果不等時，就轉化爲地租。」（註：可參
考《資本論》第三卷，人民出版社，頁731。）

三、差額地租的諸形態

再則，「李嘉圖還有如下的主張，這單就差額地租來
說，也是得當的。——『減低由同一或新的土地上得來生產物
間的不平等之任何原因，都有降低地租的傾向；凡是使這種不
平等增大的任何原因，必然地產生一種相反的結果，而有提高
地租的傾向』（《政治經濟學和賦稅原理》第74頁）。」但
是據馬克思說，在這些原因中，不僅是肥沃度及位置，而且還
應當算入下列幾項：（一）租稅分配上的差異，即租稅是否全
國均等地發生作用這件事；（二）基於各地方農業發展程度差
異而生的不平等；（三）資本在佃耕農業者之間的分配上之不
平等。在這一點，馬克思的見解，是與李嘉圖不同的。（註：
可參考《資本論》第三卷，人民出版社，頁732。）

李嘉圖承認差額地租有三種：（一）是由肥沃度的差異而
產生；（二）是由位置的便利與否而產生；（三）是由收穫遞
減法則而產生的。但是馬克思，卻把這當中由肥沃度及位置的

差異而產生的，稱爲「差額地租的第一形態」，由收穫遞減法
則而生的，稱爲「差額地租的第二形態」。再就這兩者，各區
別爲第一、第二、第三，三個次形態。就是假設第一個次形態
成立於生產價格不變的情況，第二個次形態成立於生產價格低
落的情況，第三個次形態成立於生產價格增進的情況。這些各
色各樣形態的地租，發生怎樣的運動？關於這個問題，馬克思
與李嘉圖一樣，作出各種公式來說明。

第三節　差額地租的第一形態

一、差額地租的第一形態

　　爲說明差額地租的第一形態，換句話說，爲說明基於肥沃
度及位置的差額地租，先假定ABCD四種土地。再假定1夸特
小麥的價格是60先令（3鎊），恰恰等於最劣等土地的生產價
格（支出資本與平均利潤之和）；並且假定最劣等土地A，以
50先令的支出資本，產出1夸特小麥，得到10先令即20%的平
均利潤。

　　這個情況，假定B以50先令的支出資本，產出2夸特的小
麥（120先令），產生70先令的利潤，因而產生60先令的剩餘
利潤；又假定C以等額的支出資本，產出3夸特的小麥（180先
令），產生利潤130先令，剩餘利潤120先令；D以等額的投
資，產出4奈爾的小麥（240先令），產生利潤190先令，剩餘
利潤180先令。這樣一來，便成立如下的表：

表一

土地	生產物		投入	利潤		地租	
種類	夸特	先令	資本	夸特	先令	夸特	先令
A	1	60	50	$\frac{1}{6}$	10	無	無
B	2	120	50	$1\frac{1}{6}$	70	1	60
C	3	180	50	$2\frac{1}{6}$	130	2	120
D	4	240	50	$3\frac{1}{6}$	190	3	180
合計	10	600				6	360

　　據馬克思說，土地的耕作，有由肥沃度較高的土地移到肥沃度較低的土地，也有由肥沃度較低的土地移到肥沃度較高的土地的。也就是說，不一定是從肥沃度較高的土地下降到肥沃度較低的土地。這裡，我們且照上述的表，來考察兩個場合。

　　土地的耕作從D向A順次下降的場合，小麥的價格從每1夸特15先令（D的生產價格），順次提高到60先令（A的生產價格）。到了一般的需要增大，D所生產的4夸特（將單位視為百萬，那就是4百萬）已不能滿足一般的需要時，價格勢必要上漲，達到每1夸特20先令（恰恰相當於C的生產價格），於是C土地就耕種了。到了需要再行增加，超過CD的生產量，價格變成1夸特30先令時，B的土地就加入耕作圈內。變成1夸特60先令時，A土地也加入耕作圈內了。這個情況的地租（不用說，這裡所謂地租，都是指差額地租的），先是伴隨著C耕作而成立於D。即D與C的差額是每1夸特5先令（4夸特

合計是20先令），這5先令就是所生的地租。其次，到了B加入耕作圈內時，D的地租就變成每1夸特15先令（4夸特合計是60先令），C的地租就變成每夸特10先令（3夸特合計是30先令）；到了A耕種時，才成立上表所示那樣的地租。

反之，土地耕作從A開始的情況，一到了單以A的生產已不能滿足需要時，價格便上漲到60先令以上，於是由耕作B來補充這種單以A生產已感到不夠的必要供給；到了這個時候，小麥的價格，便以在滿足總需要上所不可缺的A的每一夸特生產價格爲標準，重複跌回60先令。B的生產價格，是每1夸特30先令，但因爲可以將它以60先令販賣，所以在B方面，有每1夸特30先令，即合計60先令的地租成立。CD的地租，也以同樣的方法成立。不過在這個情況，並不是因爲最初單以A的供給量，其次單以AB兩者的供給量已不能滿足需要，而順次去耕種CD的；只是普遍地擴大了耕作範圍，肥沃度較高的土地後來才偶然地被耕種。

二、差額地租第一形態的補正

馬克思更就差額地租的發展，進行若干修正。假定：小麥的需要從最初的10夸特增大到17夸特，最劣等地A，被別的A種土地即以60先令的生產價格產出 $1\frac{1}{3}$ 夸特小麥（每1夸特的生產價格是45先令）的土地所排除，在向來BCD的生產量上雖沒有什麼變化，但是位於A與B中間的A'土地，及位於B與C中間的B'B"二種土地，卻重新耕種了。

這個情況，規定小麥1夸特的市場價格一定是A的生產價

格45先令。於是1夸特小麥的價格，從60先令降低到45先令，結果是降低二成半，BCD的剩餘利潤以至地租，便行下跌。可是以小麥形式來表示的地租總額，因為耕地面積增大了，乃從6夸特增大到$7\frac{2}{3}$夸特。但以貨幣形式來表示的地租總額，卻因穀價下跌的關係，以致從360先令下跌到345先令了。現在用公式把它表示出來，便成了這樣：

表二

土地種類	生產物		投入資本	利潤		地租		1夸特的生產價格（先令）
	夸特	先令		夸特	先令	夸特	先令	
A	$1\frac{1}{3}$	60	50	$\frac{2}{9}$	10	——	——	45
A'	$1\frac{2}{3}$	75	50	$\frac{5}{9}$	25	$\frac{1}{3}$	15	36
B	2	90	50	$\frac{8}{9}$	40	$\frac{2}{3}$	30	30
B'	$2\frac{1}{3}$	105	50	$1\frac{2}{9}$	55	1	45	$25\frac{5}{7}$
B"	$2\frac{2}{3}$	120	50	$1\frac{5}{9}$	70	$1\frac{1}{3}$	60	$22\frac{1}{2}$
C	3	135	50	$1\frac{8}{9}$	85	$1\frac{2}{3}$	75	20
D	4	180	50	$2\frac{8}{9}$	130	$2\frac{2}{3}$	120	15
合計	17					$7\frac{2}{3}$	345	

　　最後，假定只耕種ABCD四種土地，和最初一樣，但是各種土地的生產力都增進，A的產出量從1夸特增大到2夸特，B

的產出量從2夸特增大到4夸特，C的產出量從3夸特增大到7夸特，D的產出量從4夸特增大到10夸特。倘若人口增加，那種從10夸特增大到23夸特的生產額全部被需要所吸收去，那麼便成了如下的結果：

表三

土地種類	生產物		投入資本	1夸特的生產價格	利潤		地租	
	夸特	先令			夸特	先令	夸特	先令
A	2	60	50	30	$\frac{1}{3}$	10	0	0
B	4	120	50	15	$2\frac{1}{3}$	70	2	60
C	7	210	50	$8\frac{4}{7}$	$5\frac{1}{3}$	160	5	150
D	10	300	50	6	$8\frac{1}{3}$	250	8	240
合計	23						15	450

　　小麥的市場價格從每1夸特60先令跌到30先令，跌了一半，但總生產額卻從10夸特增加到23夸特，即增加了130%。因而地租亦行增加，B的部分雖然不變，但C的部分卻從120先令增加到150先令，D的部分則從180先令增加到240先令。所以在總體上，從360先令增加到450先令，增加了25%。

三、概括

　　以上所有的情況，形成調節市場價格的常是最劣等地的生產價格，其他諸土地生產物的生產價格，是比較低廉的。所

以，這些生產物以最劣等地的生產價格販賣，因而這兩種生產價格的差額形成剩餘利潤，而這剩餘利潤又變成地租。於是馬克思說：「差額地租起自各種土地自然的肥沃度（位置這件事，在這裡暫且不論）之間所生的區別，而這種區別是由當時盛行的耕作方式之發達程度來決定。換句話說，差額地租，起自最優良的土地面積有限，並起自必須投入等量資本於種類相異的各種土地，因而各種土地以等量資本產生不等的生產物。」

這種差額地租，無論在土地生產物的價格平穩時，上漲時，或下跌時，都可以成立。在價格下跌的場合，生產總額與地租總額也能增大。並且，最劣等地A，如果被比較優良的土地所排除，或者它自己變成優良的土地，那麼從來不會生地租的土地，也會生出地租來，雖然其他比較優良的土地之地租會減少。因此，貨幣地租雖然減少，而穀物地租卻是增大，這是前揭表二所告訴我們的。

又有一種場合，價格因耕作方式普遍改良而下跌，連最劣等地的生產物，其價格也因之減少；在這種場合，一部分優良土地的地租，或是不變，或是下跌，但最優良土地的地租，卻是增大。假定在一切土地的絕對肥沃度增加了的時候，優良土地的肥沃度，比劣等地的肥沃度，相對地多增加些，那麼生產量差額也是同時增大。差額地租，絕不是以比較劣等的土地加入耕作圈內為前提，而是以收穫遞減法則為前提才能說明。

所以馬克思說：「由此，推翻了在衛斯特（West, 1782-1828）、馬爾薩斯、李嘉圖等人之間現在還支配著的關於差額地租的第一個錯誤假定——即以為差額地租，必然地以向著

比較劣等的土地不間斷地進行，或以農業生產量的不斷減退為前提。差額地租，如以上我們所見，在向著比較優良的土地進行中，也可以發生。它在一種比較優良的土地代替從前劣等土地而居最低等級的場合，也可以發生。也就是它是可以伴隨農業改良進步而生。差額地租的條件，只是各種土地間的不平等。當我們考慮生產力的發展時，差額地租的前提是：土地總面積的絕對肥沃度之增進，並沒有揚棄這種不平等，而是使它增大，或者不變，或者僅是減少。」（註：可參考《資本論》第三卷，人民出版社，頁743。）

第四節　差額地租的第二形態

一、第二形態的意義

以上所述的差額地租，是在投入等量資本於肥沃度相異的同一面積土地中，其生產力有差異的情況發生的。換句話說，這種差額地租，是由投於最劣等地的資本收益與投於比較優良諸土地的資本收益之間的差額來決定。這個情況，各資本投入，是向著各種相異的土地並行著。但是，以下所要考察的第二種差額地租，是在投入生產力相異的各資本量於同一土地時成立的。

那麼在各資本量投放於相異土地的場合與投放於同一土地的場合，會產生怎樣的區別呢？

各為50先令的四個資本，無論同時投放於肥沃度相異各為1英畝的土地ABCD也好，或是連續投放於1英畝的土地D也

好，單就剩餘利潤的形成來說，沒有兩樣。無論在哪一個情況，都有兩種資本存在：一種是不產生任何剩餘利潤的資本，另一種是會按照它們的收益和不提供地租的投資的收益之差提供剩餘利潤的資本。（註：可參考《資本論》第三卷，人民出版社，頁760。）可是一考察到這剩餘利潤化爲地租的場合，便不能說兩者是同一的東西。也就是說：在投入等量的諸資本於同一土地的場合，剩餘利潤的地租化，是比較狹窄、比較不定的。因此，在施行集約耕作（即資本不分配於各種土地而集中於同一土地的事情）的地方，土地估價人（註：人民出版社《資本論》稱之爲「稅務員」）的工作是極重要的，並且變成複雜而困難的工作。

差額地租的第二形態，是以差額地租的第一形態爲基礎爲出發點的。換句話說，農業上總資本相異的各部分，同時使用於地質相異的各種土地。第一種差額地租與第二種差額地租，不過以不同的形式表現本質相同的東西罷了。對於等量資本得到生產物之不等，或生於逐次投於同一土地的資本間，或生於同時投於相異的各種土地的資本間，在差額地租的成立上（差額地租，是基於較爲生產投入的資本而成立的），沒有什麼區別。無論在哪一個情況，土地對於等量的投資，總是給予不同的結果。

二、生出第二形態的差額地租的三個情況

我們在前節所載的第一個公式裡，假定200先令的資本爲4個50先令互相獨立的資本，投於ABCD四種土地各1英畝中；投在A種土地中的資本產出小麥1夸特，投在B種土地中的資本

產出小麥2夸特，C的資本產出3夸特，D的資本產出4夸特。現在倘若假定200先令的資本分作四次投於同一土地，每次投入50先令。第一次投資產出小麥4夸特，第二次的投資產出小麥3夸特，第三次投資產出2夸特，第四次的投資產出1夸特。這時，剩餘利潤的形成，與前一個情況一樣。也就是說：無論在哪一個場合，都是由那種生產力最少的資本所供給之1夸特的生產價格（60先令）來決定市場價格，其他的資本都對應著各自生產物的差額而產生剩餘利潤。

我們再假定D種土地的佃耕農業者，除了投入產出4夸特生產物、付出3夸特差額地租的50先令資本以外，還重新投入50先令資本於同一的D種土地，而這新投入的50先令資本，與那投於最劣等地A的情況一樣，不過產出1夸特的生產物。這個情況的新投資，只是給予他平均利潤，並沒有產出地租。這是因為它並沒有產生任何可以轉化為地租的剩餘利潤。可是，對於D第二次投資的收益，雖然這樣減少，利潤率卻不受任何影響。它與重新投入50先令資本於A種土地1英畝的場合一樣，給予佃耕農業者以20%的平均利潤，又與對於D種土地最初投資所產生的利潤相等。

再假定佃耕農業者對於D種土地，各以50先令實行第三次及第四次的投資，第三次投資產出3夸特的追加生產，第四次投資產出2夸特的追加生產。比起最初投資產出4夸特的生產（剩餘利潤3夸特）來，這些追加投資的收益，自然是減少了。可是這些追加投資所減少的只是剩餘利潤的分量，至於平均利潤和調節的生產價格，並不受任何影響。這些東西之受影響，只有在下述的情況 —— 只有在造成剩餘利潤減少的追

加生產使A種土地之生產成為多餘，因而A種土地被排除於耕作圈外。（註：可參考《資本論》第三卷，人民出版社，頁765。）倘若照這樣子，A種土地被排除於耕作圈外，B種土地變成了以其生產價格為調節市場價格的無地租土地，那麼1夸特小麥的價格，也就要從60先令跌到30先令了。B種土地1英畝生產量是小麥2夸特，D種土地1英畝的生產量，起初是小麥4夸特，但後來因追加投資而成了10夸特（4＋1＋3＋2）；所以兩者的差額，成了10 － 2 ＝ 8即8夸特。這樣看來，對於各個50先令的追加資本而生的剩餘利潤，雖然減少，但D的地租，在穀物形式上已從3夸特增大到8夸特，在貨幣形式上則從180先令增大到240先令，即增大了$33\frac{1}{3}$%。

三、第一形態與第二形態的複合現象

「由此，差額地租，尤其是連結第一形態與第二形態的差額地租，會引起何等複雜的各種組合（雖然，例如李嘉圖是完全片面地而且當作單純的事情來處理地租的）。試舉一個例子，如上例所表示：調節的市場價格下跌，同時肥沃度高的土地的地租增加，因而絕對生產物和絕對剩餘生產物都增加。……但是同時，那些連續投於同一土地的資本的生產率減少了，儘管大部分用於比較豐饒的土地。從一個角度看來，就生產物和生產價格而言，勞動力生產率增進了。但從另一個角度看來，它卻是降低了；因為對於同一土地上的不同投資來說，剩餘利潤率與每英畝的剩餘生產物都減少了。」（註：可參考《資本論》第三卷，人民出版社，頁765-766。）

所以馬克思詳細地說明由連續的各種投資之生產率減低而生的各種影響。例如對於最劣等地A實行追加投資，必然招致生產力（註：人民出版社《資本論》皆使用「生產率」而非「生產力」。）的絕對低落、生產價格的上漲。也就是對於以50先令投資供給生產價格60先令小麥1夸特的A種土地，1英畝再投入50先令的情況，如果全體只獲得1.5夸特的小麥，那麼生產價格，就全體說是120先令（100先令的支出資本加20%的平均利潤），就1夸特說則變成80先令。這個情況，伴隨投資增大而來的生產力低落，就是表示每1英畝生產物相對減少。它在BCD三種較好土地中，則只表現為多餘的剩餘生產物之減少。（註：可參考《資本論》第三卷，人民出版社，頁766。）

可是單純對於最劣等地實行追加投資，事實上不會發生。追加投資，多半實行於優良的土地。在英國，當《穀物法》廢除、穀物生產量減少時，從前用於小麥栽培的土地，多半被用於其他目的，而栽培小麥的資本，被集中於比較小範圍而且最適於小麥栽培的肥沃土地。

反之，在穀物的需求增大、市場價格達到A的生產價格以上、一切土地的剩餘生產物以60先令以上販賣時，如果對於ABCD任何一種土地都追加投資，而追加生產物減少了，那麼生產價格及調節的市場價格，都一定增加。如果這種狀態長期繼續下去，而別的條件又沒有變化，那麼工資便因麵包價格上漲而上漲，利潤率便相應地下跌。然而差額地租，卻伴隨著利潤率的下跌而增加了。

「這一個情況，那些後來追加於既耕土地的資本的生產率

減少，可能引起生產價格增加、利潤率下跌及差額地租上漲。因為在這種情形之下，就好像由比A更劣等的土地來調節市場價格一樣，所有各級土地的差額地租都會增加。這被李嘉圖當作唯一的情況、當作正常的情況，他把第二差額地租的全部形成歸於此類。」但是馬克思說：除了市場價格長期超過生產價格的場合外，則各追加資本的生產力雖然有了成比例的下跌，而調節的生產價格與利潤率，還是不受影響。

也就是說：假使投於ABCD任何一種土地中的追加資本，僅僅產生以A的生產價格來決定的利潤率，這種投資便沒有形成什麼剩餘利潤，因而也就沒有形成什麼地租。又，假使追加資本產生比較多量的生產物，只要調節的生產價格沒有變化，自然形成一種新的剩餘利潤。但是，假使這種追加生產，把A種土地排除於耕作圈外，情況就不一樣。這個情況，調節的生產價格，因A種土地不能耕作而下跌；如果同時引起工資的下跌，或者以比較低廉的生產物做不變資本的要素，利潤率當然會增加。換句話說，在追加資本被投放於D和C那樣最優良地而招致了如上結果的場合，剩餘利潤（因而地租）雖然增進，而生產價格卻是下跌，利潤率則是增進。這些是李嘉圖所不能說明的。（註：可參考《資本論》第三卷，人民出版社，頁767-768。）

馬克思像這樣子考察了第二差額地租之後，還進而詳細地說明生產價格不變的場合（第一種次形態），生產價格下跌的場合（第二種次形態），生產價格上漲的場合（第三種次形態），以及在這些場合，追加資本的生產力或是不變，或是低落，或是增進，因為這些情形而使第二差額地租上發生怎樣

的變化。但在這裡，我想不必一一加以介紹。因為由以上的說明，已經可以充分明白了。

四、最劣等土地所生的差額地租（註：可參考《資本論》第三卷，人民出版社，頁835-836。）

最後，還有一點必須加以說明，就是馬克思說，最劣等土地也可以生出差額地租。

讓我們假定穀物的需要增大，供給不能滿足需要，如今為獲得供給，只能對於產生地租的各種土地上生產力不足的追加投資，或對於A種土地上生產力也不斷降低的追加投資，或投資肥沃度比A更為低劣的土地，必須在這三者當中選取其一。讓我們採取B種土地為產生地租的土地代表，假定投入追加資本於這種土地當中。

為了要對於B種土地實行追加投資，必須市場價格漲高到每1夸特60先令（一向的調節生產價格）以上，使在B種土地中實行1夸特的追加生產變成可能。如此一來，在產生最高地租的DC兩土地中，也能追加生產。但是我們假定，為滿足需要起見，只需B追加生產1夸特。倘若這1夸特，在投放追加資本於B的時候，比投放等量追加資本於A的場合，或比對於A以下劣等地實行新投資的場合，能夠更廉價地生產出來，那麼調節市場價格的，就該是投於B的追加資本了。

假定A種土地和從前一樣，以60先令的生產價格生產1夸特，而B種土地以120先令的生產價格生產3.5夸特。現在，倘若以B種土地追加生產1夸特，需要80先令的生產費（包含利潤），以A種土地獲得同樣生產物，只要75先令，那麼一定不

會有人在B種土地裡追加生產，而是在A種土地來生產這1夸特。於是讓我們假定，在B種土地裡，可以用70先令的追加生產費，獲得1夸特的追加生產。在這個假定裡，做調節生產價格的，是B的追加生產費70先令。B現在以315先令販賣4.5夸特的總生產物。從這當中，扣除了最初的3.5夸特的生產費120先令與追加1夸特的生產費70先令之後，還剩下125先令，這是可以變成地租的剩餘利潤。這種剩餘利潤，在沒有實行追加投資以前，不過是90先令。

這個情況，在最劣等地A當中，也產生出10先令的差額地租。為什麼呢？因為市場價格，已不復由A的生產費（60先令）來調節，已由B的追加生產費（70先令）來調節，以致從A的生產物裡，也產生出10先令的剩餘利潤。但是這種情形，只發生在如此的情況——即得不到與向來最劣等地A具有同等肥沃度及位置的新土地，只有對於既耕的A種土地實行追加投資，或者只有將更劣等的土地引入耕作圈內。

像這樣子，連結追加投資，產生第二差額地租。同時，生產價格上漲的界限，就由較優良地的投資來調節。而且從構成第一差額地租基礎的最劣等地中，也能生出差額地租。換句話說，第一差額地租，雖不能生於最劣等地，但第二差額地租，是能夠生於最劣等地的。這種理論，完全屬於馬克思的創見。

第五節　絕對地租

一、差額地租與絕對地租（註：可參考《資本論》第三卷，人民出版社，頁846-848。）

　　馬克思當分析差額地租的時候，假定最劣等土地不產生任何地租（除了最後所列舉的場合）。比較概括地說起來，他是假定只有這樣的土地——即能夠供給具有「調節生產價格」以下的「個別生產價格」之生產物，藉以使可轉化爲地租的剩餘利潤成立的土地，才支付地租。

　　但是他承認：差額地租法則是與這個假定正確與否完全無關。也就是說：差額地租，是受上述的法則所支配，至於事實上的地租，是否只有差額地租，或者與差額地租一起有絕對地租並存，完全是另外一個問題。於是便要進一步考察：上述假定究竟是否與事實相符？換句話說，在差額地租以外，是否還有絕對地租存在？

　　現在我們以P來表示調節的一般生產價格。依據前面的假定：最劣等地A的個別生產價格與P一致。換句話說，A的生產物，是以一種等於支出資本加上平均利潤的數額之價格販賣，因而A的地租等於零。現在，我們再以小於P的P'表示肥沃度高於A的B之個別生產價格。假如從P減去P'剩下的是d，那麼d即P超過P'的部分，是可以轉化爲地租的剩餘利潤。又假定C的個別生產價格是P"，D的個別生產價格是P'''，那麼就有P － P" = 2d轉化爲C的地租，P － P''' = 3d轉化爲D的地租。

　　以前，我們把A的地租看做零，假定它的生產價格等於P

＋0；可是現在，我們假定這是錯誤的。換句話說，假定A也產生一種地租（以r來表示）。這時，A的生產物，絕不以等於它生產價格的價格販賣。爲什麼呢？因爲A的生產物價格，必須包含生產價格以上的超過部分，即必須包含r。假如資本主義生產方法處於正常狀態，r不是從工錢或平均利潤中扣除出來的東西，那麼佃耕農業者，便只有靠在生產價格以上販賣他的生產物，才能支付這個超過部分。

　　所以在這個情況，土地生產物的調節市場價格，並不等於整個生產範圍都成立的生產價格，即不等於支出資本與平均利潤之和，反而必須等於生產價格與地租之和。換句話說，不是等於P，實際上必須等於P＋r。總之，A的生產物價格，代表土地生產物調節的一般市場價格的界限；而這種生產物（A的生產物）的價格，必須是支出資本、平均利潤與絕對地租之和。

　　可是，像這樣子，土地生產物的一般價格會發生本質的變化，但差額地租法則，並不會因此失去作用。因爲假如A的生產物價格，因而土地生產物的一般市場價格是P＋r，那麼BCD等的生產物價格也就等於P＋r，差額地租還是受和從前一樣的法則所支配。只是在這個情況，添加了一個與差額地租法則無關的要素，即添加了絕對地租，因而地租會與土地生產物價格一起普遍增大。

　　所以產生這樣的結論：「不管最不肥沃土地的地租是什麼情形，差額地租法則不但與這件事情無關，並且要理解差額地租唯一的方法就是把A種土地的地租視爲零。當我們考察差額地租時，A種土地的地租是等於零呢？還是大於零呢？都無關

緊要，實際上是不在考慮範圍之內。」

二、絕對地租發生的原因

　　馬克思闡明了差額地租法則與絕對地租研究的結果無關之後，便進而追問：最劣等地A的生產物不生任何地租，該假定的根據，究竟在哪裡？回答必然是：只要能夠得到一般的生產價格，因而能夠得到一般的平均利潤，便能對A種土地投入追加資本。實際上，在這個情況，對於資本家，單是這樣，便已經具備足以使他投入新資本去獲得一般利潤的條件。

　　從資本家的佃耕農業者的立場看來，只要能夠得到平均利潤，縱使不用支付什麼地租，也可以投入新資本。但是，這個情況，土地所有者是否無報酬地提供其土地，是另一個問題。只要有土地所有權這件事存在，要假定這樣博愛的現象，是絕對不可能的。對於已付過地租而借入的土地，實行追加投資，是佃耕農業者的自由。但是，他卻沒有任意利用新土地的權力。

　　因此，在A種土地新開墾的場合，我們必須作這樣的設想：土地生產物的市場價格漲到一般生產價格以上，以致從A種土地裡也能夠支付地租。如果市場價格沒有上漲到使地租的支付變成可能的程度，就不會有人去開墾A種土地，自然寧可對於已耕土地實行追加投資。因為在這個情況，縱使不產生任何地租，只要能夠得到平均利潤，投入資本也是自由的。所以我們不能不說：使土地生產物的價格上漲到一般生產價格以上的起因，在於土地所有權。換句話說，「土地所有權本身造出地租。」

　　雖說土地所有權造出地租，但是單純法律上的所有權，是不會生出地租的。土地所有者，被法律賦與一種權力：在不產生地租的情況，可以禁止別人利用他的土地。正因如此，所以儘管利用那塊土地，可以使佃耕農業者獲得平均利潤，但只要土地不產生地租，他便可以禁止那塊土地被利用。因而肥沃度最低的土地，只要不產生可以轉化爲地租的剩餘利潤，便不能耕作。可是最劣等地也有地租存在這件事——即有一種不基於肥沃度之差的地租存在，就是應當含有土地生產物必定以生產價格以上的價格販賣那樣的意思。這件事情乍看之下，彷彿土地生產物是以獨占價格，即以那價值以上的價格販賣。

　　但是土地生產物，絕不是以價值以上的價格販賣。土地生產物比工業生產物包含較多的剩餘價值，因而假定照價值販賣，也當然以生產價格以上的價格販賣。這件事情，只要明白商品價值與生產價格的區別，便可以了然於胸。

　　商品的生產價格，絕不是與其價值一致的；兩者一致，倒是例外的現象。因爲生產價格是支出資本與平均利潤之和，並不是表示投入勞動量的大小。正因如此，所以在農業生產物中，可能以生產價格以上的價格販賣卻還達不到它的價值；像工業生產物中，有很多因爲以高於價值的價格販賣才產生生產價格。（註：可參考《資本論》第三卷，人民出版社，頁858。）

　　什麼東西決定商品的價值是不是在生產價格以上呢？就是生產該商品時所投入資本的有機構成。如果某一生產領域內所投入資本的構成，低於社會平均資本的構成，換句話說，如果那資本當中，投於機器、器具、原料等生產資料中的不變

部分，小於投於工資中的可變部分，那麼以這種資本所生產的生產物價值，一定是在生產價格以上。因為在投入資本當中，可變部分越多，便使用越多的勞動。這個情況中，勞動搾取的程度即使相同，也會產生較多的剩餘價值，因而產生較多的利潤。這種商品中所具有的利潤比生產價格中所含的平均利潤越多，則這種商品的價值便越大。反之，具有比社會平均資本更高比例不變資本所構成的資本，其生產的商品價值自然是在生產價格以下。

資本的有機構成處於高度還是處於低度，反映產業部門中社會勞動的生產力進步與否。越是發達的產業，機器和原料等生產資料占資本越多，資本構成便越是高度。因此，農業是低度資本構成的，表示農業的發展比其他產業落後。實際上，在農業中，比起投於機器、器具、肥料等東西中的資本，投於勞動力中的資本比例大的多，這是農業發展比其他產業落後得多之結果。然而就是農業，也是不斷在進步，所以將來比起可變資本，不變資本這一方面一定會變大，農工業間在資本構成上的差異，說不定就會消失。

可是僅說農產物的價值是在生產價格以上，還不足以說明絕對地租的存在。在工業生產物中，也有具生產價格以上價值的東西。然而在工業生產物這方面，具生產價格以上的價值之商品，不至於成立那種可以轉化為地租的剩餘利潤。這是因為在工業方面實行資本自由競爭的結果，個別的商品不能照價值販賣。

因此，倘若農業與工業之間實行資本的自由競爭，那麼農業生產物和工業生產物，便同樣以生產價格販賣，農業資本的

剩餘利潤，便不能不歸於消滅。這樣一來，絕對地租便沒有成立的餘地了。可是農業與其他諸產業之間，並不實行那種使利潤率平均化的資本自由競爭。即土地中資本的自由移動，被土地所有權所阻止。土地所有者不許無報酬地投資於土地，所以土地生產物的市場價格，勢必不能不上漲到能夠支付地租（超過生產價格的部分）的程度。至於這種地租，等於生產物價值與生產價格之間的差額全部，或只等於它的一部分，是依生產物的供需關係及新耕作的土地面積如何來決定。但是，不管是它的全部或是它的一部分，這種完全不基於肥沃度之差的地租之所以能夠支付，並不是因為農產物以價值以上的價格販賣，乃是以等於價值或價值以下，但又大於生產價格的一種獨占價格販賣的結果。

　　由以上的論述，大概可以明白：農產物的價格可以在達不到價值的情況下，高於它們的生產價格。同時，因為有了土地所有權上的獨占，所以超出生產價格的農產物的價值部分，能夠充作決定農產物一般市場價格的一個要素，這件事也可以明白了。因而在這個情況，不是生產物價格上漲變成地租的原因，倒是地租變成生產物價格上漲的原因。因為有這種意義的地租存在，所以一切差額地租都提高。假定從某一單位面積的最劣等地生出的生產物價格，是生產價格與地租之和即P＋r，則一切差額地租就會對應著r的倍數增加。因為這個情況，是以P＋r做調節的市場價格。（註：可參考《資本論》第三卷，人民出版社，頁863。）

　　總而言之，農業資本的構成比其他諸產業低度，資本的自由競爭被土地所有權所限制，這兩件事實，才是絕對地租的原

因。差額地租，表示歸於某些特殊土地的特殊剩餘利潤；而絕對地租，是出於平均利潤以上的一般剩餘，是基於那土地所有權而流入於地主手中的東西。只有差額地租與絕對地租，「是唯一正常的地租形態；此外的地租，只能基於嚴格意義的獨占價格上」。

三、建築地地租和礦山地租

最後，且來看一看馬克思關於建築地地租和礦山地租的意見，以結束本章。

嚴格意義上的獨占價格，是指這樣的一種價格 —— 既不是由生產物的價值來決定，也不是由它的一般生產價格來決定，乃是由購買者的購買欲和支付能力來決定的一種價格，例如波爾多（Bordeaux）的葡萄酒或珍貴的魚翅。那樣具有自然的稀少性的東西，超過一般的生產價格，形成一種獨占價格。關於農產物，如亞當史密斯所說，如果是因人口的法則而不斷地帶著稀少性的東西，也可以有超過價值的價格。這種超過價值的價格，就是獨占（註：人民版譯為「壟斷價格」）價格。

當生產物以獨占價格販賣，就成立一種以此為根據的地租。「生產一種非常優良的葡萄，生產一種通常只能產出比較少量葡萄的葡萄園，具有一種獨占價格。葡萄栽培業者，可以從這種獨占價格（超出生產物價值的部分，完全是由上流葡萄酒飲用者的財富和嗜好來決定）中實現很大的剩餘利潤。這時，由獨占價格帶來的這種剩餘利潤轉化為地租，以地租的形式歸於土地所有者。這是起因於他對這塊具有特殊性質的土地所有權。」

　　獨占價格的成立，絕不限於農產物。從豐饒的礦山或富於魚類的河海湖沼中生產出來的商品，也會有獨占價格。礦山地租和漁業地地租等，都是基於獨占價格的地租。又如都會的建築用地等，也因爲生出一種獨占價格即高額的房租，而使這種地租得以成立。

　　這些地租，都是由於生產物具有獨占價格而生，絕不是因爲這些土地有地租存在，所以生產物才具有獨占價格。因此，這種意義的地租，即礦山或建築地的地租，不能不說是基於那種與農業上的差額地租同一的法則。只有一點不同，就是在這個場合，土地的性質或位置，對於差額地租具有壓倒一切的影響。豐饒的礦山或大都會的建築地，只因爲利用它便可以獲得巨大的利益，所以在那裡生出多額的地租，生出巨大的地價。總而言之，無論什麼地租，最後都只不過受農業上的差額地租及絕對地租的法則所支配。

第四部

資本主義生產的崩壞

第一章　利潤率低落的傾向

第一節　資本主義生產的唯一動機

　　資本主義生產，以獲得營利即利潤為唯一的動機，利潤是由生產並販賣商品而得。資本家以他所擁有的貨幣，購入生產上所必需的機器和原料，雇入勞動者，生產出貨物，將它當作商品而販賣出去，獲得多於最初投入貨幣的貨幣。用於生產上的貨幣，與賣出生產品而新獲得的貨幣，兩者的差額便成了資本家的利潤。資本家不斷地追求利潤，並希望利潤日益增大。所以，他們以利潤的一部分供自己生活享樂，同時以另一部分追加於向來的資本中，使資本總額增大，因而比從前生產更多，比從前獲得更多利潤，資本便這樣更加增大起來。

　　資本主義生產就像這樣，以獲得利潤為目的來進行。利潤是剩餘價值具體化的形式，它的本體是剩餘價值自身，這在本書第三部已經敘述過了。而剩餘價值如本書第一部所敘述，是從商品生產過程產生出來的；可是隨著資本主義生產的發展，從生產過程裡生出剩餘價值的可能性，便逐漸減少了。因為所謂資本主義生產的發展，就是表示資本構成的高度化，即可變資本對於不變資本的比例減少，因而由一定總資本來運轉的活的勞動者人數也隨之減少。關於以上的問題，在《資本論》第三卷的「利潤率低落傾向的法則」，展開詳細論述。

第二節　勞動生產力的增進方法

剩餘價值，是由生產出於勞動力價值（由資本家付給勞動者）以上的價值而成立，所以如果要盡可能地向勞動者搾取剩餘價值，那麼第一個方法就是盡可能地延長勞動者的勞動時間，資本家是不會遺漏這一點的。任何國家的資本家，都不喜歡縮短勞動時間，總是竭力想把它延長。

然而勞動者的反抗及國家的干涉，對於勞動時間的延長，給予了一個限度。而且，即使沒有這種限制，也不能把1天的勞動延長到24小時以上。人類1天的生活時間，以24小時為最大限度，其間還須飲食、休息和睡眠，所以無論怎樣延長勞動時間，也不能突破這種自然的限度。

因為有這些障礙，所以資本家勢必不能不從延長勞動時間，轉而依賴勞動生產力的增進。勞動生產力的增進，為什麼而且怎麼樣增進資本家的剩餘價值，這在本書第一部已經討論過了。而且勞動生產力的增進，由勞動方法的改善與勞動工具的發達這兩條道路而來，在前面也已經討論過了。

第三節　機器的發達與其結果

機器的發達與利潤率低落的傾向有關，我們現在就這樣的關係來考察機器的發達。

資本家採用發達的機器有兩個動機，且自然都是希求增進利潤的動機；一個是以價值以上的價格販賣生產物，另一個是依照價值販賣生產物，想由此圖利潤的增進。機器改善，增

進了勞動生產力。勞動生產力一增進，生產物的個別價值便低落。雖是同一種類的生產物，用比較進步的機器生產出來的東西之價值，也是比較小的。這種生產物，如果按照用比較劣等的機器造出來的生產物之價值來販賣，那麼就是以較貴的價錢出售較便宜的物品，因而便得到一種特別的利潤。資本家爭先恐後地想要採用比較優良的機器，那意識的動機大體可以求之於此。

但是這樣得來的特別利潤，到了普遍採用優良機器時便消失了。因爲這時，大部分的生產物都以用優良機器造出來的生產物之價值爲標準而販賣。於是，資本家又想採用更優良的機器。因此，越發改善的機器出現了。

資本家還有一個採用優良機器的動機，就是想由此降低生活資料的價值，藉以減低勞動者工資，因而使剩餘價值的分量增大。所謂剩餘價值，不外是充作工資的可變資本之價值與新造出來的生產物之價值間的差額，所以勞動時間延長縱然不可能，但工資越低落，剩餘價值的分量就越大。在這個情況，將生產物在價值以上販賣，是不成問題的。即使按照它的價值販賣，也可以獲得很大的剩餘價值。不用說，多數資本家，也許沒有明白地意識到這種關係；不過，在資本主義制度之下，採用機器的一個主要動機，無疑地就在這裡。

機器這樣不斷地發明改良；但採用機器會招致一種不愉快的結果，就是驅逐勞動者。機器可以使僅僅幾個勞動者，擔任向來幾百個勞動者的生產。因此，新的機器一採用，對於勞動者的需要便減少，可變資本對於總資本的比例也隨之減少。另一方面，用來購買機器的不變資本則因此增加。試舉一個

例子來看，假定某一個資本家，將200,000圓資本全部投於生產，其中有100,000圓用作可變資本。他以這100,000圓，雇用了500名勞動者。現在他採用了一種機器，可以使200名勞動者，造出與從前500名勞動者所造出的等量生產物。這種機器的價格，假定是50,000圓。這樣一來，從前100,000圓的不變資本，如今變成150,000圓；從前100,000圓的可變資本，如今減到40,000圓。必要的勞動者，減到從前人數的$\frac{2}{5}$；所以如果別的條件沒有變化，則可變資本也減到$\frac{2}{5}$，這是當然的結果。

這裡有一點應當注意，就是馬克思並不一定主張，採用發達的機器便會使社會雇用勞動者人數絕對地減少。實際上，他也承認機器的發明可以開拓新的生產方向，因此增加對於勞動者的需要。但是，由於採用機器，比起總資本的分量來，不變資本相對地變大，可變資本相對地變小，總是不爭的事實。社會的產業因發明機器而發達；投於生產的社會資本總量，則隨著產業的發達而增加。不變資本和可變資本，都在增加。可變資本一增加，雇用勞動者的數目自然隨之增加：但是可變資本增加的比例，到底趕不上隨著機器發達進步而更加增大的不變資本之增加比例。所以比起不變資本，可變資本的分量有逐年減少的傾向。

第四節　資本構成的高度化

以上，我們已經看見了勞動生產力因機器的發達而增進，以及機器的發達對於資本構成上所造成的影響；但是，增

進勞動生產力的原因，自然不僅是機器的發達。例如分工方法的發達，勞動者的技術知識更加熟練等，都可以變成生產力增進的原因。在這些原因當中，有一種原因，並不用伴隨勞動工具、廠房等所謂固定資本的擴大，亦能增進生產力。然而在這種情況，不變資本也會增大。因為生產力增進的結果，由一定數目勞動者所處理的原料分量增大了。原來1天生產100斤棉紗的勞動者，因生產力增進的結果，變成1天生產300斤棉紗，這時棉花（原料）的消費量便增加到3倍。因此，便必須有比從前更大的不變資本，用來購買棉花。這樣看來，勞動生產力的增進可以有一種情況，不伴隨固定資本（機器、廠房等）的增大，而導致不變資本的增大；但在實際上，往往是雙方攜手以增大不變資本的。不過這裡應當注意一件事：當勞動生產力增進的時候，由勞動來運轉的機器、工具、原料等（生產資料）的分量雖然增進，但生產資料的價值，並不是以與那分量增大的同一比例增大。因為隨著勞動生產力普遍增進，各個生產資料的價值下跌了。

總而言之，勞動生產力一增進，資本當中轉化為生產資料的不變部分的比例便增大，轉化為勞動力的可變部分的比例便減少。然而生出剩餘價值的資本，只限於可變資本，所以縱然勞動生產力增進，可變資本所生出剩餘價值的分量增大，而剩餘價值對於資本全體（可變資本與不變資本的總量）的比例——即利潤率，也不能不低落。

第五節　利潤率低落傾向的法則

（註：可參考《資本論》第三卷，人民出版社，頁235-236。）

接下來，我們根據馬克思在《資本論》第三卷第三篇裡的說明，用數字來闡明利潤率低落的法則。馬克思說：

「假定工資及勞動日是一定的，則一定的可變資本，例如100，便代表一定數目的運轉勞動者。……譬如說，100鎊是100名勞動者1星期的工資。假使這100名勞動者，等量地提供必要勞動與剩餘勞動，換句話說，假使他們每天替自己勞動的時間與替資本家勞動的時間是等量的，再換句話說，假使他們為生產自己工資而勞動的時間與他們為生產剩餘價值而勞動的時間是等量的，那麼他們的總生產物便是200鎊，他們所造出的剩餘價值便是100鎊。剩餘價值率m/v（剩餘價值／可變資本），就等於100%。但是我們已知，剩餘價值率依照不變資本c以及總資本C的大小不同，而以極不相同的利潤率表現出來。因為利潤率等於m/C（剩餘價值／總資本）。假定剩餘價值率是100%，便成了下面這樣情形：

$$c = 50，v = 100的時候，P' = \frac{100}{150} = 66\frac{2}{3}\%$$

$$c = 100，v = 100的時候，P' = \frac{100}{200} = 50\%$$

$$c = 200，v = 100的時候，P' = \frac{100}{300} = 33\frac{1}{3}\%$$

$$c = 300，v = 100的時候，P' = \frac{100}{400} = 25\%$$

$$c = 400，v = 100的時候，P' = \frac{100}{500} = 20\%」$$

（c表示不變資本，v表示可變資本，P'表示利潤率）

馬克思像這樣子用數字表示勞動的搾取程度，即剩餘價值率雖然相同，而不變資本一增大，利潤率就會低落這件事情之後，還接下去作如下的論述：

「倘若再假定資本構成的這種逐漸變化，不僅發生在個別的生產領域，而且或多或少地發生在一切生產領域，或者至少發生在具有決定性意義的生產領域，因而這種變化就包含著某一個社會的總資本的平均有機構成的變化，那麼比起可變資本，不變資本這樣遞增的結果，只要剩餘價值率或資本搾取勞動的程度沒有變化，必然地會引起一般利潤率的遞減。然而我們已經知道，隨著資本主義生產方法的發達，比起不變資本以及運轉總資本，可變資本相對地減少，這是資本主義生產方法的一個法則。」

第六節　利潤率低落與利潤量

（註：可參考《資本論》第三卷，人民出版社，頁241-242。）

以上所述利潤率低落的法則，並不等於主張由社會資本或個別資本所搾取的剩餘價值量的絕對減少。它只是主張利潤量比起總資本來，相對地減少罷了。馬克思關於這個問題，給了

如下的一個例解：

「假定勞動者人口2,000,000，再假定平均勞動日
的長度、效率及工資，以至於必要勞動對剩餘勞動的
比例，都是一定的。在這個情況，這2,000,000人的總
勞動，及他們表現爲剩餘價值的剩餘勞動，總是生產
同樣大小的價值量。但是隨著這些勞動所運轉的不變
資本（固定資本及流通資本）的分量增大，這種價值
量對於不變資本的價值的比例便下降。因爲不變資本
的價值，隨著它的分量的增大而增大，縱然不是以同
一的比例。資本所支配的活的勞動量，以及資本所吸
收的剩餘勞動量，儘管沒有變化，而這種比例，因而
利潤率，也是要下降的。這種比例的變化，並非由於
活的勞動量減少，乃是由於被活的勞動所運轉的已經
客體化了的勞動量之增大。即使減少，也是相對的減
少，不是絕對的減少。它與被運轉的勞動及剩餘勞動
的絕對量，實際上沒有什麼關係。利潤率的下降，並
非起因於總資本中可變部分的絕對減少，只是起因於
它的相對減少，換句話說，只是起因於它相較於不變
部分的減少。

關於特定的勞動量及剩餘勞動量可以適用的事
情，關於一個增大的勞動者人數，因而又在先前所
給予的前提之下，大則關於被支配勞動一般的一個
增大量，小則關於那無償部分的剩餘勞動的一個增大
量，也可以適用（註：可參考《資本論》，人民出版
社，頁242。）。假使勞動者人口從2,000,000增大到
3,000,000，作爲工資而付給他們的可變資本也從原來
的2,000,000增大到3,000,000，而不變資本從4,000,000
增大到15,000,000，那麼在上述前提（假定勞動日及剩
餘價值率不變）下，剩餘勞動因而剩餘價值量就增大
一半（50%），從2,000,000增大到3,000,000。然而，

剩餘勞動因而剩餘價值的絕對量增大50%，可變資本對
於不變資本的比例卻從2：4下降到3：15，而剩餘價值
對於總資本的比例則變成下面這樣（單位百萬）：

I. $4c + 2v + 2m$；$C = 6$，$P' = 33\frac{1}{3}\%$

II. $15c + 3v + 3m$；$C = 18$，$P' = 16\frac{2}{3}\%$

「當剩餘價值量增大一半的時候，利潤率比從
前下降一半。然而利潤這東西，只不過是按社會資本
計算的剩餘價值。因而利潤量，利潤的絕對量，若從
社會的觀點來看，便等於剩餘價值的絕對量。儘管這
種利潤量對於投入總資本的比例大大地低落，即一般
利潤率雖然大大地低落，但利潤的絕對量即利潤的總
額，卻增大50%。總之，儘管利潤率不斷下降，但資本
所雇用的勞動者數目，因而資本所運轉的勞動的絕對
量，因而資本所吸收的剩餘勞動的絕對量，因而資本
所生產的剩餘價值量，因而資本所生產的利潤的絕對
量，都可以增大。事情還不只是能夠如此；在資本主
義生產的基礎上──暫時的變動姑且不論──，可說
是必然的。」

第七節　資本主義生產的內在矛盾

利潤率隨著資本構成的高度化而低落，這在上面已經討
論過了。然而資本構成的高度化，是勞動生產力增進的必然結
果；而勞動生產力的增進，與資本的蓄積互為表裡互為因果，
也就是生產力越增進，則蓄積越增進，蓄積越增進，則生產力
越增進。因此，隨著資本主義生產的發達和資本蓄積的進行，

由社會總資本所獲得的利潤的比率，便漸次減少。然而在資本主義制度之下，資本家之所以經營產業，是以獲得利潤因而更加增殖並蓄積資本爲根本動機。所以，如上所述，利潤率的低落，使這個根本動機的力量爲之削弱，遂至於阻礙生產力的發達。資本主義生產，就這樣與生產力的矛盾衝突越來越嚴重，遂至於不能不由它自己內部所含的矛盾法則來否定它自己的存在，這是馬克思所發現的資本主義制度崩壞的一個過程。

第二章　實現剩餘價值難度的增大

第一節　缺乏銷售通路與生產過剩

與前章所述的利潤率低落的傾向一起，還有一個使資本主義制度崩壞的內在原因，就是實現剩餘價值難度的增大。資本主義生產的目的，若只是生產了商品，那還不能達到。若不將生產的物品販賣出去換成貨幣，換句話說，若不將生產物的價值變成現實的東西，就不能算達到目的的全部。然而在資本主義制度之下的生產，雖然因勞動生產力的增進而加速地提升，但消費者對於生產物的購買能力，只不過以很緩慢的速度增進，結果就發生一種奇怪的現象，即大量地生產出不能販賣的商品，就是所謂生產過剩。一旦這種生產過剩變成慢性的現象，資本主義制度遂陷於進退維谷的狀態了。

生產物為什麼會陷於不能販賣的狀態呢？我們為方便計，試把這個問題分作兩方面來考察。一方面是商品在國外市場不能販賣，另一方面是商品在國內市場不能販賣。

近代站在世界產業界第一線，達成最引人注目發展的國家是英國。英國的產業為什麼達成那樣大的發展，就是將它的生產物裝在許多船舶裡，廣泛地輸送到世界各地的結果。外交上以法語為國際共通語言，商業上以英語為國際共通語言；英語經過英國商人之手，普遍到世界各地。英國的領土包含著非常廣大的殖民地，竟成為所謂的日不落國。英國本國的資本家，

從這些廣大的殖民地運來廉價的材料而施行加工，回過頭來將製造品輸送到殖民地，以高價賣給殖民地的住民。這樣，殖民地成了資本家發財的工具。

不但殖民地，就是落後的國家，例如中國、日本等，也成了他們發財的市場。英國的資本家，將那些用發達的生產方法生產出來的「價廉物美」的商品，輸送到這些落後的國家，而獲得巨大的利益。英國的資本因此更加生出大量的利潤，以致勞動者也能相當地受其恩惠。勞動者所生產出來的剩餘價值，在國外市場上完全實現為貨幣，變成利潤而流回本國資本家的手裡。而這種利潤，再以產生新的利潤為目的，轉化為資本。資本一增大，勞動需要也自然增大起來。勞動需要增加，引起工資上漲。英國資本的發達，也就成了提高勞動者物質生活的原因。

但是這種狀態，絕不是能夠永遠繼續下去的。殖民地也好，落後國也好，它們的產業，並不是永遠停在幼稚的狀態；其後生產方法漸次發達，促進資本的蓄積。英國的商品，已經不能像從前那樣獨占巨大的利益了。從前處在未開化狀態的各國，生產也漸漸發達起來，能夠供給足以與英國商品相匹敵的生產物；所以英國的商品，不僅在這些國家的內部受到競爭，甚至於在別國的市場上也受到競爭。英國製的商品，因此不能不與許多國家的商品競爭。競爭越劇烈，利益便越淡薄，甚至於受到損失。恩格斯在一篇題為《英吉利的十小時法案》的論文中，敘述英國製品的銷售通路漸次縮小的情況，如次論道：

「無論何種產業，如果憂心自己被遺棄、被毀

滅，就只能向前發展；要向前發展，便只有伸張自己。也就是只有奪取新的市場，不斷地添加新的設備而擴大規模。然而自從中國開放以後，已經不復能夠獲得新的市場，只有更深入地去搾取既存的市場了。因此，將來產業的擴張，恐怕要比從前更爲緩慢。在這種狀態之下，英國比從前還要更耐不住競爭者的存在。」

以上是以英國做例子來敘述的；但這種情形，並不限於英國。不能在海外發現有利的市場，對於任何產業國，都已成了頭痛的事。藉輸出以銷售商品，既然如此困難，就只有依賴國內的市場了。於是生產增加與國內市場的關係如何，便成了第二個問題。

第二節　商品的二重性質

大凡商品之所以被購買，是以商品具有一種可以滿足人類欲望的性質爲條件。例如米和酒這一類商品，因爲可以滿足口腹之欲，所以才被購買。又如房屋和衣服，因爲具有避雨露、禦寒暑的效用，所以才有人來購買。不僅這種生活必需品，就是美術品和其他奢侈品，同樣是滿足人類的某種欲望的；總之，一切商品，以滿足人類的欲望爲本來的使命。只要人類將它消費而得到某種享樂，它的使命便算完成。

但是，商品這東西，除了這種供享樂之用的性質以外，還有另一個性質，就是無論什麼樣的商品都有一定的代價。如果單就供享樂之用的性質來說，那麼從天上落下來的雨，由太

陽輸送來的光線，也具有這種性質；但這些東西，不能說是商品。可以稱爲商品的東西，必須具有一定的代價。換句話說，由於支付一定代價，從甲的手裡移轉到乙的手裡，這是商品的第二個性質。如上所述的第一個性質即供享樂之用的性質，叫作商品的使用價值，第二個性質即以一定代價交換的性質，叫作商品的交換價值。

商品因爲具有這樣可以供人享樂的性質，所以人人都想得到它。但是，因爲它具有第二個性質──即需要一定的代價，所以也不能白白地得到，它是受支付代價的能力所限制。因此，縱使有很多的商品被生產出來，如果想消費它而且握有購買力的人不增加，那麼商品也就只有徒然腐朽下去一途。

但是商品當中，有一種不以直接供享樂之用爲目的，而以製造或搬運別人所消費的商品爲目的，例如機器便是。機器被安置在工廠內爲生產所利用的時候，是生產資料，不是商品；但它停在市場上尋求買主的時候，卻是商品。可是機器工業的發達，竟把製造機器的機器也送到商品市場上了。並且製造非直接供生活消費商品的生產者，以至於製造機器的生產者，像這樣二重三重間接地從事生活資料生產的人，也產生出來了。這些間接的生產，乍看之下與人類的直接消費無關，能夠獨立地進行。但在實際上，是有了直接的消費物生產，才會成立間接的生產。因而直接的消費物生產若不盛行，則機器等間接的生產也就不會盛行。如果全世界普遍經濟不景氣，生活費縮小，紡織品消費減少，那麼紡織品的生產者，就不能不減少他的生產額，因而紡織品生產上所使用的機器，就相應地有一部分變成無用，從事生產紡織品機器的人，也就不能不限制他的

生產。總而言之，對於生活品需要的存在，是一切生產的基礎。然而社會中需要生活品的人，大多數是無產者；所以無產者購買力的減退，對於生產業者是一個致命的打擊。

第三節　無產者購買力的減退

　　無產者的購買力，並沒有以那種與資本家的生產增進同樣的速度增進。因為如前章所述，資本的增加，多半行於機器及其他不變資本方面；用來雇用勞動者的可變資本的增加率，比起資本全體的增加率要微弱得多。生產方法發達，有更高額的資本投於生產中，因此勞動的生產力就更加增進起來。勞動生產力的增進，使剩餘價值的生產增加，因而又使資本的蓄積增大。而新增加的資本，投於新的機器等中，又使勞動生產力增加。結果，同一個勞動者能夠生產比從前更多的生產物。資本全體與生產物急速地增加起來；反之，可變資本卻相對地更加減少。所謂可變資本，如前面所說明，是對於勞動力的價值而付的資本。

　　所謂勞動力的價值，不外是勞動者為維持自己及其一家生存所必要的生活品之價值。因而可變資本的多寡，決定勞動者生活品消費的大小。

　　縱使資本家的資本增加，生產物比較豐富地送到市場上去，只要作為可變資本而付給勞動者的生活品購買費（工資）不同比例增加，則特意造出來的生活品，也不能充分銷售出去。就是引起所謂生產過剩的現象──生產出來的商品，大大地超過所能銷售的限度。

第四節　資本主義崩壞與社會主義實現的必然性

生產過剩這句話，在資本主義經濟發達的國家，常常可以聽到。它的意義並不是造出來的生產物已經超過了人類的欲求以上，只不過是有一些生產物賣不出去。但是，資本家並不是以滿足人類的欲望本身爲目的來從事生產，他是以賣出生產出來的東西，藉以賺得利益爲目的；所以生產過剩，對於資本家是一個致命的威脅。

一國的總資本雖然增加，但因該國一般民眾的購買力不隨之增加，以致引起生產過剩，使資本家得不到利潤，這件事情，大體已如上面所論。在國內缺乏商品銷售通路的時候，脫離窘境的唯一活路，是開拓國外市場；但如前面所論，國外市場也開始漸次狹小，以致釀成商品滯銷。因此，生產過剩陷於慢性的狀態，特意生產出來的剩餘價值，也得不到實現爲貨幣的機會。以賺錢爲目的的生產，如今變成賺不到錢，當然是一個極大的矛盾。這種情形，倘若聽其自然，就不免要招來經濟上的破產。要從這種破產中救出社會，只有廢除資本主義經濟制度這一個方法。廢除以營利爲目的的生產，將生產的所有及管理移到國家的手裡，爲社會全體的利益實行生產。一旦實現這樣的制度，資本搾取勞動的事情便會消失，生產物無論再怎麼增加，都可以供人們使用，絕不會沒有辦法。生產出來的東西，都分配給國民，以供國民的消費，所以不會賣不出去。生產增加多少，各人的欲望就被滿足到多少。向來因商品賣不出去而受著壓迫的社會生產力，由此得到了解放，只要自然資源與人類技術許可，生產力便可以自由無限地發展。

　　以上所述的資本主義崩壞理論，是馬克思對於資本主義經濟作了科學分析之後所得的；馬克思主義之所以被稱爲科學的社會主義，大體可以在這個推論中發現。馬克思主義者，根據這個論據，主張社會主義社會是資本主義社會的發達法則必然的歸宿。例如恩格斯，認定資本主義的崩壞，具有數學的正確性。我們且看他如次說道：「從一定的數學原則，可以展開新的命題；以同樣的確實性，我們從現存的經濟情況及國民經濟上的原則，可以推論將來社會革命的必然性。」

　　資本主義經濟的發達，如果以向來的趨勢進行，則在最近的將來，一定要出現慢性的生產過剩，剩下的是時間遲早的問題，正統派馬克思主義學者，都這樣想。例如週期襲來的經濟普遍恐慌，有漸次縮短其循環期間的傾向；各國的輸出，更加受著限制；失業者的人數，不斷地增大起來；凡這一切，都是資本的慢性疾患不斷惡化的徵兆。

　　總之，資本主義經濟的科學分析，證明其必然崩壞，社會主義必然實現。歷史的發展，一天一天地在證實這個眞理。

卡爾·馬克思年表

年代	生平記事
一八一八	5月5日，出生於特里爾。
一八三〇	進入特里爾文科中學就讀。
一八三五～一八三六	進入波昂大學學習法律，加入激進政治社團詩人俱樂部。後轉學到柏林洪堡大學，著迷於哲學研究，對黑格爾（G. W. F. Hegel）思想深感興趣。
一八三七	加入了探討黑格爾思想的學生團體「博士俱樂部」（Doktorklub），該團體成員後來成為著名的「青年黑格爾派」。
一八四〇	和布魯諾·飽爾（Bruno Bauer）合作編整黑格爾的著作《宗教哲學講演錄》，撰寫博士論文《德謨克利特的自然哲學和伊比鳩魯的自然哲學之區別》。
一八四一	在耶拿大學取得哲學博士學位。
一八四二	移居科隆，成為《萊茵報》主編，批評右翼政府與自由主義人士，並對社會主義與經濟發展問題產生興趣。
一八四三	《萊茵報》遭到查禁，馬克思失去工作。與友人在法國巴黎創辦新的激進左派期刊《德法年鑑》，移居巴黎，隨後《德法年鑑》內容遭到審查且缺乏贊助，停刊。在巴黎《前進周刊》從事寫作工作，馬克思的社會主義觀點逐漸完善。
一八四四	與恩格斯會面，至此成為莫逆之交。撰寫《一八四四年哲學與經濟學手稿》。同年恩格斯出版《英國工人階級狀況》。
一八四五	遭到法國當局驅逐出境，搬至比利時布魯塞爾。首次提出歷史唯物主義的思想。與恩格斯一同撰寫《德意志意識形態》。

年代	生平記事
一八四八	發表《共產黨宣言》。搬至科隆，創辦《新萊茵報》，但該報編輯時常受到當局跟蹤與騷擾，甚至驅逐出境。
一八四九	《新萊茵報》停刊，流亡倫敦。
一八五九	出版首部嚴謹經濟學著作《政治經濟學批判序言》。
一八六四	參與了第一國際成立大會。
一八六七	《資本論》第一卷出版。
一八六九	開始撰寫《資本論》第二卷。
一八七五	撰寫《哥達綱領批判》。
一八八三	逝世，葬於倫敦北郊海格特公墓。《資本論》第二卷與第三卷均未完成，僅有手稿。
一八八五	恩格斯整理手稿後，《資本論》第二卷出版。
一八九四	恩格斯整理手稿後，《資本論》第三卷出版。

索 引

12, 13, 14, 16, 17, 20,
21, 22, 23, 24, 25, 26,
27, 28, 29, 30, 31, 35,
36, 37, 38, 40, 41, 42,
43, 44, 45, 46, 47, 48,
49, 50, 62, 63, 66, 72,
73, 74, 75, 76, 77, 78,
79, 82, 83, 84, 85, 86,
87, 88, 89, 90, 91, 92,
93, 94, 95, 96, 97, 98,
99, 100, 101, 102, 103,
104, 105, 106, 107, 108,
109, 110, 111, 112, 113,
114, 115, 116, 117, 118,
119, 120, 121, 122, 124,
125, 126, 127, 128, 129,
130, 131, 132, 133, 134,
135, 136, 137, 138, 139,
140, 141, 142, 143, 144,
145, 146, 147, 148, 149,
150, 151, 152, 154, 155,
156, 158, 159, 160, 161,
162, 163, 164, 165, 166,
167, 168, 169, 170, 173,
174, 175, 176, 177, 178,
179, 181, 185, 186, 187,
188, 189, 190, 191, 192,
193, 194, 195, 196, 197,
198, 199, 200, 201, 202,
204, 205, 206, 207, 208,
209, 210, 211, 212, 213,
214, 218, 219, 220, 221,
222, 223, 225, 228, 230,
233, 236, 238, 239, 242,
243, 244, 245, 246, 247,
251, 252, 253, 254, 256,
257, 258, 259, 260, 265,
266, 268, 269, 270, 271,
273, 275, 276, 277, 284,
285, 286, 287, 288, 289,
290, 292, 293, 295, 296,
297, 298, 303, 307, 308,
309, 314, 316, 317, 318,
319, 320, 324, 333, 334,
336, 337, 341, 342, 343,
344, 345, 346, 347, 349,
359, 367, 368, 375, 376,
377, 378, 379, 380, 381,
382, 383, 385, 386, 389,
390

十三畫

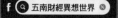

經典名著文庫 066

資本論綱要

作　　　者 —— 卡爾·馬克思（Karl Marx）
日文編譯 —— 高畠素之
中文譯者 —— 施存統
審定者 —— 蔡中民
發 行 人 —— 楊榮川
總 經 理 —— 楊士清
總 編 輯 —— 楊秀麗
文庫策劃 —— 楊榮川
主　　編 —— 侯家嵐
責任編輯 —— 鄭乃甄
特約編輯 —— 張碧娟
封面設計 —— 姚孝慈
著者繪像 —— 莊河源
出 版 者 —— 五南圖書出版股份有限公司
　　　　　　地　　址 —— 臺北市大安區 106 和平東路二段 339 號 4 樓
　　　　　　電　　話 —— 02-27055066（代表號）
　　　　　　傳　　眞 —— 02-27066100
　　　　　　劃撥帳號 —— 01068953
　　　　　　戶　　名 —— 五南圖書出版股份有限公司
　　　　　　網　　址 —— https://www.wunan.com.tw
　　　　　　電子郵件 —— wunan@wunan.com.tw
法律顧問 —— 林勝安律師事務所　林勝安律師
出版日期 —— 2021 年 2 月初版一刷
　　　　　　2021 年 11 月初版二刷
定　　價 —— 520 元

國家圖書館出版品預行編目資料

資本論綱要 / 卡爾·馬克思（Karl Marx）原著；高畠素之
　日文編譯；施存統中譯．-- 初版．-- 臺北市：五南圖
　書出版股份有限公司，2021.02
　　面；公分
　譯自：マルクス経済学
　ISBN 978-986-522-386-1（平裝）

1. 馬克思經濟學　2. 資本主義

550.186　　　　　　　　　　　　　　　　　109020214